Andreas David Mordtmann

Stambul und das moderne Türkenthum

Politische, soziale und biographische Bilder von einem Osmanen

Andreas David Mordtmann

Stambul und das moderne Türkenthum
Politische, soziale und biographische Bilder von einem Osmanen

ISBN/EAN: 9783743439207

Hergestellt in Europa, USA, Kanada, Australien, Japan

Cover: Foto ©Suzi / pixelio.de

Manufactured and distributed by brebook publishing software (www.brebook.com)

Andreas David Mordtmann

Stambul und das moderne Türkenthum

STAMBUL
und das
MODERNE TÜRKENTHUM.

POLITISCHE,

SOCIALE UND BIOGRAPHISCHE BILDER

VON

EINEM OSMANEN.

LEIPZIG,
VERLAG VON DUNCKER & HUMBLOT.
1877.

Vorrede.

Die aufregenden Ereignisse der verflossenen zwölf Monate haben die Aufmerksamkeit des europäischen Publicums von Neuem auf das türkische Reich gelenkt, aber weder die Diplomatie noch die periodische Presse waren hinlänglich über die Verhältnisse dieses Landes unterrichtet, da man seit dem Ende des Krimkrieges den Orient gewissermassen von der Tagesordnung abgesetzt hatte, so dass man sogar die sogenannte „Orientfrage" als eine Art *Noli me tangere* betrachtete. Wie sehr man Unrecht hatte, diese Angelegenheit so nachlässig zu behandeln, geht hinlänglich aus dem beispiellosen Fiasko der seit Mitte des Jahres 1875 in Scene gesetzten diplomatischen Campagne hervor. Die folgenden Blätter machen nun zwar keinen Anspruch auf eine erschöpfende Darstellung, dürften aber doch manches Neue und Interessante darbieten, was der Verfasser vermöge seines beständigen Verkehrs mit den hervorragenden Persönlichkeiten zu erfahren im Stande war.

Vorbemerkung.

Indem die Verlagsbuchhandlung in dem vorliegenden Buche „Stambul und das moderne Türkenthum" dem Publicum eine erste Reihe von orientirenden Aufsätzen über die gegenwärtigen politischen und socialen Zustände in der Türkei übergiebt, erlaubt sie sich das Folgende zu bemerken. Die Artikel sind auf Grund früher gesammelten Materials auf Veranlassung der Verlagsbuchhandlung von einem Mann verfasst, der den massgebenden Persönlichkeiten in Konstantinopel sehr nahe steht und eine intime Kenntniss der orientalischen Dinge mit der Bildung des Westeuropäers verbindet. In dem vorliegenden Bande ist der Gegenstand bei Weitem nicht erschöpft; aber es erscheint angezeigt, mit der Herausgabe des Abgeschlossenen nicht zu zögern, und weitere Aufklärungen für in möglichster Bälde erfolgende Publicationen in Aussicht zu nehmen.

Leipzig.

Die Verlagsbuchhandlung:

Duncker & Humblot.

Inhalt.

		Seite
I.	Sultan Abdul Aziz Chan	1

 Der Staatsrath 29. — Provinzialverwaltung 30. — Finanzen 32. — Oeffentliche Arbeiten 36. — Ministerium des Handels und des Ackerbaues 38. — Justizwesen 41. — Unterrichtswesen 44. — Militair und Marine 46. — Auswärtige Angelegenheiten 48. — Schlussbemerkungen 49.

II.	Aali Pascha. — Mahmud Nedim Pascha	52

 Aali Pascha 59. — Mahmud Nedim Pascha 91.

III.	Unterrichts- und Erziehungswesen. Ahmed Vefik-Pascha. — Münif Effendi. — Sawas Pascha . . .	128

 Ahmed Vefik Pascha. Präsident der Deputirtenkammer 167. — Münif Effendi 173. — Sawas Pascha 176.

IV.	Ismail Pascha. — Damad Mahmud Dschelaleddin Pascha	181

 Ismail Pascha 208. — Damad Mahmud Dschelaleddin Pascha 213.

V.	Altttürken. — Jungtürken	217

 Jussuf Dschemil Effendi 219. — Ali Soavi Effendi 224. — Kemal Bey 229. — Zia Pascha 235.

I.
Sultan Abdul Aziz Chan.

Das osmanische Reich besteht seinem ganzen Umfange nach aus Eroberungen, welche in dem Zeitraum von ungefähr 400 Jahren zusammengebracht wurden; die letzte Gebietserweiterung fand im Jahre 1666 statt, wo die Insel Kreta dem osmanischen Reiche einverleibt wurde*). Bis dahin wurden die Bedürfnisse des Reiches aus den Früchten der erfochtenen Siege bestritten; diese Bedürfnisse waren geringfügig; gleich den andern damals bestehenden Staaten hatte man sich auch hier noch nicht auf das Vielregieren verlegt; um Ackerbau, Industrie, Handel, Schifffahrt und ähnliche Landesinteressen bekümmerte man sich nur so weit, als sie Gegenstand der Besteurung, gelegentlich auch der Bedrückung oder Spoliation werden konnten; das Militair kostete so gut wie nichts, da nach dem alten Grundsatze der Krieg den Krieg ernähren musste; der Staatsbeamte bezog keinen Gehalt; es blieb seinem Scharfsinn überlassen, sich durch

---

*) Die Eroberung von Assir und Jemen in Arabien in den Jahren 1871, 1872 und 1873 ist ein Ereigniss, dessen weitere Entwicklung für den Augenblick noch nicht zu ermessen ist; für unsern Zweck kommt sie nicht in Betracht.

seine Administrirten zu entschädigen. Die Kriegsbeute bildete den vornehmsten Theil des Staatseinkommens; die Vertheilung der Ländereien in den eroberten Provinzen unter Staat, Heerführer und Eingeborene war längst durch uralte Gesetze geregelt. Wer nicht zum Islam übertrat, verlor seinen Grundbesitz, der zum Besten des Sultans, der Moscheen oder der Heerführer confiscirt wurde; die zum Islam übergetretenen Bewohner bildeten mit den Heerführern eine Art Feudal-Aristokratie, während die Christen eine in jeder Beziehung untergeordnete Classe bildeten, denen man bloss einige Menschenrechte bewilligte, bürgerliche Rechte keine. Sie waren der Kopfsteuer unterworfen, d. h. sie mussten für die Erlaubniss ihren Kopf zu behalten, jährlich eine bestimmte Steuer (Dschizje, fälschlich auch Charadsch genannt) zahlen, wogegen die Regierung verpflichtet war, sie zu beschützen; ihr amtlicher Name ist deshalb Zimmi, d. h. Schutzbefohlene. Aber vor den Gerichten war ihr Zeugniss nicht zulässig; sie durften sich gewisser Farben oder Stoffe in ihrer Kleidung oder in ihren Wohnungen nicht bedienen; um ihre religiösen Angelegenheiten bekümmerte die Regierung sich gar nicht; diese Sorge überliess sie dem ökumenischen Patriarchen, dessen Stelle in den Provinzen die höhere und niedere Geistlichkeit vertrat; neue Kirchen durften nicht gebaut werden; nur die schon vorhandenen durften reparirt werden; war eine Kirche durch Erdbeben oder Feuersbrunst gänzlich vernichtet, so wurde zwar die Erlaubniss zum Wiederaufbau bewilligt; es musste aber vorher der Beweis geliefert werden, dass an der Stelle ehemals wirklich eine Kirche existirt habe; dieser Beweis konnte aber nicht durch schriftliche Urkunden, sondern nur durch die mündliche Aussage muhammedanischer Zeugen erbracht werden, eine Praxis, die noch jetzt in den Provinzen in voller Kraft besteht; der Gebrauch der Glocken war streng verboten; nur den Katholiken (Maroniten) im Libanon waren Glocken gestattet. Da die Provinzialstatthalter in ihren Provinzen völlig unabhängig waren, sobald sie die festgesetzte jährliche Steuer an den Staatsschatz ablieferten und in Kriegszeiten das festgesetzte Contingent völlig ausgerüsteter Soldaten stellten, so hatten diese Paschas auch das Recht über Leben und Tod, und es mag wohl oft genug damit ein entsetzlicher Missbrauch getrieben worden sein; aber im ganzen waren solche Excesse doch nicht allzuhäufig; da der Statthalter, wie gesagt, ausschliesslich auf seine Provinz angewiesen war, so lag die Versuchung nahe genug sich in derselben allmählich unabhängig zu machen. Die innere Geschichte der muhammedanischen Staaten besteht fast ausschliesslich aus den Kämpfen, welche die Monarchen mit den Unabhängigkeits-Gelüsten ihrer Satrapen zu führen hatten, und das osmanische Reich blieb von diesem Uebelstande nicht verschont. Um nun also dem Sultan mit Erfolg entgegen zu treten, war es vor allen Dingen nöthig, dass der Statthalter sich in seiner Provinz durch milde und gerechte Verwaltung, durch Freigebigkeit und ähnliche Mittel populär machte, und diesem Umstande ist es zuzuschreiben, dass einzelne Provinzen des Reiches, welche sich längere Zeit in grösserer oder geringerer Unabhängigkeit von der Centralregierung befanden, einen verhältnissmässigen Wohlstand bewahrten, während andere Provinzen, deren Statthalter von Jahr zu Jahr wechselten, auch von Jahr zu Jahr immer mehr verarmten und veröbeten. Solche halb unabhängige Statthalter hiessen Derebey, d. h. Thalfürsten, die sich jedoch nie so weit verstiegen, dass sie die Dynastie Osman in Frage stellten. Erst im gegenwärtigen Jahrhundert wurden diese Thalfürsten durch

Sultan Mahmud II., Grossvater des jetzigen Sultans, vollständig beseitigt.

Die Erfindung der stehenden Heere gebührt dem osmanischen Reiche. Sultan Urchan, Sohn des Sultans Osman I., zweiter Beherrscher des osmanischen Reiches (1326—1360), hatte in seinen verschiedenen Feldzügen gegen das byzantinische Reich und gegen die kleinen christlichen Staaten der Umgegend eine solche Masse Gefangener gemacht, dass er zuletzt nicht mehr wusste, was er mit ihnen anfangen sollte; er hatte den Einfall aus den jüngeren Leuten eine eigene Truppe zu bilden, und um sich ihre Treue und Ergebenheit zu sichern, gewährte er ihnen grosse Privilegien; die gefangenen und aus ihrer Heimat fortgeführten Knaben wurden in eigenen Anstalten erzogen und gleichfalls für diese Miliz bestimmt; der Name dieser Miliz war Jeni-tscheri „neue Schaar", woraus der Ausdruck Janitscharen entstanden ist. Die grossen Vorrechte dieser Milizen veranlassten auch eine Anzahl anderer Einwohner sich in die Listen derselben einschreiben zu lassen, da sie zum eigentlichen Militairdienst nur in Kriegszeiten berufen wurden. Neben diesen Janitscharen bestand eine zweite Truppe zum Marinedienst, welche ebenfalls hauptsächlich aus der griechischen Bevölkerung rekrutirt wurde. Zu diesem Ende machte der Kapudan Pascha, d. h. der Oberadmiral der türkischen Flotte, alljährlich eine Rundreise durch die Inseln und Küsten des Archipels, um diejenigen Knaben auszuheben, welche ihm zu diesem Zwecke geeignet erschienen. Sie wurden darauf nach Konstantinopel gebracht, dort in besondern Anstalten erzogen und der Marine unter dem Namen Galiondschi oder Kaliondschi d. h. Marinesoldaten einverleibt. In den ersten Jahrhunderten leisteten diese Janitscharen und Galiondschis vortreffliche Dienste, und ihr Name verbreitete Schrecken in allen Nachbarstaaten und Küstenländern des Mittelmeeres; aber im Laufe der Zeit nahm ihre Indisciplin und Unbotmässigkeit in einem solchen Grade zu, dass mehr als ein Sultan ihnen zum Opfer fiel. Nichtsdestoweniger muss man zugeben, dass diese Miliz der einzige Zügel war, der den tollen Despotenlaunen der Sultane, der Vezire und der Statthalter recht oft ein eindringliches und energisches Halt! gebot. Machte ein solcher Despot es zu arg, soversammelten sich die Janitscharen auf dem Etmeidan (Fleischmarkt), rückten in geschlossenen Gliedern vor die hohe Pforte und verlangten den Kopf des missliebigen Beamten; verweigerte der Grossvezir solches, so rückten sie vor den Palast des Sultans und verlangten von ihm die Köpfe des Grossvezirs und des missliebigen Beamten, und in der Regel musste der Sultan nachgeben, da ein verlängerter Widerstand ihm selbst hätte Thron und Leben kosten können, und wirklich auch sehr oft gekostet hat. Ein solches System ist jedoch mit einem wohlgeordneten Staatswesen unverträglich, und früher oder später musste daher mit demselben gebrochen werden. Ich werde sogleich wieder auf diesen Gegenstand zurückkommen.

Mit der letzten Eroberung war die erste Periode des osmanischen Reiches abgeschlossen. An den Grenzen bildeten sich allmählich kräftigere Staaten, welche weiteren Heereszügen und Eroberungen der Sultane einen starken Riegel vorschoben; der Unterhalt des Staatswesens durch Krieg und Kriegesbeute war fortan unmöglich geworden, und naturgemäss hätte die Dynastie daran denken sollen, die Elemente des Staatswesens so zu ordnen, dass die Ausgaben des Reiches durch ein rationelles Steuerwesen bestritten wurden, so dass verständige Einrichtungen, weise Gesetze und rechtzeitige Aufmunterungen die wahren

Quellen des Nationalreichthums, Ackerbau, Industrie, Handel, Schifffahrt, Künste und Wissenschaften immer mehr hätten entwickeln können. Die Natur hatte in dieser Beziehung die dem osmanischen Scepter unterworfenen Länder wahrhaft verschwenderisch ausgestattet; ein fruchtbarer Boden unter den verschiedensten Temperaturen begünstigte fast jeden Zweig des Ackerbaus und der Viehzucht; eine ungemein entwickelte Küstenbildung im Centrum der drei Erdtheile der alten Welt bildete eine Lago, wie sie für Handel und Schifffahrt nicht günstiger gedacht werden konnte; eine durchgängig kräftige, arbeitsame, intelligente und an geringe Bedürfnisse gewöhnte Bevölkerung musste jeder nur denkbaren Industrie fähig sein, während herrliche Ströme, ausgedehnte Wälder und reiche Bergwerke aller Art die erforderlichen Rohstoffe lieferten und von Ort zu Ort schaffen konnten. Ueber die Befähigung der Bewohner zu allen Künsten liefern die zahllosen Monumente von Griechenland, Kleinasien, Babylonien, Assyrien und Aegypten vollgültige Beweise; die Werke, welche uns das alte Griechenland hinterlassen hat, bilden noch heutzutage die wahre Basis jeder wissenschaftlichen Cultur, während die Wissenschaften nicht minder in den übrigen Gegenden, namentlich in Aegypten, Syrien, Babylonien und Assyrien blühten. Die Geschichte lehrt uns, dass in diesem Länder-Complex im Alterthum und selbst noch weit ins Mittelalter hinein Weltmonarchien und Grossstaaten vom ersten Range blühten, wie Assyrien, Babylonien, Aegypten, Lydien, Makedonien, das oströmische Reich, das arabische Chalifat, andere minder grosse Gemeinwesen entwickelten sich zu Handelsstaaten vom ersten Range, wie Phönikien, Karthago, Milet, Rhodus, Palmyra, während wieder andere durch Pflege der Wissenschaften und Künste ein glänzendes Geistesleben entwickelten und sich einen rühmlichen Platz in der Weltgeschichte erwarben, wie Griechenland, Ionien, Pergamum, Kyrenaika.

Aber unter der Herrschaft des Korans und der Dynastie Osman wurden alle diese herrlichen Keime zertreten und vernichtet. Die schönen Künste, höchstens mit Ausnahme der Dichtkunst, waren und sind durch den Koran verpönt und gelten als unanständig; das reich entwickelte wissenschaftliche Leben zur Zeit des abbassidischen Chalifats machte die Türken glauben, dass alle Wissenschaften durch die Araber ihren völligen Abschluss erhalten hätten; da ihre mit der Muttermilch eingesogene Idee von der höheren Stellung des Muhammedaners ihnen eine gründliche Verachtung gegen den Europäer einflösste, so bekümmerten sie sich auch nicht um das wissenschaftliche Leben Europa's, während sie selbst jede wissenschaftliche Forschung für überflüssig hielten, weil die Araber schon längst alle Fragen und Probleme gelöst hätten. Von Zeit zu Zeit hörten sie zwar einiges aus Europa, wie die Lehre von der Bewegung der Erde, das kopernikanische Weltsystem, die Erfindung des Blitzableiters; da aber diese Dinge einen ketzerischen Anstrich hatten, so wurden sie in ihren Vorurtheilen gegen die europäische Wissenschaft nur noch mehr bestärkt. Das öffentliche Unterrichtswesen blieb also auf derselben Stufe wie es von Anfang an organisirt war, und wie es noch bis auf den heutigen Tag besteht. Wir werden später darauf zurückkommen.

Die systematische Ausschliessung der christlichen Bevölkerung von allen Staatsämtern führte ohne weiteres zur Monopolisirung des Staatsdienstes und bildete im Laufe der Zeiten eine erbliche Beamten-Aristokratie, deren nachtheiliger Einfluss auf die Entwicklung des Landes immer mehr hervortreten musste. Indem der Türke sich zur

Herrschaft berufen fühlte, hielt er es für überflüssig, sich diejenigen Kenntnisse oder Fähigkeiten anzueignen, welche zur Ausübung eines anderen Erwerbszweiges erforderlich sind; zum Arbeiten sind ja die Gjauren da! Für den Türken genügte es, dass er die Raja arbeiten liess, während er die Früchte ihrer Arbeit genoss. Ackerbau, Handwerk, Handel, Schifffahrt, solche Beschäftigungen sind eines Osmanli unwürdig und er überliess sie daher gern den Christen, den Juden, den Arabern, und diese ihrerseits verlegten sich auf den Erwerb und bereicherten sich. Daraus ergab sich nun als weitere Folge — versteht sich nach den Regeln der türkischen Logik — die allgemeine Abneigung der türkischen Race gegen alles, was zur Förderung des Ackerbaus, der Industrie, des Handels und der Schifffahrt diente; von Anlegung neuer Communicationsmittel, Strassen, Brücken, Chausseen, Canäle, Eisenbahnen, Häfen u. s. w. war keine Rede; selbst die Unterhaltung der vorhandenen wurde vernachlässigt, weil, so hiess es, solche Dinge nur den Gjauren Nutzen bringen und im Kriegsfalle das Vordringen feindlicher Armeen erleichtern. Indem ich diesen Punkt später ausführlich besprechen werde, beschränke ich mich hier auf die Bemerkung, dass die zweite Periode der osmanischen Geschichte, die Ausbeutung des Landes im Interesse der herrschenden Race, nicht völlig zwei Jahrhunderte dauerte, nämlich bis zum Krimkriege. Schon etwa 50 Jahre vor diesem Kriege traten die Symptome der Erschöpfung des Landes zu Tage; indessen fand die Regierung noch immer Mittel, etwaige ausserordentliche Bedürfnisse zu decken, indem sie entweder die Münze verschlechterte oder irgend einem reichen Grossvezir, Pascha oder Statthalter die seidene Schnur schickte und dessen kolossales Vermögen confiscirte. Bei der allmählich überhandnehmenden ab-

soluten Unfähigkeit der herrschenden Race zu irgend
welcher erspriesslichen Thätigkeit musste sich wie von
selbst die Idee ausbilden, dass die Verleihung eines Amtes
der reine Ausfluss der kaiserlichen Gnade war; alles, was
der Staatsbeamte während seiner amtlichen Wirksamkeit
per fas und *per nefas* erwarb, war eine Wirkung der kaiserlichen Gnade, und so war es also selbstverständlich, dass
der Sultan der Erbe aller Staatsbeamten war.

Die Janitscharen und ihre maritimen Kameraden, die
Ganondschis arteten mit der Zeit in die zügelloseste Prätorianerbande aus; die Lockerung der Disciplin verminderte die ehemalige militärische Tüchtigkeit der Janitscharen und machte sie allmählich ganz unbrauchbar;
während sie aber trotz alledem noch hin und wieder theilweise Erfolge über den auswärtigen Feind erfochten,
zählte die türkische Marine von ihrer ersten Entstehung
an nur Niederlagen. Schon Sultan Selim III. ging mit
dem Gedanken um, diese Milizen aufzuheben und durch
reguläre Truppen zu ersetzen, aber der Versuch kostete
ihm 1807 den Thron und ein Jahr später das Leben. Erst
Sultan Mahmud II. konnte dieses unerlässliche Werk ausführen. Es war der erste Uebergang von der zweiten
Periode zu einer neuen dritten; nach Einreissung des alten
Systems kam es nun darauf an, die Grundlage eines neuen,
soliden Systems zu schaffen, und Sultan Mahmud II. nahm
auch in der That verschiedene Anläufe dazu; aber der
griechische Aufstand, der unglückliche Krieg gegen Russland 1828—1829 und die zweimalige Empörung des Vicekönigs von Aegypten, Mehemed Ali Pascha, verbunden
mit gewaltigen diätetischen Excessen, hinderten ihn das
begonnene Werk auszuführen; er starb 1839. Sein Sohn
Abdul Medschid eröffnete seine Regierung mit dem Hattischerif von Gülhane, der eine Menge der herrlichsten

Grundsätze aufstellte. Wäre derselbe ernstlich durchgeführt worden, so hätte es keinen Krimkrieg, keine Aufstände im Libanon, in Kurdistan, in Albanien, in Bosnien, in Bulgarien, auf Kreta gegeben; es wäre keine einzige Anleihe im Auslande nöthig gewesen; die orientalische Frage wäre aus der Welt geschafft worden. Aber leider stand der Mann, der mit der Ausführung dieses Hattischerif beauftragt war, Reschid Pascha, nicht auf der Höhe, die zu einem solchen Werke erforderlich ist; für ihn war der äussere Schein alles; es kam ihm nur darauf an, sein Lob in allen Tonarten in der periodischen Presse Europa's und aus dem Munde der Diplomaten zu vernehmen; hatte er dies erreicht, so bekümmerte er sich nicht weiter darum, ob diese oder jene Massregel wirklich ausgeführt wurde, oder ob sie an dem zähen Widerstande des Alttürkenthums scheiterte. Die Gerechtigkeit erfordert aber zu erwähnen, dass der Hattischerif von Gülhane nicht ganz und gar ein todter Buchstabe geblieben ist; die in demselben verkündigte Aufhebung der Vermögens-Confiscation ist seitdem gewissenhaft durchgeführt worden; auch das *jus gladii* ist absolut auf den Souverain beschränkt, so dass jedes Todesurtheil, welches von den Gerichten im ganzen Lande ausgesprochen wird, zu seiner Ausführung der Bestätigung des Sultans bedarf.

Ein sehr grosser Fehler war es nach Vernichtung der Janitscharen-Miliz gegen die Ausschreitungen einer unwissenden, unfähigen, habsüchtigen und unredlichen Beamtenhierarchie kein Correctiv geschaffen zu haben, da die Janitscharen bis dahin wenigstens gegen die schreiendsten Missbräuche ein wirksames Hinderniss darboten. Indem also von jenem Zeitpunkte an die absolute Allmacht der Bureaukratie sich organisirte, wurde das Land in kurzer Zeit so erschöpft, dass fast keine einzige Provinz mehr ihre Verwaltungskosten deckte. Der Staatsschatz verlangte nicht nur fortwährend dasselbe Steuerquantum, sondern in Folge der vermehrten Bedürfnisse wurden die Steuerkräfte immer weiter angespannt; auf grosse Calamitäten, z. B. Epidemien, Epizootien, Dürre, Erdbeben, Ueberschwemmungen u. s. w. wurde keine Rücksicht genommen; höchstens wurden die dadurch erzeugten Steuerrückstände später um desto unerbittlicher eingetrieben. Es kam also in kurzer Zeit so weit, dass für die Bedürfnisse der Provinzen selbst, für Schulen, Krankenhäuser, Hebung des Ackerbaus und der Industrie, Unterhaltung der Häfen und Brücken, Anlegung von Strassen u. s. w. nichts, gar nichts geschah; die wenigen noch übrigen Anstalten dieser Art verfielen; ein Zweig der Industrie nach dem andern verkümmerte; die Bevölkerung war in sichtbarer Abnahme begriffen; die Rekrutenaushebung bot immer grössere Schwierigkeiten dar, und der Umfang des cultivirten Bodens verminderte sich von Jahr zu Jahr.

Unter diesen Umständen brach der Krimkrieg aus. Die Armee that ihre Schuldigkeit; die militärische Ehre des Landes ging unversehrt aus demselben hervor, aber die Staatseinkünfte vermochten nicht die Kriegskosten aufzubringen; es musste eine Anleihe im Auslande abgeschlossen werden, die erste des türkischen Reiches. Der Friedensschluss 1856 sicherte dem Reiche eine lange Reihe von ruhigen Jahren, um seine Verwaltung zu ordnen, seine veraltete Gesetzgebung zu beseitigen und durch neue, den Bedürfnissen der Gegenwart entsprechende Einrichtungen zu ersetzen, das gestörte Gleichgewicht der Finanzen wiederherzustellen, und durch gewissenhafte Ausführung des Hattischerif von Gülhane und des Hatti Humajun von 1856 die chronischen Aufstände der Provinzen auf immer zu beseitigen.

Aber von allen diesen Dingen geschah so gut wie nichts; die natürliche Trägheit des türkischen Beamten liess es nicht zu, dass er sein Gehirn mit solchen Dingen anstrengte; sein Racenstolz empörte sich bei dem Gedanken, dass der verhasste Gjaur mit ihm gleiche Rechte haben sollte; die Aufrechthaltung des Aemtermonopols der Paschasöhne bildete die einzige ernstliche Beschäftigung des Effendi. Die Leichtigkeit, mit welcher die erste Anleihe abgeschlossen wurde, ergab ein viel bequemeres Mittel, die finanziellen Verlegenheiten zu beseitigen, und bot ausserdem den Vortheil dar, dass die mit dem Abschluss der Anleihen beauftragten Personen für sich noch allerlei erhebliche Einnahmen realisiren konnten. Zwar zierte man sich bei den ersten Anleihen noch wie eine Jungfer, der man ungebührliche Zumuthungen macht; einzelne Alttürken von echtem Schrot und Korn sprachen sich in den Minister-Conseils mit derben, ja selbst mit vulgären Ausdrücken gegen leichtfertiges Schuldenmachen aus und warnten nachdrücklich vor dem Betreten dieser abschüssigen Bahn: aber ihre Stimme verhallte wie die eines Predigers in der Wüste. Es wurde also die dritte Periode des osmanischen Reiches, die Periode der Anleihen, mit Paukenschall und Posaunenstössen eröffnet.

Eine flotte Zeit! man lebte *in dulci jubilo;* keine Sorge um den andern Tag, geschweige denn um die Zukunft, trübte die herrlichen Tage des Wohllebens und der Freude; die Zinsen der Anleihen mussten aus den erhöhten Steuern aufgebracht werden, und als auch dieser Modus noch zu viel Kopfschmerzen verursachte, wurden die fälligen Zinsen noch einfacher durch neue Anleihen gedeckt. Zu irgend weiterer organisatorischer Thätigkeit der Behörden lag kein Anlass vor; höchstens als angenehme Abwechslung wurde dieses oder jenes Reformproject aufs Tapet gebracht, mit Hülfe einiger Weihrauchkerzen in eine prächtige Beleuchtung gestellt, und alsdann ohne weitere Ceremonien von der Tagesordnung abgesetzt. Die Manipulation dieser harmlosen Spielereien war den Staatsbeamten schon geläufig geworden; sobald das aus einer Anleihe herrührende Geld verjubelt war und die Nothwendigkeit eines neuen Pumpes sich zeigte, musste doch den europäischen Capitalisten etwas annehmbares gesagt werden, damit sich die Börsen öffneten; allmählich fing man doch in Europa an zu fragen, was aus dem bisher vorgestreckten Gelde geworden sei. Freilich war es mit dieser Anfrage nicht sehr ernst gemeint; die ehrenwerthen Gründer, welche in dieser schwungreichen Epoche an den kolossalen Gewinnen theilnehmen wollten, ohne ihre eigenen Silberlinge dabei zu riskiren, machten es der Pforte leicht; irgend ein Vorwand war bald gefunden; die Ausführung eines Eisenbahnnetzes, die Consolidirung einer schwebenden Schuld, die Anschaffung eines Grand Livre, die Neuorganisirung der Justiz oder sonst irgend eine Herrlichkeit bot den Vorwand dar, um das europäische Capital auf den Leim zu locken. Auch über diese Angelegenheit werde ich ein ausführliches Capitel bringen.

Nur zwanzig Jahre dauerte dieses Freudenleben. Es war ungefähr im ersten Dritttheil dieser Periode, als Sultan Abdul Aziz seinem Bruder Abdul Medschid auf dem Thron folgte, und seine Regierungszeit füllt ungefähr den Rest der dritten Periode der osmanischen Geschichte aus. Mit dem Krach vom 6. October 1875 und mit der Katastrophe vom 30. Mai 1876 beginnt ein neuer Abschnitt, dessen Schilderung einer späteren Feder vorbehalten bleiben muss. Ich füge hier nun eine Schilderung der Regierung des Sultans Abdul Aziz bei, weil sie zum Verständniss der Gegenwart unerlässlich ist.

I.

Es kann jetzt nicht meine Absicht sein eine Geschichte der Regierung des Sultans Abdul Aziz zu schreiben, deren Materialien noch auf eine lange Zeit in den Archiven des Staates und der Gesandtschaften vergraben bleiben; eben so wenig ist es mir um einen chronologischen Abriss der einzelnen Begebenheiten zu thun, da schon die verschiedenen Jahrgänge des „Almanac de Gotha" seit 1862 diese Arbeit übernommen haben. Ich begnüge mich hier mit einer Darstellung der verschiedenen Strömungen und Tendenzen, welche in den abgelaufenen 15 Jahren die verschiedenen Verwaltungszweige und ihre Thätigkeit charakterisirten, indem ich während der ganzen Regierungszeit in der Lage war, als Augenzeuge die Geschicke des Landes vor mir vorübergehen zu sehen.

Als Sultan Abdul Medschid am 25. Juni 1861 starb, war das Land am Abgrunde des Verderbens. Der Krimkrieg hatte zwar den materiellen Wohlstand nicht geschädigt; die Armee hatte ihre militärische Ehre unversehrt erhalten, und selbst ein kleiner Zuwachs an Gebiet hatte den Länder-Complex des Reiches etwas vergrössert; aber die Ueberzeugung, dass die Kräfte der Türkei allein nicht ausgereicht hätten, um der kolossalen Macht Russlands auf die Länge zu widerstehen, führte die Truppen und die Flotte Englands, Frankreichs und Sardiniens nach der Türkei; der Tractat von Paris erklärte die Aufnahme des osmanischen Reiches in die europäische Staatenfamilie, aber der gesunde Menschenverstand lächelte mitleidig über diese barocke Bestimmung, und der Tractat zeigte schon hin und wieder abgerissene Fetzen. Vor allen Dingen aber hatte die masslose Verschwendung des

Sultans das Land finanziell ruinirt und mit einer Masse werthlosen Papiergeldes überschwemmt, während für die Hebung der Steuerkraft des Landes durchaus gar nichts geschehen war.

Der Sultan hatte seinen Bruder und Thronfolger Abdul Aziz in einer Art leichter Gefangenschaft gehalten; er liess ihn eben so eifersüchtig überwachen wie die Frauenzimmer seines Harems, und namentlich verhinderte er sorgfältig jede Berührung desselben mit europäischen Elementen. Die Umgebung des Thronfolgers bestand aus Derwischen, Mollahs, Hodschas und sonstigem fanatischen Gesindel, und man wusste, dass er ein Alttürke von reinstem Wasser war. Er rauchte nicht, trank keinen Wein, keine Spirituosen, keinen Kaffee, aber er hatte auch die guten Eigenschaften des Alttürken; er war gastfrei, freigebig, aufrichtig und vor allen Dingen ein gewissenhafter Verwalter seines Privatvermögens; er hatte keine Schulden und verabscheute das wüste Treiben seines Bruders; er hatte nur eine Frau und war von einer kräftigen Gesundheit.

Als Sultan Abdul Aziz den Thron bestieg, kam ihm daher die Liebe des ganzen Reiches, ohne Unterschied des Glaubens, entgegen, und man hoffte und erwartete von ihm, dass er durch zweckmässige Massregeln dem zerrütteten Wohlstande des Reiches ein Ende machen werde. Zwar verabschiedete er sehr bald den Grossvezir Kybryslü Mehemed Pascha, aber indem er den wegen der Vorfälle von Damaskus in Syrien befindlichen Fuad Pascha zu dessen Nachfolger ernannte, versöhnte man sich auch noch mit diesem Schritte.

Schneller jedoch als man erwartete, sollte die ganze Welt enttäuscht werden. In seiner bisherigen Abgeschiedenheit und in den Unterhaltungen mit seiner Umgebung hatte er sich von dem ehemaligen Glanze des osmanischen Reiches ein Bild gemacht, das nicht einmal mit der ehemaligen Wirklichkeit ganz übereinstimmte, mit der Gegenwart aber einen um so grelleren Contrast bildete. Von grimmigem Hass gegen Europa erfüllt, aber im Bewusstsein, dass der Augenblick noch nicht gekommen sei, diesem Hass einen thatsächlichen Ausdruck zu geben, schwebte ihm das Ideal einer regenerirten Türkei vor, welche es mit dem ganzen vereinigten Europa aufnehmen könnte, und wieder die Fahnen des Halbmondes vor Wien und, wo möglich, selbst vor Paris, London und St. Petersburg führen würde. Schon in den ersten Tagen seiner Regierung gab er dieser Gesinnung einen symbolischen Ausdruck; an dem Tage, wo er in der Moschee des Abu Ejub Anssari mit dem Säbel umgürtet wurde, war auf dem Wege dahin für das diplomatische Corps ein eigenes Zelt errichtet, um von dort aus die Procession zu sehen. Als der Sultan dort vorüber ritt, wandte er sich mit auffälliger Geflissenheit von diesem Zelt ab und stierte in entgegengesetzter Richtung ins Blaue hinein, als ob Gott weiss welcher Gegenstand seine Aufmerksamkeit fesselte; überdies ernannte er den seit der Metzelei von Dschedda in bösem Andenken stehenden und seitdem in Ungnade gefallenen Namyk Pascha zum Kriegsminister — eine Demonstration, die aber nur Unzuträglichkeiten erzeugte, so dass der Sultan sehr bald ihn ab- und nach Bagdad als General-Gouverneur versetzen musste. Zur Bethätigung seiner Gesinnung aber war vor allen Dingen eine Restauration der seit dem Krimkriege gänzlich vernachlässigten Armee und Marine nothwendig, und diesen Theil seines Programms setzte er mit allem Eifer durch. Zunächst schaffte er die für das hiesige Klima und für die Gewohnheiten des türkischen Soldaten ganz unzweckmässige Uniformirung des Militairs ab, und ersetzte sie durch die weit zweckmässigere Zuaven-Uniform. Lange Zeit aber blieb es bei blossen Spielereien, indem er fortwährend an der Bekleidung änderte, dagegen von der militairischen Ausbildung und Disciplin, den wesentlichen Erfordernissen einer guten Armee, noch gar keine Ahnung zu haben schien, und sie wirklich auch erst in den allerletzten Jahren seiner Regierung berücksichtigt wurden. Ferner brachte er das Material der Kriegsmarine auf einen achtungswerthen Standpunkt, indem er seine Panzerflotte von Jahr zu Jahr vermehrte, jedoch gleichfalls in der Art, dass die Ausbildung einer tüchtigen Marinemannschaft nicht damit Schritt halten konnte.

Als erste Probe seiner neuen Schöpfungen sollte ein Feldzug gegen Montenegro dienen, nebenbei auch als Vorspiel für die demnächstige Wiederherstellung der alten Macht und des hohen Glanzes der Dynastie Osman, vor welcher ganz Europa zittern sollte. Aber das Experiment nahm einen kläglichen Verlauf; das „kleine Despötlein" und das „kleine Natiönchen", wie Wiener Blätter es bezeichnen, wehrte sich mannhaft und vertheidigte seine Felsenberge Schritt vor Schritt, und mehr als einmal soll der Sultan in helle Wuth gerathen sein, wenn die Rapporte seiner unfähigen Heerführer ganz unerhebliche Vortheile oder wohl gar Niederlagen meldeten, und noch immer nichts von der Unterwerfung Montenegro's zu vernehmen war. Unter Sultan Abdul Medschid zählte die türkische Armee eine bedeutende Anzahl polnischer, ungarischer, italienischer und selbst russischer Officiere, welche durch die Ereignisse der Jahre 1848 und 1849 nach der Türkei verschlagen waren; in dem Krimkriege, in dem Feldzuge gegen die Drusen, so wie in Jemen, hatten diese Leute ihre Schuldigkeit gethan, ja zum Theil sich durch heroische Thaten und durch kenntnissreiche Führung ausgezeichnet und ihre Treue gegen ihre neue Heimat bei jeder Gelegenheit bethätigt. Sultan Abdul Aziz aber fand es bei seinem Regierungsantritt für angezeigt, alle diese Leute zu entlassen, zum Theil ohne ihnen auch nur den rückständigen Sold auszuzahlen, und beraubte so seine Armee einer Masse tüchtiger und brauchbarer Officiere, bloss aus dem Grunde weil sie Ausländer, Europäer waren, obgleich sie fast alle den Islam angenommen hatten und ihnen nichts vorzuwerfen war. Ihre dringenden Vorstellungen wurden kaum angehört und *brevi manu* abgewiesen; erst der unerfreuliche Verlauf des montenegrinischen Feldzugs und die Drohung der entlassenen Officiere sich nach den Schwarzen Bergen zu begeben, um dort gegen den Sultan zu kämpfen, machte diese Massregel rückgängig. Mehemed Ruschdi Pascha, damals Kriegsminister, ein Mann, der von der Pike auf gedient und sich in dem langen Verlauf seines Staatsdienstes als eminenten Patrioten bewährt hatte, suchte das an ihnen begangene Unrecht nach Kräften wieder gutzumachen; auch trug er vornehmlich dazu bei, als Montenegro schliesslich durch die erdrückende Uebermacht genöthigt war, um Frieden anzuhalten, dass die Bedingungen des Friedens gemässigt waren, wie er denn auch später durch versöhnliches Auftreten das Vertrauen der Montenegriner zu gewinnen wusste.

Das osmanische Reich war durch seine militairische Organisation ein mächtiger Staat geworden, und Sultan Abdul Aziz hatte also vollkommen Recht, wenn er das in Verfall gerathene Militair zu reformiren unternahm; aber Friedrich II., Napoleon, Nikolaus I., welche auch Militairstaaten organisirten, wussten, dass eine Armee an sich ein unfruchtbares Element ist, und also zur Bestreitung ihres

Unterhalts der Entwicklung anderweitiger Hülfsquellen bedarf; der Sultan scheint jedoch von dieser Wahrheit gar keine Ahnung gehabt zu haben; er scheint die Türkei etwa wie die Tasche des langen grauen Mannes in A. v. Chamisso's „Peter Schlemihl" für unerschöpflich angesehen zu haben, weil er für die Förderung des Ackerbaues, des Handels, der Industrie, des Bergbaues u. s. w. gar kein Verständniss hatte, während für seine aus den Stambuler Effendis recrutirten Beamten Nationalökonomie ein unausstehlicher Gräuel der Gjauren war.

Bei dem Tode des Sultans Abdul Medschid betrug die eigentliche Staatsschuld kaum 15 Millionen Pfd. Sterl., deren jährlicher Dienst nur 1 Million Pfd. St., also ungefähr 10 Procent des damaligen Budgets erforderte: aber die masslose Verschwendung des Hofes hatte dafür desto mehr die lithographische Presse in Anspruch genommen, um Papiergeld (Kaime) in zahllosen Massen, und fast ohne alle Controle, in Umlauf zu setzen. Da diesem Papiergeld jede solide Garantie, sei es unter der Form einer Staatsbank oder unter der Prüfung und Controle einer Landesvertretung, fehlte, so konnte dessen Entwerthung nicht ausbleiben, wozu unglücklicherweise der Staat selbst den ersten Anstoss gab, indem er durch die Bank Alléon-Baltazzi das Papiergeld mit 3 Procent Disconto annahm. Aber es blieb nicht lange bei 3 Procent; bei der gewissenlosen Finanzverwaltung verlor das Papiergeld sehr bald 30—40 Procent, und erreichte im December 1861 urplötzlich 60—70 Procent. Da half kein Säumen, das Papiergeld musste eingezogen werden, zu welchem Zweck eine Anleihe gemacht wurde.

Inzwischen hatten sich auch die ökonomischen Gewohnheiten verloren, welche der Sultan als Kronprinz gezeigt hatte; die Leichtigkeit, mit welcher die Türkei ihre bisherigen Anleihen auf den europäischen Börsen abschliessen konnte, benahm der Regierung die Lust, sich ernstlich mit der Entwicklung der Hülfsquellen des Landes zu befassen; die Anleihen folgten rasch aufeinander, und während sie auf der einen Seite die Staatslasten von Jahr zu Jahr vermehrten, reizten sie auf der andern Seite die Verschwendungen des Sultans für unproductive Zwecke: für Palastbauten, Panzerschiffe, Armstrong-Kanonen, Krupp-Kanonen, während für fruchtbringende Anlagen nichts geschah. Um die vermehrten Staatslasten zu decken, wussten die verschiedenen Finanzminister kein anderes Mittel als die Steuern zu vermehren, und dabei ist es bis auf diesen Augenblick geblieben. Wir werden später sehen, wie dieses schamlose System von Schwindlern und Gründern aller Art, sowie von gewissenlosen Ministern, Beamten und ihren Helfershelfern, in Scene gesetzt wurde; hier begnügen wir uns mit der Bemerkung, dass es vom Sultan selbst begünstigt ward, indem er an dem Gewinn der Gründer theilnahm und ein kolossales Vermögen ansammelte. Ausser seiner Civilliste von 1,300,000 Lire liess er sich aus dem Finanzministerium von Zeit zu Zeit bedeutende Summen holen, und zwar jedesmal, wenn er erfuhr, dass Steuern eingelaufen waren, und ohne sich es im geringsten anfechten zu lassen, dass seine Beamten seit Jahr und Tag keinen Pfennig erhalten hatten, und dass seine Soldaten im Kampfe mit Aufständischen Hunger und Kälte litten.

Zu seinem Hass gegen Europa und die Christenheit kommt also seine Habsucht und Geldgier als zweites Motiv seiner Regierungshandlungen.

Endlich haben wir noch ein drittes Motiv zu verzeichnen, die Absicht: die in der Dynastie Osman gesetzlich bestehende Thronfolgeordnung zu Gunsten seines ältesten Sohnes abzuändern.

Der Islam ist wegen der in ihm gestatteten Polygamie zur Bildung der Familie unfähig, und die Geschichte der muhammedanischen Staaten ist voll von Thronstreitigkeiten. Die Gründer des osmanischen Staates, welche diesen Uebeln vorbeugen wollten, machten ein Hausgesetz, welches allerdings wirksam, aber auch zugleich schauderhaft ist. Es besteht aus folgenden wesentlichen Punkten: 1) Das älteste männliche Mitglied der Dynastie ist der Inhaber des Thrones; 2) um die Bildung von Nebenlinien zu verhindern, dürfen die Mitglieder der Dynastie keine gesetzliche Ehe eingehen; 3) die Prinzessinnen des Hauses sind an einheimische Günstlinge zu verheirathen; 4) die männlichen Kinder aus der Ehe dieser Prinzessinnen sind bei der Geburt sofort zu tödten; 5) der neue Sultan hat bei seinem Regierungsantritt alle seine Brüder zu tödten.

Von diesen Bestimmungen wurde nur die letzte von Sultan Abdul Medschid aufgehoben, indem er seinen Bruder Abdul Aziz am Leben liess. Die Bestimmung 4 ward noch im December 1874 von der Valide Sultan durch ein besonderes Rescript in Erinnerung gebracht*). Was aber die erste Bedingung betrifft, so hat der Sultan Abdul Aziz vom Anfang seiner Regierung an daran gearbeitet, dieselbe im Interesse seines Sohnes Jussuf Izzeddin Effendi aufzuheben, und dafür die Thronfolge in directer Erbfolge von Vater auf Sohn einzuführen. Als erste Schritte in dieser Richtung liess er seinen kaum sechsjährigen Sohn

---

*) Damals wurde die Notiz von einem türkenfreundlichen Mitarbeiter der Kölnischen Zeitung angezweifelt; aber die Sache hat ihre völlige Richtigkeit; das Rescript der Valide liegt mir im türkischen Original-Text vor.

in die Armee eintreten, und nach erfolgter Einübung in den Gebrauch der Waffen in rascher Folge von Rang zu Rang aufsteigen, so dass derselbe schon seit mehreren Jahren Chef des ersten Armeecorps (Garde-Corps) ist, während Murad Effendi und die übrigen Söhne des Sultans Abdul Medschid in völliger Abgeschlossenheit von der Welt ihre Zeit zubrachten. Murad Effendi jedoch, der bei der Thronbesteigung seines Oheims schon 21 Jahre alt war und seine Rechte sehr gut kannte, war über die Bedeutung dieser Schritte nicht zu täuschen; es ergab sich also daraus eine natürliche Feindschaft zwischen ihm und seinem Oheim, aber die Klugheit, Mässigung und Besonnenheit des Prinzen beseitigte jeden öffentlichen Ausbruch dieser Feindschaft. Abdul Aziz hingegen traute ihm nicht, und als er im Jahr 1867 seine Reise zur Pariser Ausstellung, nach England u. s. w. ausführte, nahm er den Prinzen Murad mit, um ihn nicht aus den Augen zu verlieren.

So lange Fuad Pascha und Aali Pascha abwechselnd das Grossvezirat führten, konnte der Sultan mit seinen Plänen noch nicht offen hervortreten; diese beiden Staatsmänner kannten nur zu gut die Gefahren, welche ein solches Beginnen mit sich bringen müsste. Aber nach dem Tode derselben kostete Sultan Abdul Aziz zum ersten Mal die Süssigkeiten der Alleinherrschaft in ihrer ganzen Fülle, indem er in seinem Liebling, dem Grossvezir Mahmud Pascha, ein unwissendes und daher willenloses Werkzeug aller seiner Launen fand. Es kam nun darauf an auch die übrigen Minister für diesen Plan zu gewinnen und namentlich den Kriegs- und Marine-Minister. Aber sie waren taub für alle derartigen Vorschläge, weil sie wussten, um was es sich handelte. Nur in dem Vice-König von Aegypten, Ismail Pascha, fand er einen Bundesgenossen, da dieser in gleicher Lage war. Der Tractat von 1840 stipulirte, dass Mehemed Ali Pascha und seine Familie im erblichen Besitze der Statthalterschaft von Aegypten und dessen Dependenzen bleiben sollte, und zwar in der Weise, dass die Erbfolge nach dem in der Dynastie Osman geltenden Hausgesetze, d. h. nach dem Seniorat, geregelt würde. Ismail Pascha wünschte diese Bestimmung zu Gunsten seiner eigenen Kinder abzuändern, und er kannte sehr gut die schwache Seite des Sultans; durch reiche Geschenke und durch Erhöhung des Tributs erlangte er im Jahre 1865 die Erbfolge in directer Linie nach dem Rechte der Erstgeburt, sowie später nach und nach den Titel „Chediv" (Herrscher), die beliebige Vermehrung seiner Armee und Marine (mit Ausnahme von Panzerschiffen), den Hafen von Zeila u. s. w. Sein Bruder Mustafa Pascha protestirte dagegen, aber vergebens; den Mächten, welche den Tractat von 1840 abschlossen, ist es ganz gleichgültig, ob Hinz oder Kunz Statthalter von Aegypten ist; Mustafa Pascha ist todt, und der nächstälteste Nachkomme Mehemed Ali Pascha's, Halim Pascha, hat nur für die Anhäufung seiner Schätze Verständniss.

Unter dem ersten Grossvezirat Mahmud Pascha's wurde also, wie gesagt, die Agitation zu Gunsten der directen Erbfolge in Scene gesetzt, aber der Versuch scheiterte. Unter den folgenden Grossveziren hätte sich auch wohl einer oder der andere gefunden, der zu diesem Behuf seine Mitwirkung bewilligt hätte, aber die steigende Finanznoth des Reichs und die überall sichtbar hervortretenden Zeichen des nahen Zusammenbruchs der Monarchie erlaubten es nicht, sich mit dynastischen Fragen zu befassen. Hätte Sultan Abdul Aziz es verstanden, durch weise Regierungsmassregeln den Wohlstand des Landes zu heben und sich die Sympathien der Unterthanen zu erwerben, so wäre es ihm wahrscheinlich gelungen, seinen

Lieblingsplan durchzusetzen. Aber seine Habsucht vereitelte alles, und sein Hass gegen die Nichtmuhammedaner, der sich bei jedem Anlass zeigte, so dass selbst der vom Sultan Abdul Medschid untersagte Gebrauch des Wortes Gjaur wieder ganz allgemein ward, beraubte ihn der Sympathien seiner christlichen Unterthanen, die doch gerade in dieser Beziehung sehr wichtig waren, weil in christlichen Staaten die Erbfolge in directer Linie ganz allgemein ist.

So erklärt es sich, dass in der Nacht vom 29. auf den 30. Mai sich keine Hand zur Vertheidigung des Sultans regte, keine einzige Stimme zu Gunsten seines Sohnes Jussuf Izzeddin Effendi sich erhob, dagegen das Ministerium, die Armee, die Marine, das ganze Corps der Ulema, die ganze Nation mit unerhörter Einstimmigkeit und mit unbeschreiblichem Enthusiasmus den Prinzen Murad als Sultan Murad V. zum Beherrscher des osmanischen Reiches ausriefen.

Sehen wir jetzt, wie die so eben entwickelten Principien die einzelnen Zweige der Verwaltung beeinflussten, um auf solche Weise ein Gesammtbild von der Regierung des Sultans Abdul Aziz zu gewinnen.

Während der ersten zehn Jahre seiner Regierung wechselte das Grossvezirat zwischen Fuad Pascha und Aali Pascha. Beide waren gewiegte Staatsmänner mit tüchtigen Kenntnissen; durch häufige Missionen an alle Höfe Europa's hatten sie sich namentlich eine genaue Kenntniss der europäischen Machtverhältnisse erworben; beiden war es vollkommen klar dass, wenn sie den Velleitäten des Sultans den Zügel schiessen liessen, das Reich unrettbar verloren wäre. Als einsichtsvolle Patrioten liessen sie also ihre gegenseitige Eifersucht ruhen und vereinigten sich dahin, dass sie unter allen Umständen fest zusammenhalten wollten. So oft daher der Sultan des einen dieser beiden Staatsmänner überdrüssig ward und den andern zum Grossvezir machte, sorgte dieser dafür, dass der andere zum Minister der auswärtigen Angelegenheiten ernannt wurde, und so blieben sie immer zusammen im Ministerium. Diesem festen Zusammenhalten von Fuad und Aali Pascha verdankt die Türkei namentlich, dass die Insel Kreta noch jetzt einen Theil des osmanischen Reiches bildet. Der Tod dieser beiden Leute bezeichnete den Anfang des Endes, da trotz ihrer ausgezeichneten Begabung keiner von beiden daran gedacht hat, dass sie einmal sterben müssten.

Fuad Pascha zeichnete sich durch ein glänzendes Genie aus, und allen seinen Staatshandlungen, selbst wenn sie fehlerhaft waren, ist eine gewisse geniale Grösse nicht abzusprechen. Aber eben diese Genialität verhinderte ihn, sich eingehend mit der nüchternen und prosaischen Seite der Staatsverwaltung zu beschäftigen, und ohne eine gründliche Kenntniss des Finanzwesens zu besitzen, mengte er sich beständig in die Finanzverwaltung, so dass man sagen kann, dass die Zerrüttung der Finanzen hauptsächlich ihm zu verdanken ist. Dagegen leitete er ganz meisterhaft die auswärtigen Angelegenheiten, und man erzählt sich, dass er einst die fanatischen Velleitäten des Sultans mit den Worten zurückwies: „Sire, Sie haben ganz recht die Christen nicht zu lieben, aber man sagt es nicht".

Aali Pascha war weniger genial, aber viel gediegener und gründlicher; als Diplomat war er eben so gross wie Fuad Pascha, und über den Sultan hatte er eine noch grössere Gewalt als dieser. Aber auch hier begegnen wir einem Grundfehler. Aali Pascha fürchtete zu sehr durch ebenbürtige Talente von seinem Posten verdrängt zu werden, weshalb er sich bemühte, talentvolle und brauchbare Männer so viel als möglich von den Staatsgeschäften fern zu halten, und so kam es, dass nach seinem Tode im September 1871 (Fuad Pascha war schon einige Jahre vorher gestorben) der Staat einen unbeschreiblichen Mangel an brauchbaren Kräften hatte; beide hatten es nicht verstanden, unter ihrer Leitung eine Schule von tüchtigen Staatsmännern zu bilden. Ausserdem ist noch zu beklagen, dass sie in ihrer Diplomatie beide Anhänger der Talleyrand'schen Schule waren, insofern sie der Ansicht huldigten, dass die Sprache dazu da sei, um die Gedanken zu verbergen — ein Grundsatz, der namentlich Fuad Pascha in den Augen der europäischen Cabinete grossen Schaden that. Aali Pascha starb eigentlich an den Folgen des deutsch-französischen Kriegs. Als enthusiastischer Verehrer Frankreichs machten die fortgesetzten Niederlagen und Unglücksfälle Frankreichs auf ihn einen so tiefen Eindruck, dass er nach dem Frieden von Frankfurt in die Krankheit verfiel, welche seinem Leben ein Ende machte.

Nun ward Mahmud Pascha Grossvezir, ein unwissender Mensch, der noch dazu ein blindes Werkzeug der russischen Politik war. Während seiner elfmonatlichen Amtsführung gebärdete er sich wie ein roher Profoss, der in einen dichten Volkshaufen links und rechts mit dem Knüttel einhaut, ohne zuzusehen, ob der Getroffene schuldig oder unschuldig ist. Dass in der türkischen Beamtenwelt eine kolossale Corruption herrscht, wird von niemandem geläugnet; aber indem das Staatsoberhaupt zur Befriedigung seiner Habsucht fast alle zur Bestreitung der Staatsbedürfnisse einlaufenden Einnahmen für sich in Anspruch nahm, mussten die Beamten hungern und erhielten oft in 6, 8, 10, ja selbst 12, 14, 16 Monaten keinen Pfennig Gehalt. Wovon sollten sie leben? Will man diesen Leuten den kategorischen Imperativ von Kant entgegen halten,

und einen Stein auf sie werfen, wenn sie zur Stillung des
Hungers ihrer Kinder, zur Bedeckung ihrer Blösse Geschenke annahmen oder sich Erpressungen erlaubten?
Will man ihnen Selbstmord durch Hungertod aus Tugendeifer und Pflichtgefühl zumuthen? Aber das war es auch
nicht, was Mahmud Pascha suchte; für ihn kam es nur
darauf an, eine möglichst grosse Anzahl Beamter zu entfernen, um deren Gehalte nicht zur Deckung der Schulden,
sondern zu andern Zwecken zu verwenden; eine Proscriptions-Commission musste ihm wöchentlich eine Proscriptions-Liste einreichen, und diese Listen wurden leicht
gefüllt, indem Sykophanten jeder Gattung durch Denunciationen neues Material lieferten; von einer Untersuchung
solcher Denunciationen war keine Rede, und wenn der
wie von einem Blitz aus heiterm Himmel getroffene Beamte
im Bewusstsein seiner redlichen Pflichterfüllung nach
seinem Verbrechen fragte, oder sich wohl gar auf das
Gesetz berief, das ihm Unabsetzbarkeit zusicherte, so
antwortete man ihm lächelnd: dass das Gesetz keine Gültigkeit habe. Dabei machte die Casse des Grossherrn, des
Grossvezirs und der verschiedenen Gründer ganz ausgezeichnete Geschäfte. Ebenso wurde auch die Agitation
zum Behuf einer Abänderung der gesetzlichen Thronfolgeordnung in Scene gesetzt, und ein grosser Theil der Ernennungen und Absetzungen von Ministern und Provinzialstatthaltern ward vorgenommen, um für diesen Plan ergebene Männer zu gewinnen, was freilich nicht gelang,
so dass der schnelle Wechsel der hohen Würdenträger in
Permanenz blieb. Um auch endlich dem Hasse gegen
das Christenthum Nahrung zu geben, wurde von dem damaligen Kriegsminister, Essad Pascha, das Militair auf
ruhige Bürger, namentlich aber auf Frauen und Kinder,
gehetzt, und wir erlebten hier fast täglich Scenen der

empörendsten Brutalität. Der damals unabhängige „Levant Herald" hatte den Muth, diese Brutalitäten zu stigmatisiren; der Kriegsminister hatte den Muth, dafür dem „Levant Herald" den Process zu machen, aber der Process nahm eine solche Wendung, dass selbst das corrupteste Gericht den Kläger hätte verurtheilen müssen; der Process wurde also niedergeschlagen und der Kriegsminister abgesetzt.

In Russland rieb man sich vergnügt die Hände, und das bulgarische Schisma ward in Scene gesetzt. Das Patriarchat hatte in seiner unseligen Verblendung mit seinem thörichten *non possumus* selbst die bescheidensten, die bestbegründeten Forderungen der Bulgaren verweigert; andrerseits schürten panslavistische Agenten und die russische Botschaft nach Kräften den Brand, und da Mahmud Pascha und sein Minister des Auswärtigen, Server Pascha, die ergebensten Schleppträger der russischen Politik waren, so geschah was geschah, und wovon wir jetzt die Folgen in dem bulgarischen Aufstande sehen.

Elf Monate lang dauerte dieser Hexensabbath, dem endlich die Energie Midhat Pascha's ein Ende machte, aber nur um einem andern Hexensabbath Platz zu machen. In rascher Aufeinanderfolge erlebten wir binnen kaum drei Jahren die Cabinete Midhat, Mehemed Ruschdi, Essad, Hussein Avni, Schirvanizade Mehemed Ruschdi Pascha mit dem obligaten Wechsel der übrigen Cabinetsmitglieder und Statthalter; von einem leitenden Princip konnte natürlich keine Rede sein; die Laune des Herrschers überwog alles, und der Sultan genoss in vollen Zügen den Rausch der absoluten Selbstherrschaft. Endlich, nachdem alle nur irgend brauchbaren Kräfte abgenützt waren, kam wieder im September 1875 Mahmud Pascha ans Ruder und mit ihm die russische Botschaft. Die bis dahin kaum lebensfähigen Aufstände im Nordwesten des Reiches, der finanzielle Staatsbankerott, die Würgescenen in Bulgarien und schliesslich die Brutalitäten von Salonichi sind die prägnanten Denkmäler dieses Ministeriums, welches das Reich an den Abgrund des Verderbens brachte, und schliesslich die Absetzung des Sultans herbeiführte.

II.

> Quand les sauvages de la Louisiana veulent avoir du fruit, ils coupent l'arbre à la racine, et cueillent le fruit. Voilà le gouvernement despotique.
>
> *Montesquieu*, Esprit des Lois, L. V. ch. 11.

Was Montesquieu in dem kürzesten Capitel seines unsterblichen Meisterwerkes über die despotische Regierung sagte, erhält einen ausgezeichneten Commentar durch die Schilderung der Regierung des Sultans Abdul Aziz. Ich kann mich jedoch, unter Bezugnahme auf das im ersten Abschnitt dieses Artikels Ausgeführte, bei der Musterung der einzelnen Verwaltungszweige kürzer fassen, da es meistens nur selbstverständliche Folgerungen sind.

Der Staatsrath.

Unter Sultan Abdul Medschid hiess der Staatsrath Medschliss-i Vala-i Ahkiam-i Adlie, was ungefähr Oberster Gerichtshof bedeutet, da der Staatsrath auch als Ober-Appellationsgericht und Cassationshof richterliche Functionen ausübte. Unter dem Grossvezirat Fuad Pascha's wurde er in mehrere Sectionen getheilt, und hiess seitdem Schura-i Devlet, d. h. Staatsrath; um seine Liebhabereien zu befriedigen, schuf er für diese Behörde einen ungemein verwickelten Apparat von Geschäftsordnung, der denn auch nach wenigen Jahren wieder einer einfacheren Organisation weichen musste. Aber weder der alte, noch der reformirte, noch der vereinfachte Staatsrath entsprach dem, was wir in Europa uns unter einem Staatsrath vorstellen, nämlich eine Behörde, welche zu ihren Mitgliedern die bewährtesten und verdienstvollsten Männer aufnimmt und die höchsten Interessen des Staates in Erwägung zieht, in vielen Ländern unter dem Vorsitze des Monarchen selbst. Hierzulande war und ist es anders. Wenn ein Minister, Gouverneur oder sonst ein hoher Beamter aus irgend einer Ursache abgesetzt wurde, so ward er zum Staatsrath ernannt, nicht um dort etwas zu thun, sondern um nichts zu thun; die eigentlichen Geschäfte des Staatsraths wurden durch dessen Secretäre und Referendare besorgt, und die Mitglieder des Staatsraths hatten bloss ihre Stimme abzugeben. War dagegen durch Tod oder Absetzung irgend ein hohes Amt erledigt, so wurde, meistens ohne lange darüber nachzudenken, irgend ein Mitglied des Staatsraths zu diesem Posten gewählt, weshalb auch der hiesige Volkswitz den Staatsrath mit dem Namen Kafes, „Hühnerkorb", bezeichnete. Man kann sich denken, welche Gesetze aus einem dergestalt recrutirten Staatsrath hervorgehen; es genügt im allgemeinen zu bemerken, dass seine Entscheidungen fast durchgängig im Sinne der extremsten Reaction ausfallen.

Provinzialverwaltung.

Fuad Pascha arbeitete nach französischer Schablone ein Reglement für die Provinzialverwaltung aus, welches nach und nach eingeführt werden sollte; die nach diesem Reglement verwalteten Provinzen hiessen seitdem nicht mehr Ejalet, sondern Vilajet, d. h. nicht mehr *bonnet blanc*, sondern *blanc bonnet*. Es war ein höchst künstlicher und complicirter Mechanismus um die Befugnisse der einzelnen Beamten festzustellen, die Wahlen der Provinzial- und Gemeinde-Versammlungen zu reguliren u. s. w., was aber alles nur dazu diente, um eine Horde ganz unnützer Beamten zu schaffen und die Steuerlast der Provinzen ins unendliche zu erschweren, ohne die Unabhängigkeit der Gemeinde-Wahlen und der Provinzial-Versammlungen zu sichern. Das wenige Gute, was diese künstliche Schöpfung enthielt, wurde durch den häufigen Wechsel der General-Gouverneure und Statthalter neutralisirt; der neue Statthalter bedurfte mindestens 2 bis 3 Jahre um sich in die Verhältnisse der Provinz hineinzuleben, während er meistens kaum so viele Monate im Amte blieb; von einer Initiative des Statthalters, selbst wenn er deren fähig war, konnte also keine Rede sein. Ueberdiess hat er behufs der Bekleidung mit diesem Posten, sowie für Reisespesen, bedeutende Schulden contrahiren müssen, und da er keine Minute vor willkürlicher Absetzung sicher ist, so muss er die ihm gewährte Frist vor allen Dingen dazu benützen, um seine Kosten wieder einzubringen und sich im voraus für eine etwaige Unterbrechung seiner Amtsthätigkeit und zur Ausführung der unerlässlichen Bestechungen behufs eines neuen Amtes einen Reservefonds anzulegen. Mit den Verhältnissen seiner Provinz meistens ganz unbekannt, muss er die eigentlichen Amtsgeschäfte den zahllosen Intriganten und Gaunern überlassen, welche sich diese Provinz zum Schauplatz ihrer nichtswürdigen Thätigkeit ausersehen haben. Unter dem Grossvezirat des Mahmud Pascha kam noch die Spielerei mit der ganz willkürlichen Abänderung der von uralter Zeit her durch natürliche Verhältnisse gebotenen Eintheilung und Abgrenzung der Generalgouvernements, Provinzen, Districte und Gemeinden hinzu, wodurch nichts weiter als die heilloseste

Verwirrung erzeugt wurde. Es ist wiederholt vorgekommen, dass ein Gouverneur nicht wusste, ob dieser oder jener District zu seinem Verwaltungsbezirke gehörte oder nicht, und während des Feldzugs in Jemen fragte der Grossvezir Mahmud Pascha: ob Jemen an Persien grenze.

Von dieser Anarchie — denn anders kann man solche wüste Verhältnisse gar nicht bezeichnen — waren wenigstens Serbien, Rumänien, Aegypten und Tunis verschont. Es war das Paradepferd Fuad Paschas, namentlich Serbien und Rumänien wieder zu gewöhnlichen türkischen Provinzen zu machen, und durch irgend welche geldbedürftige Paschas ausbeuteln zu lassen, und von der österreichischen Regierung wurden diese Bemühungen eifrig unterstützt, aber die übrigen Mächte, welche die Ausnahmsstellung der Donau-Fürstenthümer garantirt hatten, widersetzten sich, und so blieb es dort wenigstens beim Alten.

Finanzen.

Es dürfte in der Weltgeschichte beispiellos sein, dass ein Staat, der noch vor 25 Jahren keine eigentlichen Staatsschulden hatte, binnen 20 Jahren mitten im Frieden und im Besitze der reichsten und fruchtbarsten Länder eine Staatsschuld von 5—6 Milliarden Franken contrahirte und seinen Bankerott erklärte; aber es war ein Zusammentreffen von Umständen, wie es wohl ebenfalls beispiellos in der Geschichte ist: ein habsüchtiger, geldgieriger Herrscher, eine Regierung, deren Mitglieder nicht einmal die Anfangsgründe der Staatsökonomie kannten, eine Anzahl überschuldeter Pascha's und alle diese Individuen in den Händen von Gründern und Schwindlern der allerschlimmsten Sorte; dabei eine feile Presse hüben und drüben, welche dieses schamlose Treiben mit betäubenden Posaunenstössen verhimmelte. Wer sich davon ein anschauliches Bild verschaffen will, der lese die Nummern der Monate Februar und März 1875 der französischen Gerichtszeitung „*Le Droit*" über die Gerichtsverhandlungen des Processes, den die türkische Regierung gegen einen Theil dieser Bande anstrengte. Es dürfte wohl selten so viel schmutzige Wäsche vor den Augen des europäischen Publicums ausgehängt worden sein.

Um diese sinnlosen Verschwendungen fortzusetzen, musste die Steuerkraft des Landes bis auf das äusserste angestrengt werden; binnen weniger als 15 Jahren wurde das Budget der Staatseinnahmen und Ausgaben von 10 auf 20 Millionen Lire erhöht. Was nur irgend besteuert werden konnte, wurde besteuert und mit Zusatzsteuer besteuert und abermals besteuert bis auf den letzten Heller des Erträgnisses, und als natürliche Folge ergab sich nicht nur die völlige Erschöpfung der Steuerkraft, sondern das allmähliche, aber sichere Absterben einer ganzen Reihe von Industrien.

Journalisten, welche von Staatsökonomie so wenig verstehen wie Isegrim vom Pianospiel, aber in den Antichambren der Minister Stammgäste waren, empfahlen links und rechts Steuern, und versicherten, dass sie ein heidenmässiges Geld einbringen müssten. So wurde die Salzsteuer eingeführt, die Tabaksregie ins Leben gerufen, die Zehnten theoretisch in Achtel, praktisch aber in Drittheil und Hälfte des Ertrags verwandelt; und nicht genug an diesen Dingen, welche in ihrer ungeschickten Inscenirung und ihrer noch viel brutaleren Ausführung zu den heillosesten Folgen Anlass gaben, wurden der Regierung von mehreren Herren Gründern Vorschläge gemacht, auch die Erzeugung und den Verkauf des Fleisches und des Brodes zu monopoliren! *Quousque tandem!* Glücklicherweise ward durch das glänzende Fiasco der

Tabaksregie diesem Tollhäuslerwesen noch rechtzeitig Halt geboten. Aber eine fünfzehnjährige Dauer dieses Treibens hat dem Lande tiefe Wunden geschlagen, deren Heilung und Vernarbung Generationen erfordert. Die unsinnige Salzsteuer wurde von Fuad Pascha eingeführt und nicht bloss auf das Kochsalz, sondern auch auf das Salz für die Heerden und für Fabrikzwecke gelegt; seitdem sind die Epizootien im Lande permanent geworden, die Zahl der Heerden hat sich erheblich vermindert, und diejenigen Industrien, die von der Wollproduction und von dem Salzvorrath abhängen, z. B. die Teppichwirkerei, die Oel-Industrie u. s. w., sind in einem bedenklichen Rückschritt. Ein Reglement von hundert und so und so viel Paragraphen massregelte den Tabaksbau derart, dass bereits mehrere sehr geschätzte Tabakssorten gänzlich verschwunden sind, weil die Bewohner der Erzeugungsdistricte die Cultur aufgegeben haben, um nicht mit den Paragraphen des Reglements und mit den Fiscalbeamten der Tabaksregie in Conflict zu gerathen. Der Seidenbau und die Seiden-Industrie, ehemals eine reiche Erwerbsquelle für den Libanon, für die Provinzen Amasia, Brussa, Adrianopel u. s. w., sind so unsinnig besteuert, dass sie überall im Rückgang begriffen sind. Die Schwammfischerei der Sporaden wird in kurzer Frist ganz eingestellt werden, weil die darauf gelegten Steuern jeden Ertrag unmöglich machen. Die Fischereien im Bosporus und in den verschiedenen Meeren des türkischen Reiches, sowie die seit dem grauen Alterthum berühmten Austernbänke der Dardanellen und des Marmara-Meeres, liegen in den letzten Zügen, und mehrere Fischarten sind bereits gänzlich vernichtet, weil eine liederliche Finanzverwaltung die Fischereien an ehrenwerthe Gründer verpachtete, die einen höheren Pachtschilling zahlten und gleich den Wilden von Louisiana eine Raubwirthschaft einführten. Vor allen Dingen ist aber der eigentliche Getreidebau, die Landwirthschaft κατ' ἐξοχήν, Gegenstand der drückendsten Besteurung; der Zehntenpächter, der Steuerpächter, der Wucherer, alle im Bunde mit gewissenlosen Beamten, ziehen den Bauer bis auf die nackte Haut aus; und wer nicht zahlen kann, wird gepfändet oder eingesperrt; in diesem Augenblick schmachten etwa 40,000 Gefangene in türkischen Gefängnissen wegen Schulden, und zwar bei weitem die meisten für rückständige Steuern.

Die auf solche Weise mit Anwendung aller denkbaren Gewaltmittel aus dem Marke des Landes ausgepressten Summen wurden grösstentheils im Palast auf die schamloseste Weise verschlungen; die letzten Regierungsjahre überschritten in dieser Hinsicht alles Mass. Mehr als einmal wurden die aus den Provinzen eintreffenden Geldsendungen noch vor ihrer Ausschiffung von Adjutanten des Sultans abgefordert und in den Palast gebracht. In der letzten Zeit geschah es einige Male, dass der Sultan auf den Bericht des Kriegsministers die für die in Bosnien und in der Herzegowina kämpfenden Truppen erforderlichen Gelder aus dem Finanzministerium abholen liess und für sich behielt. Auch die angeblich auf Kosten der Civilliste des Sultans und der Valide bestellten Krupp-Kanonen und die für Herrn und Frau Krupp bestimmten Geschenke wurden der Artillerie- und Festungs-Verwaltung von Top-Hane in Rechnung gebracht. Der Sultan hatte ebenfalls sich ausbedungen, dass die Massregel vom 6. October 1875, welche den Staatsbankerott erklärte, die Coupons der in seinem Besitz befindlichen Consolides nicht berühre. In der That erhielt er von der *Banque Ottomane* für den Coupon vom 1. Januar 1876 nur die Hälfte der Zinsen, liess sich aber die andere Hälfte vom

Finanzministerium zahlen. Bei seinem Tode fand man in seinem Besitz Consolides im Werth von 8 Millionen Lire (nominal).

Oeffentliche Arbeiten.

Es scheint, dass die türkische Race für den Nutzen von Wegen, Chausseen, Eisenbahnen, Canälen und andern Communicationsmitteln durchaus kein Verständniss habe; die Abneigung der Türken gegen solche Unternehmungen habe ich bei allen Classen der Bevölkerung wahrgenommen, selbst bei Kaufleuten, Fabrikanten und Landleuten. Erst in den letzten zwei Jahren bemerkte ich bei einigen intelligenten Köpfen unter den Beamten des Ministeriums der öffentlichen Arbeiten, dass bei ihnen eine schwache Idee aufdämmerte, indem sie mit ihren äusseren Sinnen wahrgenommen haben, dass die in der Nähe der Eisenbahnen gelegenen Ortschaften an Volkszahl und Wohlstand zunehmen, ohne jedoch begreifen zu können, woher diese grössere Volkszahl, dieser vermehrte Wohlstand rühre. Diese der Race eigenthümliche Abneigung gegen gute Communicationsmittel versteckt sich in den höheren Kreisen hinter die Phrase: dass gute Wege das Vordringen feindlicher Armeen erleichtern; um den Leser nicht zu beleidigen, will ich mich hier auf eine Widerlegung dieser seichten Phrase nicht einlassen.

Hält man aber vorstehendes fest, so begreift man vollständig, weshalb die türkische Regierung dem Eisenbahnbau endlose Schwierigkeiten entgegensetzte, weshalb bis zur Stunde noch nicht der Anschluss der rumelischen Eisenbahnen an das europäische Bahnnetz erfolgt ist, und um denselben zu verhüten, die Pforte selbst einen Bruch mit Oesterreich nicht scheute; man begreift, warum die im Jahre 1847 in Angriff genommene Chaussee von Trapezunt bis zur persischen Grenze es nie weiter gebracht hat als bis zur Länge eines Flintenschusses, und das noch vor 25 Jahren so blühende Trapezunt allmählich zur Bedeutungslosigkeit eines Dorfes herabgesunken ist; warum eine sechsstündige Chaussee-Strecke vom Meere bis zum gewerbreichen Brussa in 12 Jahren nicht fertig werden konnte, und jetzt schon wegen ihrer hinfälligen Beschaffenheit nur noch für Selbstmörder brauchbar ist, während die Eisenbahn vom Meere nach Brussa noch immer nicht fertig werden kann, wohl aber schon jetzt bedeutender Reparaturen bedarf; weshalb die neue Brücke zwischen Stambul und der Vorstadt Galata seit 9 Jahren nicht fertig werden kann und die vom Publicum noch unbetretenen Fragmente derselben schon umfassender Reparaturen bedürfen; wir wissen aus den Mittheilungen des Hrn. Lesseps, wie lange die Pforte sich sträubte, die Erlaubniss zur Anlegung des Suez-Canals zu ertheilen, und wir wissen, dass der Eröffnung des Canals kein Repräsentant der Pforten-Regierung und der türkischen Marine beiwohnte. Als der jetzige Unterrichts-Minister, Münif Effendi, um das Jahr 1862 in einem Journalartikel die Erweiterung und Rectificirung der engen und krummen Gassen Konstantinopels vorschlug, wurde er vom ganzen Publicum für verrückt erklärt, und noch jetzt kann man in türkischen Zeitungen heftige Diatriben gegen die Unternehmung der Tramways und des Tunnels in und um Konstantinopel lesen. Dagegen wurde alles Ernstes vorgeschlagen den Hafen von Konstantinopel, den schönsten Hafen der alten Welt, der überhaupt vielleicht nur noch in dem Hafen von Rio de Janeiro seines Gleichen hat, allem Handelsverkehr zu schliessen, und nur der Umstand, dass die Schifffahrtsbewegung in diesem Hafen dem Staatsschatze jährlich eine hübsche Summe Geldes, und zwar in der Regel ohne alle Rückstände, lieferte, vermochte es, dieser vandalischen Idee Halt zu gebieten. Die andern Häfen des Reiches, namentlich Smyrna, Mytilene u. s. w., sind der Gegenstand ähnlicher selbstmörderischer Ideen, und die mit den Eisenbahncompagnien vertragsmässig stipulirte Anlegung der Häfen von Küstendsche, Varna und Dede Agatsch ist bis zur Stunde noch nicht in Angriff genommen. Je weniger aber für nothwendige und nützliche Arbeiten geschah, desto mehr wurde auf unfruchtbare Prachtbauten verwendet. Paläste wurden erbaut, und, kaum vollendet, wieder eingerissen und umgebaut, oft einer blossen Laune wegen; dagegen wurde die schon beschlossene Anlegung eines unentbehrlichen Wasser-Reservoirs wieder rückgängig gemacht, weil irgend ein Verrückter dem Sultan erzählte, dass die Sultane, welche die vorhandenen Wasser-Reservoirs hatten erbauen lassen, sehr bald nach deren Vollendung gestorben wären. — Noch wenige Monate vor seiner Absetzung beschloss der Sultan den Bau einer grossen Prachtmoschee in der Nähe des kaiserlichen Palastes von Dolmabagtsche; der Kostenanschlag war auf 800,000 Lire berechnet; sie sollte alle Moscheen von Konstantinopel an Grösse und Pracht übertreffen; der Bau wurde auch wirklich begonnen, in einer Zeit, wo der Staatsbankerott erklärt war, und in einer Gegend, wo das Bedürfniss der muhammedanischen Gemeinde an Gotteshäusern überreichlich gedeckt war. Die Absetzung und der Tod des Sultans unterbrachen natürlich diese unsinnige Unternehmung.

Ministerium des Handels und des Ackerbaues.

Ein solches existirt seit 1847 in allen officiellen Acten, während in der Wirklichkeit noch keines von beiden besteht. Um jedoch diesen Posten nicht geradezu als eine Sinecure bestehen zu lassen, wurden ihm die Handelsgerichte untergeordnet, die aber eben deshalb von der obersten Justizbehörde, dem Scheich ül Islam, niemals anerkannt wurden. Ueberdiess waren sie nur in Sachen des Landhandels competent, während alle Angelegenheiten der Handelsmarine dem Marineministerium unterworfen blieben. Um 1864 wurde endlich doch im Handelsgericht eine besondere Section für die Aburtelung der Processe in Sachen der Handelsmarine gebildet, aber diese Schöpfung hatte nur kurzen Bestand. Der damalige Marineminister, der später zu trauriger Berühmtheit gelangte Grossvezir Mahmud Pascha, schon damals Liebling des Sultans, weil er dessen Privatschatulle bei den Contracten des Arsenals immer reichlich bedachte, setzte es durch, dass diese Section wieder dem Marineministerium untergeordnet wurde, und so ist es bis heute geblieben. Einige Jahre später wurde ein Anlauf zur Organisirung des Handelsministeriums genommen, indem der damalige Inhaber des Postens, Kabuli Pascha, eine Handelskammer einrichtete, die aber im Jahre 1871 von dem Grossvezir Mahmud Pascha „aus Gründen der Oekonomie" wieder aufgelöst ward. Seit dem Reformferman vom 12. December 1875 sind die Handelsgerichte dem Justizministerium zugetheilt, und Mahmud Pascha erliess eine Ordonnanz zur Bildung einer Handelskammer und einer Commission zur Erörterung der landwirthschaftlichen Interessen: von beiden Schöpfungen haben wir aber bis jetzt nichts weiter vernommen.

Soweit es die allgemeine Corruption des türkischen Beamtenthums zuliess, war ehemals die türkische Post verhältnissmässig der am besten organisirte Zweig der türkischen Staatsverwaltung. Der Dienst wurde prompt, pünktlich und gewissenhaft vollzogen, und nur selten erhoben sich geringfügige Klagen. Aber die zunehmenden Geldverlegenheiten der Pforte frassen auch dieses Institut an und fanden in dem allgemeinen Widerwillen gegen Verkehrserleichterungen einen willkommenen Bundesgenossen. Eine Stadtpost konnte nicht errichtet werden, weil Fuad Pascha und Aali Pascha sich mit dieser Idee nicht befreunden konnten. Fuad Pascha fand dabei keine Gelegenheit sein glänzendes Genie zu zeigen, nicht einmal einen Calembourg zu machen, und Aali Pascha fürchtete, dass eine Stadtpost die Schreibkunst mehr verbreiten würde, als ihm lieb war. Als sie aber doch, wenn ich nicht irre, durch diplomatische Intervention zu Stande kam, wurde sie sehr bald dahin beschränkt, dass es den Localpostämtern untersagt war, Briefe an Minister und andere hohe Personen aufzunehmen, weil es einigemal vorgekommen war, dass anonyme Schmähbriefe auf diese Weise befördert wurden. Der Unternehmer machte Bankerott, und die Sache ging ein. Später ward sie wieder von der Oberpostdirection ins Leben gerufen, und sie besteht auch noch, aber unter vielen Beschränkungen und namentlich mit sehr langsamer Beförderung. Im allgemeinen herrscht im hiesigen Publicum der Grundsatz: dass eine wichtige Mittheilung, an deren sicherer und schleuniger Beförderung viel gelegen ist, der Stadtpost nicht übergeben werden darf, sondern durch einen Bedienten oder durch den Telegraphen zu befördern ist.

Seitdem Mahmud Pascha zum erstenmal Grossvezir ward, fingen die Postquälereien an, immer unter dem Vorwande der „Ersparungen" und unter dem Titel „Reformen" (wie *lucus a non lucendo*); das Porto wurde „herabgesetzt", d. h. es ward nicht herabgesetzt, im Gegentheil, es wurde erhöht, indem in Folge einer sinnreichen Progression ein doppelter Brief $2^{1}/_{2}$ faches Porto, ein dreifacher Brief 4 faches Porto, ein vierfacher Brief $5^{1}/_{2}$ faches Porto zu zahlen hat. Die Briefkasten in den Postämtern wurden geschlossen; endlich seit zwei Jahren ist es eingeführt, dass jedes Stück Papier, welches in einem Couvert eingeschlossen ist, selbst wenn das Ganze noch nicht das Gewicht eines einfachen Briefes erreicht, als ein Brief für sich gilt, zu welchem Ende die Briefe der Post offen übergeben werden müssen, damit die im Couvert befindlichen Stücke gezählt werden können.

Der Beitritt zur Berner Postconvention erfolgte vornehmlich in der Absicht, die hier bestehenden ausländischen Postagenturen Deutschlands, Oesterreichs, des Lloyd, Frankreichs, Englands, Griechenlands, Italiens, Russlands und Aegyptens nach den Stipulationen des Vertrags zu schliessen, alsdann die Convention wieder zu kündigen, um später die enormen türkischen Portosätze auch für den Briefverkehr mit Europa einzuführen und die hier ankommenden europäischen Zeitungen in die Gewalt zu bekommen. Glücklicherweise haben die finanziellen Bedrängnisse der Pforte diesen Plan gestört; ohne diesen zufälligen Umstand wäre die Berner Convention, die für die ganze Welt segensreich gewirkt hat, für uns zum Fluch geworden.

Justizwesen.

Die Justizverwaltung war von jeher eine *partie honteuse* des türkischen Reiches, wodurch eben die Capitulationen mit den europäischen Staaten erzeugt wurden, deren Bestimmungen die in der Türkei sich aufhaltenden Europäer wenigstens vor den schreiendsten Missbräuchen derselben schützten. Unter Abdul Aziz war eine Verbesserung dieser schmählichen Zustände gar nicht denkbar. Seine Habsucht gestattete nicht, dass den Beamten der Gehalt regelmässig ausgezahlt wurde; in der Regel existirten Rückstände von 6—16 Monaten, und ausserdem erfand die Geldgier noch eine Menge nichtswürdiger Vorwände, um an den Gehalten alle denkbaren Abzüge zu machen. Ein Richterstand, der schon in Folge früherer Uebelstände nicht durch seine Unparteilichkeit und Integrität glänzte, musste dadurch doppelt und dreifach corrumpirt werden und jeder Bestechung zugänglich sein. Den letzten Stoss versetzte Mahmud Pascha der Unabhängigkeit des Richterstandes, als er während seines ersten Grossvezirats auch unter dem Richterpersonal, den klaren Buchstaben des Gesetzes mit Füssen tretend, nach links und rechts, *sans rime et sans raison*, Absetzungen vornahm, alles, wie üblich, aus Gründen der „Oekonomie", wozu noch der unglückselige Umstand kam, dass, gerade in dem Augenblick, wo der brutale Grossvezir wie ein roher Profoss mit dem Knüttel links und rechts am wüthendsten einhieb, der englische Botschafter Sir Henry Elliot ihm im Auftrage seiner Regierung officiell Glück zu seinen Reformen wünschte, d. h. die englische Regierung erklärte amtlich ihren Beifall zu dem Treiben, welches ein russisches Werkzeug in der Türkei vornahm. Als Mahmud Pascha voriges Jahr zum zweitenmal Grossvezir ward, begann er dasselbe Spiel mit dem Richterstande, diesmal jedoch nicht unter dem Vorwande der „Oekonomie", sondern unter dem Titel „Justizreform". Abgesehen von diesen wüsten Scenen, ist auch sonst nicht viel rühmliches aus dieser fünfzehnjährigen Periode zu berichten. Der verstorbene Mustafa Fazyl Pascha hatte, während er eine kurze Zeit Justizminister war, ein Project einer Justizreform ausgearbeitet, welches, wenn auch gerade kein Meisterstück juristischer Weisheit, doch eine Menge guter und fruchtreicher Ideen enthielt; der verstorbene Grossvezir Aali Pascha, der von vornherein ein Gegner des Projects war, hat es nie dem Sultan vorgelegt, und es wird wohl noch irgendwo unter andern Papieren in der Rumpelkammer Aali Pascha's als „schätzbares Material" zur Fütterung der Würmer dienen. Die von einzelnen Commissionen ausgearbeiteten Gesetze zur Vervollständigung der Handelsgesetzgebung wurden in den Berathungen des retrograden Staatsraths auf eine klägliche Weise verstümmelt oder ganz bei Seite geworfen (zu ersteren gehört das Gesetz über die Gerichtsprocedur, zu letzteren die Gesetze über Mäkler, über Sequester u. s. w.). Um ein Civilgesetzbuch auszuarbeiten, ward eine Commission ernannt, welche nichts besseres zu thun wusste, als aus den juristischen Werken des Mittelalters, wo die islamitische Welt zu mehr als drei Viertheilen aus Nomaden bestand, eine Sammlung anzufertigen, welche in einer so gut wie unverständlichen Sprache Gesetzesparagraphen über Contracte, Pfandrecht, Obligationenrecht, Kauf und Verkauf u. s. w. enthielt, die für die gegenwärtige Zeit gerade so passend sind wie die lykurgische Gesetzgebung oder Zoroasters Zend-Avesta für die brittische Handelsmarine. Das Zeugniss der Christen gegen Muselmänner vor den Provinzialgerichten ist noch bis auf diese Stunde nicht zulässig. Noch kläglicher sieht es mit der Execution aus, da die Executivbehörden sich von jeher das Recht anmassten, die ihnen unterbreiteten Sentenzen zu prüfen und sie nicht auszuführen, wenn sie mit ihren eigenen Ansichten nicht stimmten oder wenn sie ein anderweitiges Interesse an der Nichtausführung hatten.

Als eine natürliche Folge solcher Zustände wurden daher auch die verschiedenen Sturmangriffe, welche während der Regierung des Sultans Abdul Aziz auf die Capitulationen gemacht wurden, abgeschlagen, allerdings nicht durch die Weisheit der Diplomaten, sondern durch die Wachsamkeit der europäischen Regierungen. Indessen ist es doch der türkischen Regierung gelungen, in diese Capitulationen eine tüchtige Bresche zu schlagen, indem die Europäer, soweit es die Angelegenheiten der in ihrem Besitze befindlichen Immobilien betrifft, nicht mehr unter dem Schutze der Capitulationen stehen. Die Wirkungen dieser Nachgiebigkeit haben seit zwei Jahren angefangen sich zu zeigen, indem die Pforte der Uebertragung solcher Immobilien durch Erbschaft Schwierigkeiten in den Weg legt. Einige Gesandtschaften haben sich diesen Versuchen energisch widersetzt, andere aber legen eine auffallende Gleichgültigkeit gegen einen so wichtigen Gegenstand an den Tag.

Unterrichtswesen.

Eine Frucht der Reise des Sultans Abdul Aziz nach Europa im Jahre 1867 war die Stiftung der Mekteb-i Schahane oder auf französisch *„Lycée Impérial"* genannten Schule für Zöglinge aller Classen ohne Unterschied des Glaubens. Fuad Pascha hatte damals das Project mit dem französischen Ministerium verabredet; für die französische Regierung sollte dieses Etablissement eine Pflanzschule der *„Idées Napoléoniennes"* und der jesuitisch-ultramontanen Bestrebungen werden; für Fuad Pascha ein passender Anlass zu einer glänzenden Reclame und zu panegyristischen Zeitungsartikeln. Das Programm der Schule enthielt daher eine Ueberfülle von Lehrgegenständen, namentlich war ein weiter Raum für *langue et littérature françaises* gelassen; dagegen war der Unterricht im Griechischen principiell ausgeschlossen — eine Sonderbarkeit, die wohl ohne Beispiel in der Geschichte ist, dass ein Staat, der den grössten Theil des altclassischen Bodens zu seinen Besitzungen, mehr als vier Millionen griechische Unterthanen und gegen zehn Millionen Anhänger des griechischen Cultus zählt, das Studium der griechischen Sprache aus dem Lehrplan seiner ersten und wichtigsten Schule ausschliesst. Glücklicherweise war der erste Director der Schule, Hr. Salve, ein gediegener und tüchtiger Schulmann, und unter seiner Leitung begann das Institut in Aufnahme zu gerathen. Aber mit Mahmud Pascha's Grossvezirat begannen auch hier immer unter dem Namen „Ersparungen" verderbliche Einflüsse sich geltend zu machen. Hr. Salve sah sich genöthigt nach Ablauf seines Contracts denselben nicht zu erneuern; ein Armenier übernahm die Leitung der Schule, später ein Grieche, Sawas Pascha, und seit kurzem ein Koryphäe der *Jeune Turquie*, der bekannte Ali Soavi Effendi.

Die übrigen türkischen Volksschulen stehen noch auf einer sehr niedrigen Stufe, und ihre Lehrer haben den Kampf um die Existenz in seiner ganzen Misère durchzumachen. Dagegen sind die Schulen der Griechen, Armenier und Juden in einem erfreulichen Fortschritt begriffen, hauptsächlich wohl deshalb, weil hier die nachtheiligen Einflüsse einer schlechten Regierung weniger fühlbar sind.

Die öffentliche Presse hat sich unter der vorigen Regierung bedeutend vermehrt, trotz der Ungunst, mit welcher sie in einzelnen hohen Kreisen betrachtet wird. Im ganzen merkt man noch der rein türkischen Presse das Schülerhafte ihrer Bestrebungen an, obgleich auch dort schon recht tüchtige Kräfte sich ausgebildet haben. Am kläglichsten sieht es mit der officiellen und halbofficiellen Presse aus, die sich namentlich durch einen hohen Grad von Ungeschicklichkeit auszeichnet. Eine sehr starke Dosis von Chauvinismus, der sich nicht einmal geschichtlich rechtfertigen lässt, ist der türkischen Presse mehr oder minder eigen. Witzblätter hatten unter der vorigen Regierung einen schweren Stand, weil die Bevölkerung im allgemeinen für einen guten Witz kein Verständniss hat und eine sehr empfindliche Haut besitzt. Wissenschaftliche Zeitschriften finden hier noch keinen Boden, wovon jedoch die Zeitung der medicinischen Gesellschaft eine sehr rühmliche Ausnahme macht, indem sie ein vollständiges Repertoire alles dessen ist, was in hygienischer und medicinischer Hinsicht für das osmanische Reich Interesse hat. Die hiesigen politischen Zeitschriften in fremden Sprachen haben nur einen untergeordneten Werth; dass sie alle mehr oder minder parteiisch sind, ist ihnen nicht zur Last zu legen, wohl aber dass einzelne derselben käuflich sind. Und auch selbst diese Beschuldigung darf hier zu Lande nicht stark betont werden, da ein sehr beschränkter Absatz und ein sehr willkürliches Pressregime ihre Existenz beständig bedroht.

Auch ein Antiken-Museum besteht hier unter Aufsicht des Unterrichts-Ministeriums, und es existirt sogar ein Gesetz über Auffindung, Ausgrabung, Kauf und Verkauf von Alterthümern; aber nachdem dieses Gesetz durch die Berathung des Staatsraths hindurchgegangen war, kam ein Ungethüm heraus, welches auf dem Felde der Legislatur ein Räthsel ist. Das Museum selbst hat eine nähere Verwandtschaft mit einem Grab als mit einer Anstalt zur Belehrung und Bildung der Nation.

Militair und Marine.

Schon im Eingang habe ich bemerkt, dass Sultan Abdul Aziz für die Hebung der Wehrkraft des Landes ungemein viel gethan hat, wenngleich auf Kosten der übrigen Verwaltungszweige. Im Grunde war es aber für ihn nichts weiter als eine kostspielige Unterhaltung; gleich so vielen andern Monarchen liebte er Soldatenspielerei; von dem Ernst, von der tiefen Bedeutung, von den viel-

fachen Erfordernissen des Kriegswesens hatte er keine
Ahnung; glücklicherweise befanden sich in der Oberverwaltung des Kriegswesens einige intelligente Leute, welche
unter Benützung der günstigen Auspicien durch Verbesserung der Militair- und Marineschulen, Hospitäler,
Casernen u. s. w. den Kern zu einem tüchtigen Officiercorps und zu einem fähigen Generalstabe lieferten. Leider
waren aber die Bemühungen dieser Männer nur zu oft
von willkürlichen Launen durchkreuzt, und so ist es zu
erklären, dass selbst trotz der erdrückenden Uebermacht
der montenegrinische Feldzug nur ein sehr unerhebliches
Resultat lieferte, dass während des kretischen Aufstands
ein elender, ausrangirter, griechischer Handelsdampfer
Monate lang der Panzerflotte Hohn sprach, dass der seit
zehn Monaten herrschende Aufstand in dem „bisschen
Herzegowina" und in Bosnien noch immer nicht niedergeworfen ist. Preussen bedurfte der unablässigsten Anstrengung von 60 Jahren, um sein Heer zu dem zu machen,
was es im Jahre 1870/71 war; was kann also in der Türkei
die Arbeit von 15 Jahren leisten, wenn sie so oft durch
Despotenlaune durchkreuzt wird? Ein Tagsbefehl des
Sultans bezeichnete das Heer als „seine Kinder", womit
der militairischen Disciplin ein fürchterlicher Schlag versetzt wurde; denn welcher Officier durfte es von jetzt an
wagen, „ein Kind des Sultans" zu bestrafen, wenn es sich
irgendwo verging? Und als im Herbst 1871 der damalige
Kriegsminister Essad Pascha das Militair auf harmlose
Leute, auf Frauen und Kinder hetzte und dessen Brutalitäten provocirte, wurde der militairischen Disciplin ein
zweiter Schlag versetzt, dessen Folgen wohl noch jetzt
nicht verschwunden sind.

Auswärtige Angelegenheiten.

Sultan Abdul Aziz hatte das Glück, dass während seiner ganzen Regierungszeit keine ernstliche Verwicklung mit dem Auslande die Aufmerksamkeit seiner Staatsmänner in Anspruch nahm. Der kretische Aufstand veranlasste zwar einen diplomatischen Bruch mit Griechenland, aber die Intervention der europäischen Mächte und Griechenlands Nachgiebigkeit verhüteten einen Krieg. Die kleine Etikettenfrage bei Gelegenheit der Thronbesteisteigung Alfonso's XII., die von der Türkei mit einem unbegreiflichen Ernst aufgefasst wurde, hat jetzt nur noch einen lächerlichen Anstrich. Ernster hätte das Zerwürfniss mit Oesterreich wegen des Anschlusses der rumelischen Eisenbahnen werden können, wenn nicht auch hier Oesterreichs Nachgiebigkeit, der althergebrachten türkischen Feindseligkeit gegen gute Verbindungsmittel gegenüber, den Frieden erhalten hätte. Noch unverständiger aber waren die Nörgeleien der türkischen Behörden gegen England in Tripolis, in Syrien, in Jemen, in Bagdad und Bassra u. s. w. England hat diesen unsinnigen Kindereien durch promptes und energisches Handeln (Ankauf der Suez-Canal-Actien und der Insel Sokotora) einen Riegel vorgeschoben, und hätte die russenfreundliche Politik des Sultans und seines Grossvezirs Mahmud Pascha noch länger die Oberhand behalten, so hätten auch Englands Staatsmänner bewiesen, dass sie nicht schlafen. In England war man sehr genau unterrichtet, und als Sultan Abdul Aziz am letzten Tag seiner Regierung (29. Mai) dem Grossvezir Ruschdi Pascha das Staatssiegel abfordern liess, um es zum drittenmal Mahmud Pascha zu übergeben, beorderte die englische Regierung sofort ihre ganze disponible Flotte nach der Besika-Bai, um dort an der Mündung des Hellespont Wache zu halten und bei der ersten verdächtigen Bewegung der russischen Pontus-Flotte sofort die Durchfahrt durch die Dardanellen zu forciren und sich vor dem kaiserlichen Palast von Tscheragan im Bosporus zu zeigen.

Schlussbemerkungen.

Die Gerechtigkeit erfordert es zu erklären, dass Sultan Abdul Aziz allein nicht die Türkei zu dem gemacht hat was sie jetzt ist; es bedurfte nicht 15 Jahre, sondern einer Reihe von Jahrhunderten mit elenden Autokraten und despotischen Sultanen, um so reiche Länder gründlich zu erschöpfen. Aber schon vor dreitausend Jahren erscholl auf dem Berge Sinai unter Donner und Blitzen das fürchterliche Wort: dass die Sünden der Väter an den Kindern bis ins dritte und vierte Glied gerächt werden sollen; die Weltgeschichte bestätigt auf jedem Blatte, dass es mit diesem Wort ein fürchterlicher Ernst ist. Sultan Abdul Aziz hat seinen Antheil an diesen Sünden freiwillig gesühnt; er steht jetzt vor einem höheren Richter, und die Nemesis der Geschichte hat ihr ernstes Werk begonnen.

Aber das Wort vom Berge Sinai gilt nicht bloss den Monarchen, es gilt auch den Nationen. Wir brauchen nicht die Geschichtswerke Europa's nachzulesen, ein Blick in die Geschichtschreiber der türkischen Nation selbst, in ihre eigenen Reichshistoriographen genügt, um zu ermessen, wie schwer sich das türkische Volk an der Menschheit versündigt hat; man braucht nur die türkischen Zeitungen aus der Regierungsperiode Sultan Abdul Aziz' zu lesen, um zu erfahren, mit welcher widerwärtigen Schmeichelei und Speichelleckerei selbst den wahnsinnigsten Streichen des geistesverwirrten Monarchen Beifall zugebrüllt wurde, nicht bloss von der rohen Volksmasse oder von aufgehetzten Prätorianern, sondern von Leuten, die sich rühmen gebildet und aufgeklärt zu sein. Und nicht bloss die Türken haben sich an der Menschheit versündigt, auch die christlichen Nationen sind nicht freizusprechen. Kein Volk wurde von der gütigen Natur mit den schönsten physischen und geistigen Gaben so glänzend ausgestattet und so verschwenderisch mit allen Reichthümern und Vortheilen eines fruchtbaren Bodens, eines reizenden Klimas beschenkt, als die Hellenen; sie brachten unsterbliche Meisterwerke auf dem Felde der Kunst und Wissenschaft hervor, deren Studium noch jetzt die Grundlage aller wahren Bildung und Cultur ist, und eine solche Nation, die gleichsam von der Natur auserlesen schien, um für alle Zeiten die Führerschaft der Culturvölker zu übernehmen, konnte sich unter das Joch einer verknöcherten Dogmatik begeben, sich mit der elenden Nahrung aus den unglaublichen Alfanzereien des Synaxarion begnügen, den dritten Theil des Jahres mit Nichtsthun zubringen, und das zweite Drittheil des Jahres ihren Stolz darein setzen, dass sie die schönen Gaben ihres fruchtbaren Bodens und ihres herrlichen Klimas von sich wirft und sich mit einer Atmosphäre von Kaviar und Knoblauch umgiebt; eine solche Nation, die sich dergestalt zu einem freiwilligen geistigen Eunuchenthum erniedrigt, hat sich nur selbst anzuklagen, wenn sie seit beinahe zweitausend Jahren unter geistiger und physischer Knechtschaft schmachtet.

Die Weltgeschichte ist das Weltgericht*).

---

*) Sultan Abdul Aziz starb am Sonntag, den 4. Juni 1876 an den Folgen einer Verblutung, die er sich dadurch zugezogen hatte, dass er sich mittels einer kleinen Scheere die Pulsader an beiden Armen durchschnitten hatte. Ein von 19 Aerzten unterschriebenes

Protokoll hat diese Thatsache hinreichend festgestellt und hier, wo die kleinsten Umstände des damals stattgefundenen Dramas jedermann bekannt sind, glaubt niemand an einen durch Meuchelmord herbeigeführten Tod, während die Wiener medicinische Wochenschrift noch jetzt nicht an den Selbstmord des Sultans glaubt und in dieser Ansicht einen Sekundanten findet am — Berliner Kladderadatsch!

Schon vor seiner Thronbesteigung litt der Sultan an Blutcongestionen im Gehirn; sein Zustand verschlimmerte sich besonders seit dem Jahre 1872; in Folge übermässiger Tafelfreuden entstand eine Anschwellung der Leber, verbunden mit Darmblutungen und Hallucinationen; er glaubte überall Frösche, Kröten, Schlangen und anderes Gewürm zu sehen; im September 1872 wurden Dr. Ricord und Dr. Demarquay zu einer Consultation aus Paris eingeladen. Mehrere Feuersbrünste, die im Sommer 1874 und im Sommer 1875 in der Nähe seines Palastes ausbrachen, versetzten ihn in die grösste Angst, und bewogen ihn zu Massregeln, welche stark an Pygmalion von Tyrus, Dionys von Syrakus, Oliver Cromwell von England und Abbas Pascha von Aegypten erinnern. Im Palast wurde jedes Kohlenbecken, jeder Leuchter, jede Lampe durch ein mit Wasser gefülltes Becken isolirt; sämmtliche Wohnhäuser rings um den Palast wurden expropriirt und vollständig geräumt, während eine Anzahl Panzerschiffe auf dem Bosporus um den Palast einen Halbkreis bildeten, in welchem kein Fahrzeug, namentlich aber kein Dampfschiff sich zeigen durfte. Sein Verfolgungswahnsinn nahm seitdem immer mehr zu und erzeugte schliesslich den Anfall, in welchem er sich das Leben nahm.

II.
Aali Pascha. — Mahmud Nedim Pascha.

Alle Länder, in denen der Islam Staatsreligion ist, sind Theokratien, weil der Koran, das heilige Buch der muhammedanischen Religion, gleich dem Pentateuch, nicht nur die Glaubenslehren und Vorschriften der Religion, sondern auch das bürgerliche Gesetzbuch enthält; zwar ist diese Gesetzgebung nicht vollständig ausgebildet, aber schon in den ersten Zeiten des Chalifats zeigte sich die Nothwendigkeit die bürgerlichen Gesetze und das Strafgesetzbuch auf der im Koran vorgezeichneten Basis zu vervollständigen. An der Grundlage selbst durfte nicht gerüttelt werden, da sie göttlichen Ursprung für sich in Anspruch nahm; selbst der Wille des Monarchen war dagegen ohnmächtig; nur solche Gesetze und Verordnungen waren zulässig, welche mit dem Koran nicht im Widerspruch waren. Der Monarch aber war der oberste Hüter dieser göttlichen Gesetze, und so war es selbstverständlich, dass die Theokratie die einzig denkbare Regierungsform in islamitischen Staaten ward.

So lange die weltliche und geistliche Macht in einer Hand vereinigt blieb, besassen die muhammedanischen Herrscher eine Machtfülle, wie die römischen Päpste sie vergebens zu erringen trachteten, und wie sie nur annäherungsweise dem russischen Cäsaro-Papismus zu Theil geworden ist. Ich sage „annäherungsweise", denn der russische Autokrat ist doch immer nur Herr in seinem eigenen Staate, und hat weder in weltlichen noch in geistlichen Dingen seinen Glaubensgenossen in Oesterreich-Ungarn, in der Türkei und in Griechenland irgend etwas zu befehlen, weil dort Patriarchen von gleichem Range vorhanden sind; der Chalife aber ist zugleich geistliches Oberhaupt über alle Muhammedaner, gleichviel ob sie auch politisch ihm unterworfen sind oder nicht.

Bis zum Jahr 1517 war das Chalifat im Hause Abbas erblich; die letzten Inhaber dieser Würde residirten nach der Zerstörung Bagdads durch die Mongolen im Jahre 1258, in Aegypten, und als Sultan Selim 1. im Jahre 1517 Aegypten eroberte, übertrug der damalige Chalife den Sultanen aus dem Hause Osman alle Rechte, Vorrechte und Befugnisse des Chalifats.

Die osmanischen Sultane waren zwar, gleich allen muhammedanischen Herrschern, „Gottes Schatten auf Erden", aber ihre geistliche Macht erstreckte sich nur über ihre eigenen muhammedanischen Unterthanen und zwar immer, wenigstens officiell, unter der Obercontrole der in Aegypten residirenden Chalifen. Seit 1517 aber kehrte sich das Verhältniss um; der Beherrscher des osmanischen Reiches war in bürgerlicher Beziehung das unumschränkte Oberhaupt aller seiner Unterthanen ohne Unterschied des Glaubens und zugleich in religiösen Dingen die höchste Autorität für alle Muhammedaner innerhalb und ausserhalb seiner Staaten. Freilich ist diese Autorität nicht überall anerkannt; der Schah von Persien macht gleichfalls Anspruch auf diese Würde, oder vielmehr er übt sie aus im angeblichen Auftrage eines verborgenen in irgend einer Höhle wohnenden Imams; auch andere muhammedanische Herrscher erkennen das Chalifat der türkischen Sultane nicht an; anerkannt ist es von dem Emir von Kaschgar, von dem Emir von Buchara, von Chiwa, von dem Beherrscher der Konori-Inseln u. s. w.; dennoch reicht die geistliche Autorität des Sultans bei weitem nicht an die Machtfülle der umejischen und der ersten abbassidischen Chalifen.

Schon die ersten osmanischen Sultane übertrugen die Ausführung ihrer weltlichen Befugnisse dem Grossvezir (Sadrazam) und ihrer geistlichen Befugnisse anfangs dem Kadi (Richter), der später den Titel Kaziasker „Heeresrichter" und endlich seit dem Jahre 1425 den Titel Scheich ül Islam führt. Beide stehen auf gleicher Stufe und nehmen den höchsten Rang in der türkischen Beamtenhierarchie ein; bei feierlichen Processionen stehen sie neben einander auf gleicher Linie, so wie auch im Staatsalmanach ihre Namen in einer Linie neben einander abgedruckt werden.

Urchan, der zweite osmanische Sultan, ernannte seinen jüngeren Bruder Alaeddin zum Grossvezir, und da im Türkischen das Wort *pascha* „den jüngeren Bruder" bedeutet, so hiess derselbe Alaeddin Pascha; seitdem wurde das Wort Pascha für die türkischen Beamten vom höchsten Range gebraucht.

Eigentliche Minister im europäischen Sinne des Wortes hat es früher nie gegeben; erst unter Sultan Abdul Medschid, dem Vater des jetzigen Sultans, wurden Minister eingeführt; bis dahin war der Grossvezir der einzige Minister, und die Leitung der verschiedenen Verwaltungszweige war in den Händen von Beamten, die nichts weiter als gewöhnliche Unter-Staatssecretaire oder vielmehr Bureau-Chefs waren und als solche verschiedene Titel hatten. So hiess der Minister des Innern „Müsteschar

(Rath) des Grossvezirs"; ein eigentliches Ministerium des Innern mit dem entsprechenden Titel Umur-i Dachelié Naziri wurde erst vom Sultan Abdul Aziz eingeführt, aber nach kurzem Bestande wieder abgeschafft; seitdem wurde der alte Titel „Müsteschar des Grossvezirs" wieder hergestellt, bis vor kurzem, nach dem Sturze des Cabinets Midhat Pascha (5. Februar 1877) Sultan Abdul Hamid II. das Ministerium des Innern wieder herstellte und Dschevdet Pascha mit diesem Amte bekleidete.

Der Scheich-ül Islam war von jeher und ist noch jetzt die höchste richterliche Behörde; Chef der Civil- und Criminalgerichte war der Tschausch Baschi, d. h. „Generalprofoss", und hatte als solcher die Functionen eines Justizministers; der Titel Tschausch Baschi wurde erst von Sultan Abdul Medschid abgeschafft, und durch den Titel Davié Naziri „Minister des Processwesens" ersetzt; seit etwa zwei Jahren ist dafür der Titel Adlié Naziri, „Justizminister", eingeführt.

Die auswärtigen Angelegenheiten leitete der Reïs Effendi „Herr Praeses", jetzt der Umur-i Charidschié Naziri „Minister der auswärtigen Angelegenheiten". Um doch etwas besonderes zu haben, hatte man zur Zeit des Sultans Abdul Medschid die Schrulle die auswärtigen Minister der europäischen Staaten nicht mit demselben Titel, sondern mit dem Titel Umur-i Idschnebié Naziri „Minister der fremden Angelegenheiten" zu bezeichnen. Jetzt hat man diese kindische Unterscheidung aufgegeben.

Der Chef des Militairwesens hiess Serasker „Obergeneral", erst unter Sultan Abdul Aziz erhielt der Kriegsminister den Titel Umur-i Harbié Naziri „Kriegsminister" und ist in der Regel eine andere Person als der Serasker oder „Général en Chef".

Ebenso hiess der Chef des Marinewesens Kapudan

Pascha und war als solcher Oberadmiral der türkischen Flotte. Diese Würde ist erst jetzt abgeschafft, und der Marineminister heisst Umur-i Bahrić Naziri „Minister des Seewesens".

Der Chef des Finanzwesens hiess Defterdar „Buchführer"; aber schon zu Anfang der Regierung des Sultans Abdul Medschid machte sich das Bedürfniss geltend die Leitung des Finanzwesens nicht mehr einem einfachen Bureauchef zu überlassen; der Abschluss und der Dienst der verschiedenen Anleihen und die immer zunehmenden Bedrängnisse des Staatsschatzes erforderten einen Fachmann, der den Titel Malić Naziri „Finanzminister" führt. Als Fuad Pascha im Jahre 1861 vom Sultan Abdul Aziz zum Grossvezir ernannt wurde, liess er sich auch die Oberleitung des Finanzwesens übertragen, obgleich gerade dieser Zweig der Staatsverwaltung seine schwächste Seite war; der Finanzminister behielt zwar seinen officiellen Titel, war aber factisch zum Bureau-Chef degradirt.

Die Ministerien des öffentlichen Unterrichts, des Handels, des Ackerbaus und der öffentlichen Arbeiten haben früher gar nicht existirt, weil sich der Staat um diese Dinge gar nicht bekümmerte; es sind ganz neue Schöpfungen, die erst seit 1847 existiren, meistens jedoch nur nominell.

Die Polizei ist ebenfalls eine ganz neue Schöpfung, und auch heute noch lange nicht, was nach europäischen Begriffen eine Polizei ist, nämlich eine Anstalt zur Sicherung des Lebens, der Gesundheit und des Eigenthums der Einwohner, also eine Behörde, welche Verbrechen verhüten und den Verbrecher zur Haft bringen soll. In früheren Zeiten waren die Bostandschi d. h. die „(kaiserlichen) Gärtner" beauftragt, die Contravenienten gegen die von den städtischen Behörden erlassenen Verordnungen aufzusuchen und zu bestrafen; ihr Chef hiess Bostandschi Baschi „Obergärtner" und hatte gewissermassen die Functionen eines Polizeidirectors. Mit der Ausübung derselben Functionen in den Vorstädten Galata und Pera waren der Kapudan-Pascha und der Chef des Artilleriewesens (Director der Kanonengiesserei von Top-Hane) beauftragt, und zwar so, dass der Kamm der Anhöhe, auf welcher diese Vorstädte liegen, die Grenze der beiden Polizeidistricte bildete.

Als oberster Schutzherr aller frommen und milden Stiftungen ernannten die Sultane ihren Obereunuchen zu ihrem Vertreter. Da aber mehr als zwei Drittheile des Grundeigenthums im osmanischen Reiche theils factisch, theils nominell zu frommen Stiftungen (Evkaf) bestimmt ist, also die Besitzverhältnisse des grössten Theils der Unterthanen dieser Behörde unterliegen, so fühlte schon Sultan Mahmud II. die Nothwendigkeit, dafür ein eigenes Ministerium einzurichten, welches auch noch jetzt besteht und Evkaf Nazareti „Ministerium der frommen Stiftungen" heisst.

In früheren Zeiten, als das Vielregieren noch nicht Mode war, und eigentliche Minister in der Türkei noch gar nicht existirten, war also die ganze Regierungsmaschine, so weit sie nicht ausschliesslich religiöse Angelegenheiten betraf, in den Händen des Grossvezirs; dieser machte dem Sultan seinen Bericht und empfing dessen Befehle, deren Ausführung er den betreffenden Bureauchefs auftrug. Jetzt aber, wo wenigstens nominell Minister existiren, ist die Stellung des Grossvezirs eine Abnormität; denn entweder ist es nur eine Fortsetzung des alten Systems unter einem andern Namen, und in diesem Falle muss der Grossvezir, und wäre er auch die kräftigste Natur in geistiger und physischer Beziehung, in kurzer Zeit der

Ueberanstrengung erliegen, weil es unmöglich ist, dass ein einziger Mensch das ganze Getriebe eines modernen Staatswesens bis in seine kleinsten Details leite und überwache; oder aber die Minister sind wirkliche Minister, d. h. selbstständige, verantwortliche Leiter ihres Departements, und in diesem Falle ist der Grossvezir eine Null, ganz überflüssig, höchstens nur noch Präsident in den Versammlungen des Ministerraths, dessen Debatten er als solcher zu leiten hat.

Unter der Regierung des Sultans Abdul Medschid und seines Bruders Abdul Aziz machte sich dieser innere Widerspruch in der Stellung des Grossvezirs durch den häufigen Wechsel desselben bemerklich. Der Grossvezir hatte dem Sultan regelmässig über alle Staatsangelegenheiten Vortrag zu machen, ihm die zur Unterschrift vorbereiteten Acten vorzulegen, und über die laufenden Angelegenheiten seine Befehle zu vernehmen. Reschid Pascha, Fuad Pascha, Aali Pascha erlagen in verhältnissmässig kräftigem Alter der Ueberanstrengung dieses Postens, während die übrigen Grossvezire Nullen waren, über deren Köpfe hinweg der Sultan mit irgend einem andern bevorzugten Minister sich berieth und so die Regierung leitete, wie Sultan Abdul Medschid mit seinem Schwager, dem Director des Artillerie- und Festungswesens Fethi Ahmed Pascha, und Sultan Abdul Aziz mit seinem Liebling, dem ehemaligen Marineminister Mahmud Nedim Pascha, mochte derselbe nun Grossvezir oder in Ungnade gefallener Exulant sein.

Erst Sultan Murad V. und sein Bruder Sultan Abdul Hamid II. haben es eingeführt, das Gesammt-Ministerium zu regelmässigen Berathungen im Palast einzuladen, so dass seitdem der Grossvezir das ist, was er wirklich von jetzt an sein sollte, nämlich der Premierminister oder Präsident des Ministerraths.

Symbolisch wird die Würde des Grossvezirs dadurch bezeichnet, dass der Sultan ihm das Staatssiegel übersendet, d. h. ein Siegel mit der Tugra (dem Namenszuge) des Sultans, und falls er ihn absetzt, ihm dasselbe abfordern lässt, resp. wenn der Grossvezir seine Entlassung einreicht, dem Sultan das Staatssiegel zurückgiebt. Zum wirklichen Gebrauch bedient sich übrigens der Grossvezir eines andern Siegels mit dem Namenszug des Sultans, während das ihm beim Antritt seiner Functionen vom Sultan übergebene Siegel sich bloss in seinem Gewahrsam befindet. Bei einem Regierungswechsel wird das Staatssiegel des vorigen Sultans zerbrochen und ein anderes mit dem Namenszuge des neuen Sultans angefertigt.

Zur weiteren Illustrirung gebe ich hier die Schilderung zweier Grossvezire, Aali Pascha und Mahmud Nedim Pascha.

1.
Mehemed Emin Aali Pascha.

Mehemed Emin Aali wurde im Jahre 1815 in Konstantinopel geboren; sein Vater bekleidete ein untergeordnetes Amt, und unser Aali erhielt die gewöhnliche türkische Erziehung, d. h. Lesen, Schönschreiben, Koran und Anstandsregeln. Mit seinem fünfzehnten Jahre wurde er auf Empfehlung Reschid Effendi's (des späteren Grossvezirs) in einem Bureau an der Pforte angestellt, und hier erst begann seine eigentliche Ausbildung, indem der türkische Staat zur Heranbildung seiner Beamten durchaus keine anderen Lehranstalten besitzt als die praktische Schule der Bureaux. Nach vierjähriger Lehrzeit ward er zweiter Secretair bei der türkischen Botschaft in Wien unter Ahmed Fethi Pascha, von wo er 1836 zurückkehrte, und im folgenden Jahre erster Dolmetscher des Divans ward; nach kurzer Frist wurde er im Jahre 1838 Botschaftsrath und darauf Geschäftsträger in London. 1840 ward er Unterstaatssecretair des Auswärtigen, und 1841 Botschafter in London, wo er drei Jahre blieb. Diese fünf Jahre, welche durch den Krieg gegen Mehemed Ali Pascha von Aegypten, den Tod Sultan Mahmuds II., die Thronbesteigung Sultan Abdul Medschids, die Quadrupel-Allianz gegen Frankreich und Aegypten, die Ereignisse in Afghanistan, die grossen innern Reformen Sir R. Peels in England, die Ministerien von Thiers und Guizot in Frankreich und die hervortretende Wirksamkeit Reschid Pascha's in der Türkei bezeichnet werden, kann man als diejenige Epoche ansehen, wo Aali Effendi's Charakter und Principien eine feste Grundlage erhielten, indem sein scharfes Beobachtungstalent und seine eminente Begabung nicht verfehlten über alle diese Verhältnisse reiflich nachzudenken und für sich daraus Lehren zu ziehen. Im Jahre 1844 kehrte er nach Konstantinopel zurück, wo er interimistischer Minister des Auswärtigen und dann Kanzler des Divans (Beilikdschi Effendi) ward. Sein bisheriger Beschützer Reschid Pascha wurde im Jahre 1846 Grossvezir, er selbst, bis dahin Aali Effendi, ward unter dem Namen Aali Pascha Minister der auswärtigen Angelegenheiten. Bis zum Jahre 1852 Reschid Pascha's getreuester Anhänger, theilte er dessen Gunst und dessen Ungnade, indem er in diesem Zeitraume wiederholt mit Reschid Pascha und Rifat Pascha im auswärtigen Ministerium wechselte. Aber im Sommer 1852 erhob sich die öffentliche Volksstimmung sehr energisch gegen die unsinnige Finanzwirthschaft des Grossvezirs und eine Reihe von täglichen Brandstiftungen während eines ganzen Monats sprach so deutlich, dass

Reschid Pascha fiel. Aali Pascha aber blieb zum allgemeinen Erstaunen im Amte, indem er sich mit einem raschen Entschluss von Reschid Pascha lossagte. Die innere Geschichte der Türkei bietet nun ein trauriges Schauspiel dar; Reschid Pascha und seine Anhänger kämpften mit allen ihnen zu Gebote stehenden Mitteln der Intrigue, um ihre Gegner, die sogenannte alttürkische Partei, wieder aus dem Sattel zu heben, und, sobald dies gelungen war, sie auch noch weiter zu verfolgen; selbst der grosse Krieg gegen Russland brachte in dieses armselige Treiben keine Unterbrechung. So dauerte es bis zum Januar 1858, wo Reschid Pascha starb, und mit dessen Tod war auch die ganze Partei Reschid Pascha's wie vom Erdboden weggefegt; der Lebende behielt Recht. In dieser unerquicklichen Periode finden wir Aali Pascha 1852 als Grossvezir; aber nach wenigen Monaten fiel auch er, weil die nicht von ihm, sondern von Reschid Pascha negociirte Anleihe nicht zu Stande kam; darauf Statthalter von Smyrna und nach einer längeren unfreiwilligen Musse (1854) Statthalter von Brussa, im October desselben Jahres Präses des Tanzimat-Conseils (einer Art Staatsrath mit einigen Attributen einer constituirenden Versammlung) und Minister des Auswärtigen, 1855 bei der Conferenz in Wien, und unmittelbar darauf zum zweitenmal Grossvezir. Als solcher setzte er den bekannten Hatti-Humajun auf, den er 1856 nach Paris brachte und als erster türkischer Bevollmächtigter neben Dschemil Pascha in das Friedensinstrument von Paris setzen liess, wo er noch mit 14 Unterschriften steht, ohne dass seitdem irgendein Inhaber dieser 14 Unterschriften sich um dessen Ausführung bekümmerte. Aali Pascha's ausgezeichnetes diplomatisches Talent fand übrigens bei seinen Collegen in Paris eine warme Anerkennung, und von da an bis zu seinem Tode hatte er noch recht oft Gelegenheit dieses Talent zur Geltung zu bringen.

Es ist noch in jedermanns Andenken, wie die Bestimmungen des Friedenstractats in Betreff der Walachei und Moldau noch im Laufe des Jahres umgestossen wurden; in Folge dessen dankte Aali Pascha ab, und ward Minister ohne Portefeuille. Im Januar 1858 starb Reschid Pascha, und Aali Pascha trat wieder als Grossvezir an seine Stelle, die er zum drittenmal bis November 1859 bekleidete; wenige Monate später ward er wieder Präses des Tanzimat-Conseils. Als solcher schlug er verschiedene sehr dringende Massregeln vor, z. B. die Einziehung des Papiergeldes, die Verbesserung der Justiz, die Säcularisirung der unbeweglichen Güter in todter Hand. Da aber der damalige Grossvezir bei den Stockjobbereien die erste Geige spielte und damit manches Geld verdiente, so durfte man nicht erwarten, dass irgend jemand ernstlich an die Ausführung dieser Vorschläge dachte.

Im Mai 1860 ward Kybryslü Mehemed Pascha Grossvezir mit dem Auftrag eine Rundreise durch die Provinzen zu machen; während seiner Abwesenheit war Aali Pascha sein Stellvertreter (Kaimakam), und nach dessen Rückkehr Stellvertreter des Ministers der auswärtigen Angelegenheiten, Fuad Pascha's, der sich damals in Damascus befand. Im Juni 1861 ward er zum viertenmal Grossvezir, bis zum December desselben Jahres, wo ihn der aus Syrien zurückgekehrte Fuad Pascha ablöste. Damals erreichten sie ein besseres Verständniss ihrer gegenseitigen Interessen, und man kann sagen, dass von jener Zeit an Aali Pascha und Fuad Pascha sich in die Regierung des Reiches theilten, so dass bald der eine Grossvezir und der andere Minister des Auswärtigen war, bald umgekehrt. Während dieser Periode fanden mehrere wichtige Ereignisse statt: die Einwanderung der Tscherkessen, die Einziehung des Papiergeldes, die Consolidirung der schwebenden Staatsschulden, die Verjagung Cusa's und die Wahl des Prinzen Karl von Hohenzollern zum Fürsten von Rumänien, die Aufhebung der Bestimmungen des Tractats von 1841 über die ägyptische Erbfolge, die Reise des Sultans nach Europa, der Ausbruch des kretischen Aufstandes. Bei allen diesen Angelegenheiten fiel der Löwenantheil auf Fuad Pascha: die officielle Verkündigung, die Verhandlungen mit dem Auslande, die Unterschrift nebst den obligaten diplomatischen Gabelfrühstücken und Diners, Posaunen-Tuschen und Calembourgs, während die banausischen Arbeiten der schriftlichen Redaction und die Danaiden-Discussionen in den Conseils, mit Leuten, die nichts davon verstanden, auf Aali Pascha gewälzt wurden, wobei er seine ohnehin nicht sehr kräftige Gesundheit gründlich zerrüttete und den Keim zu seiner letzten Krankheit legte. Der kretische Aufstand aber fällt allen beiden, sowie ihren unfähigen Statthaltern auf der Insel zur Last, indem mit einer sehr geringfügigen staatsmännischen Klugheit jahrelanges Blutvergiessen, widerwärtige Verhandlungen über unwürdige Zumuthungen der Grossmächte und schwere finanzielle Opfer hätten vermieden werden können. Die kretischen Primaten, welche 1866 dem damaligen Statthalter Ismail Pascha ihre sehr bescheidenen und mässigen Wünsche vortrugen, wurden mit Flintenschüssen zurückgewiesen, und es ward nicht einmal Bericht darüber erstattet. Als sich die Leute nun direct an die Pforte wandten, blieb ihr Gesuch drei Monate ohne Antwort, und als diese endlich erfolgte, blieb den Kretern nichts anderes übrig als sich zu empören. Die nächsten Massregeln der Pforte hätten nicht verkehrter sein können; der als ausserordentlicher Commissär dahin geschickte Mustafa Pascha, welchem mehr als die Hälfte der Insel gehört, hatte natürlich gar kein Interesse seine Besitzungen durch militairische Operationen verwüsten zu lassen, und so lavirte er monatelang ohne irgendetwas anderes zu thun als pomphaft stylisirte Berichte über Gefechte, Unterwerfungen und Verhandlungen, die in der Wirklichkeit nirgends existirten, nach Konstantinopel zu schicken. Ihm folgte endlich Omer Pascha, welcher Ernst machte, und den Aufstand schon in seine letzten Verschanzungen zurückgedrängt hatte, als Aali Pascha mit einer versöhnlichen Mission eintraf, und die letzte Hand an die Unterwerfung der Insel legte. Während der ganzen Dauer des Aufstandes war die Diplomatie mit dem ganzen Aufwand ihrer Wichtigthuerei thätig, um der Pforte allerlei wohlwollende Rathschläge zu ertheilen, und Frankreich, Russland und Oesterreich riethen sogar die Insel an Griechenland abzutreten; diesmal hatten jedoch Aali Pascha und Fuad Pascha sehr dicke Ohren, und vermochten es durchaus nicht die in diesen Rathschlägen entwickelten wohlwollenden Gesinnungen der drei Mächte herauszufinden, und Fuad Pascha war sogar so keck zu einem zweiten Navarino aufzufordern. Eine so kühne Sprache verblüffte augenscheinlich die Diplomaten auf einige Zeit, ohne jedoch ihren Eifer zu lähmen; denn als der Aufstand schon in den letzten Zügen lag, traten sie abermals mit Vorschlägen auf, um die Pforte mit Gewalt glücklich zu machen, und da Fuad Pascha damals schon sterbend krank war, von den übrigen Ministern aber niemand das Zeug hatte, alle diese unwürdigen Zumuthungen verdientermassen zurückzuweisen, so musste noch express ein hoher Beamter der Pforte nach Kreta reisen, um Aali Pascha's Meinung darüber zu vernehmen.

Bis zum Jahre 1867 galt Aali Pascha als ein schüchterner Mann, ohne alle Initiative, jetzt aber war er gänzlich umgewandelt; während der Anwesenheit des Sultans in Europa, wobei ihn Fuad Pascha begleitete, war Aali Pascha thatsächlich der Beherrscher des Reiches, und diese Stellung gab ihm eine solche bisher ungekannte Energie, dass er alles in Erstaunen setzte; seinen Collegen im Ministerium war er unstreitig überlegen, und der Diplomatie gegenüber entwickelte er eine ungeahnte Kühnheit. Er drang mit allem Nachdruck darauf, dass Griechenland der Krieg erklärt werde, und er hätte auch seinen Willen durchgesetzt, wäre nicht im letzten Augenblick noch eine schwache Seite seines Charakters erspäht worden, bei welcher man ihn angriff. Dies war sein unerschütterlicher Respect vor allem was von Frankreich ausging, seine unverhohlene Sympathie mit allem französischen Wesen, die felsenfeste Glaubenstreue, mit welcher er jede Phrase, jede Blague, die von Paris aus in die Welt gesendet wurde, für eine Art göttlicher Offenbarung nahm. Napoleon schlug eine Conferenz in Paris vor, und die Angelegenheit ward gewissermassen nach Aali Pascha's Dictat erledigt; Griechenland war verurtheilt die Rolle des armen Sünders vor Gericht zu spielen, die Türkei war Partei und Richter, und die übrigen Conferenzmitglieder spielten die stummen Beisitzer, wo nur Russland sich einige Bemerkungen erlaubte.

Im Februar 1869, wo Fuad Pascha starb, übernahm Aali Pascha zugleich das Amt eines Grossvezirs und Ministers der auswärtigen Angelegenheiten, und in dieser Stellung verblieb er bis an seinen am 6. September 1871 erfolgten Tod; diese Epoche bezeichnet also recht eigentlich den Höhepunkt seiner Macht, die er nicht mehr mit Fuad Pascha zu theilen hatte.

Noch vor der Reise des Sultans in Europa, im Frühling 1867, wurde eine Verschwörung entdeckt, die hauptsächlich gegen Aali Pascha gerichtet war. Ihre Häupter nannten sich Jungtürken *(la jeune Turquie)*, im directen Gegensatz zu dem, was man in Europa unter Jung-Deutschland, *la giovine Italia*, versteht; die Tendenzen dieser Verschwörung waren vor allen Dingen die Herstellung alttürkischer und mittelalterlicher Zustände, d. h. der Janitscharenwirthschaft und gänzliche Unterdrückung des nichtmuhammedanischen Elementes; als nächstes Mittel predigten sie die Bewaffnung des ganzen Volkes (d. h. der Muhammedaner) und die Ermordung Aali Pascha's, als Endziel den Krieg gegen ganz Europa. Ihre Häupter waren ein gewisser Aali Soavi Effendi, ein Mittelding zwischen Peter von Amiens, Savonarola und Mazzini auf der Basis des Korans; Zia Bey, Verfasser einer Geschichte von Spanien, die von Feindseligkeiten und plumpen Ausfällen aller Art gegen Europa und das Christenthum strotzt; Kemal Bey, ein Journalist vom Kaliber Rochefort; Mehemed Bey, Neffe des bekannten Grossvezirs Mahmud Nedim Pascha, eine Art türkischer Lassalle u. s. w. Ihr Organ war eine türkische Zeitschrift „Muchbir" (der Berichterstatter). Da Aali Pascha in seinen Principien mit ihnen übereinstimmte, so ist diese Verschwörung auf den ersten Anblick unbegreiflich; zwischen den Lehren des „Muchbir" und den Anschauungen des Grossvezirs bestand kein weiterer Unterschied, als dass die jungtürkischen Journalisten sich in der Darlegung ihrer Pläne durch nichts beengt fühlten, während der Grossvezir in seiner Eigenschaft als Staatsbeamter mit den prosaischen Thatsachen der Wirklichkeit und mit den unabweisbaren Forderungen der Diplomatie zu rechnen hatte. Aber des Pudels Kern war nur oberflächlich versteckt; unter ihren unablässigen Forderungen der Theilnahme des ganzen Volkes (scil. der orthodoxen Muselmänner) verhüllte sich nur schwach das *ôte-toi pour que je m'y mette;* Aali Pascha sass zu lange für sie an der Spritze, sie wollten nun auch Antheil haben. Ein Artikel im „Muchbir" über die Räumung der Citadelle von Belgrad übertraf an Heftigkeit alles, was bisher in der türkischen Tagespresse vorgekommen war; das Blatt wurde unterdrückt und der Process gegen die *jeune Turquie* eingeleitet; aber die Verschwornen fanden es für richtiger zu verduften und ihre kostbare Existenz durch die Flucht nach Paris in Sicherheit zu bringen. Dort trafen sie Mustafa Fazyl Pascha, Bruder des Khedive von Aegypten, welcher wegen seines Protestes gegen die Aenderung der ägyptischen Erbfolge exilirt war. In ihm glaubten sie einen mächtigen Bundesgenossen zu finden, aber sie irrten sich gröblich; der Sohn Ibrahim Pascha's von Aegypten konnte sie nur bemitleiden, aber es war ihm höchst gleichgültig, ob ihre Principien in Konstantinopel durch Aali Pascha und Fuad Pascha oder durch Hinz und Kunz vertreten waren. Von Paris aus ward der „Muchbir" fortgesetzt und in Tausenden von Exemplaren nach der Türkei geschmuggelt; einzelne Nummern wurden auch ins Französische übersetzt und in Europa verbreitet; aber klug wie die Schlangen, liessen die Jungtürken in der französischen Uebersetzung alle gegen Europa und Christenthum feindseligen Aufsätze weg, damit sie vor der christlichen Welt ohne Falsch wie die Tauben erschienen.

Wichtiger als diese häusliche Angelegenheit und auch wichtiger als die Festlichkeiten während des Herbstes 1869, wo gekrönte Häupter und Mitglieder souveräner Dynastien nach Konstantinopel kamen, ist Aali Pascha's Verhalten während der grossartigen Ereignisse der letzten beiden Jahre.

Um die Türkei als die erste Grossmacht der Welt im herrlichen Glanze des Islam wieder aufzurichten und sich alle Ungläubigen und Heiden tributpflichtig zu machen, mussten vor allen Dingen die Capitulationen beseitigt werden; die „Turquie" hatte in einer Reihe von Aufsätzen, die zum Theil von Aali Pascha und Fuad Pascha, meistens aber von dem höchst unwissenden und tactlosen Redacteur der „Turquie" herrührten, den Nachweis geliefert, dass die Türkei die beste aller möglichen Welten sei, und dass zur Vollendung ihres höchsten Glücks nichts weiter als die Beseitigung der Capitulationen fehlte. Als Diplomat vom reinsten Wasser aus der Schule Talleyrands kannte Aali Pascha die europäische Diplomatie nur zu gut, und wusste was man ihr bieten konnte. In der Meinung, dass ihre Genehmigung genüge, um sämmtliche Europäer in der Türkei einem völlig rechtlosen Zustande preiszugeben, beauftragte er Halil Bey, Unterstaatssecretair des Auswärtigen, mit der Eröffnung des Feldzuges; aber es zeigte sich sofort, dass seine Rechnung falsch war; die Berichte der hiesigen Diplomaten, welche die Aufhebung der Capitulationen befürworteten, fanden in den europäischen Cabineten, wo man ausser diesen nichtssagenden Berichten doch noch anderweitige Auskünfte besass, nur taube Ohren, und der gewaltige Anlauf nahm ohne Sang und Klang ein Ende.

Nun sollte es gegen die innern Feinde gehen, und wiederum ohne gehörige Berechnung der eigenen Kräfte wagte man sich gerade an den mächtigsten, Ismail Pascha, Khedive von Aegypten; zu dem Ende wurde dessen Bruder Mustafa Pascha aus seinem Exil zurückberufen, um zu rechter Zeit als Demonstration bei der Hand zu sein; man gab ihm einstweilen das Justizministerium. Aber Ismail Pascha war ein ebenso schlauer Diplomat wie Aali Pascha, und liess sich nicht ins Bockshorn jagen; durch seine Agenten wusste er sehr gut, dass die Türkei nicht in der Lage war mit ihm Krieg zu führen, und überdiess hatte er Frankreich auf seiner Seite. Aali Pascha, bisher so unbeugsam jedem andern Gegner gegenüber, war wie ein schwaches Kind sobald der Jupiter Olympius an der Seine nur eine Grimasse machte, und diese Schwäche ging so weit, dass er selbst die Reise des Sultans zur Eröffnung des Canals von Suez verhinderte, so dass bei den dortigen Festlichkeiten im Angesicht aller souveränen Fürsten von Europa der Vicekönig von Aegypten sich als Hausherr gerirte. Dies war ein Fehler Aali Pascha's, der vielleicht nie wieder gut zu machen ist; noch lange nachher war der Sultan aufgebracht über die Rolle, welche man ihn einem Frauenzimmer gegenüber spielen liess, die weniger als ein Jahr darauf das Brod der Verbannung zu essen gezwungen war. Der Feldzug gegen den Khedive schloss mit einer Farce auf der Citadelle von Kairo.

Was war nun aber mit Mustafa Fazyl Pascha anzufangen, dessen man nicht mehr zum Demonstriren bedurfte, und dessen eminente Begabung und kolossaler Reichthum gefährlich werden konnte? Er erhielt den Auftrag den Entwurf einer Justizreform auszuarbeiten: gewiss das dringendste Bedürfniss des osmanischen Reiches. Mustafa Pascha ging an die Arbeit, und als sein Entwurf fertig war, überreichte er ihn dem Grossvezir. „Eine ausgezeichnete Arbeit," sagte dieser, „durch welche sich Ew. Hoh. um Se. Majestät und um das Land unsterbliches Verdienst erworben haben, und ich rechne es mir zur höchsten Ehre sie Sr. Majestät zur Genehmigung unterzubreiten, zu welchem Ende ich mir einige Tage erbitte, um sie durchzusehen. Wollen Sie indessen sich ins Finanzministerium verfügen und nachsehen, was dort eigentlich vorgefallen ist; der Finanzminister hat mit den Staatsgeldern Privatspeculationen an der Stockbörse gemacht und dadurch enorme Verluste verursacht; versiegeln Sie dort alles." Am folgenden Tage stattete Mustafa Pascha seinen Bericht ab. „Sehr gut; ich sehe, dass der Finanzminister unmöglich im Amte bleiben kann; ich ersuche Sie dieses Amt zu übernehmen." — „Aber, Hoheit," bemerkte der Aegypter, „was wird aus meinem Entwurf der Justizreform, wenn ich gerade jetzt das Justizministerium verliere?" — „Ich muss jetzt einen Finanzminister haben, und dazu eignet sich niemand besser als Ew. Hoheit, und was Ihre ausgezeichnete Arbeit betrifft, so habe ich sie selbst in die Hand genommen, um sie durchzuführen." — Mustafa Pascha ward also Finanzminister, nach kurzer Zeit abgesetzt, und von der Justizreform war nicht weiter die Rede, da es durchaus nicht mit Aali Pascha's Ansichten stimmte irgendeine Reform ernstlich anzugreifen, geschweige denn durchzuführen. Von Reschid Pascha in solchen Grundsätzen erzogen und in seiner langen diplomatischen Laufbahn hinlänglich belehrt, wie wenig dazu gehört der Diplomatie Sand in jeder beliebigen Quantität in die Augen zu streuen, war es ihm bloss um einige Phrasen und Zeitungsartikel zu thun; der Mohr Mustafa aber, der seine Arbeit gethan hatte, konnte gehen.

Es war mitten in diesem harmlosen Intriguenspiel, als die französische Kriegserklärung an Deutschland wie eine Bombe hineinplatzte; noch ehe ein Schuss an der deutsch-französischen Grenze abgefeuert war, hatte sich hier die finanzielle Panik in einer tragikomischen Weise offenbart: die Stockbörse machte die entsetzlichsten Capriolen, die Stockjobber führten einen unerhörten Veitstanz aus; der eine lief davon, der andere erhenkte sich, der dritte machte Bankerott, kurz, es war ein wahrer bethlehemitischer Kindermord unter diesen Biedermännern.

Aali Pascha, bis dahin ein Muster diplomatischer Umsicht und Bedächtigkeit, bot unaufgefordert dem Kaiser Napoleon eine Allianz der Türkei gegen Deutschland an, und veranlasste sogar den Sultan in einem Telegramm zur Feuertaufe Lulu's und zur Farce von Saarbrücken zu gratuliren; kurz, er bewies sonnenklar, was man schon von jeher wusste, dass er ein eminenter Diplomat, aber ein unfähiger Staatsmann war. Der gute Genius der Türkei fügte es, dass die französische Regierung in ihrer damaligen Verblendung die angebotene Allianz ablehnte dass dieses Anerbieten für die Türkei keine weiteren schlimmen Folgen hatte, ist also nicht der staatsmännischen Unfähigkeit Aali Pascha's, sondern lediglich dem französischen Uebermuth zu danken. Das fragliche Gratulations-Telegramm wurde abgeläugnet, und als trotzdem die Existenz desselben bewiesen ward, stellte Aali Pascha jede Kunde von demselben in Abrede, und compromittirte damit sogar die Person des Sultans.

Nichts wäre damals leichter gewesen als die Autorität des Sultans in Tunis wiederherzustellen, und die Regierung erhielt darüber wiederholte Aufforderungen; es mag hier unerörtert bleiben, ob eine Wiedereroberung Algiers damals möglich war, und ob sie ein Glück für das Land gewesen wäre; so viel ist sicher, dass von den verrotteten Zuständen in Tunis nur Frankreich Nutzen zieht, und dass 5000 Mann Truppen und eine einzige Fregatte hinreichend gewesen wäre, dieser Wirthschaft ein Ende zu machen, und Frankreich wäre es noch viel weniger eingefallen wegen Tunis Lärm zu schlagen als wegen Rom. Aber Aali Pascha fürchtete sich zu sehr vor einer Grimasse von der Seine und that nichts; ein Bismarck an seiner Stelle hätte angesichts des algerischen Aufstandes schon etwas gethan, aber Aali Pascha war kein Bismarck, kein Staatsmann, sondern bloss ein Diplomat.

Die Verhandlungen wegen der rumelischen Eisenbahnen sind noch räthselhaft; dass die türkische Regierung dabei auf eine ganz fürchterliche Weise betrogen ist, sieht jedermann; auch ward der Minister der öffentlichen Arbeiten, der Armenier Daud Pascha, deshalb abgesetzt; aber die von Daud Pascha abgeschlossenen Verträge wurden im Ministerconscil erörtert und genehmigt, dann vom Grossvezir dem Sultan zur Bestätigung vorgelegt und von diesem ratificirt; der öffentlichen Meinung, welche sich über diese Verträge sehr stark aussprach, ward Daud Pascha als Sündenbock geopfert, aber wenn es Schuldige giebt, so ist er gewiss nicht allein der Schuldige. Auch Aali Pascha und der damalige erste Secretair des Sultans hatten ihren Antheil an den Liberalitäten des Baron Hirsch. Der letzte Rest von Aali Pascha's Popularität ging durch dieses seltsame Bündniss unwiderruflich verloren; was von jener Zeit an noch zu seinem Lob öffentlich gesagt wurde, war nichts weiter als die praktische Anwendung der Lehre von dem Recht des Lebenden, und so lange Aali Pascha Grossvezir war und lebte, hatte er Recht. Dahin gehört auch noch das am 7. d. hier eingetroffene Telegramm: *„Vienne. La mort d'Aali pacha a causé ici d'unanimes regrets."* Die *Turquie* von demselben Tage weiss in der naiven Unbefangenheit, von welcher ihr Redacteur fast täglich Proben ablegt, Aali Pascha nicht besser zu loben, als dass sie ihn den Talleyrand und Metternich der Türkei nennt; es mag wohl so sein, denn bekanntlich reden Kinder und Narren die Wahrheit.

Gegen Frankreich war Aali Pascha stets voller Ehrerbietung und Ergebenheit; dagegen hielt er es während seiner ganzen diplomatischen Laufbahn für angezeigt mit

Oesterreich wenig Umstände zu machen; er war es gerade, welcher die Rücksichtslosigkeiten gegen Oesterreich bis auf die äusserste Grenze trieb, und dadurch Oesterreich der Pforte gegenüber in eine Lage versetzte, aus welcher es nur durch ein energisches Entweder — Oder herauskommen konnte. Der Graf von Leiningen musste hieher kommen, um dem Divan ein donnerndes Halt zuzurufen. Seitdem sind die Beziehungen zu Oesterreich wenigstens äusserlich besser, aber die gründliche Verachtung gegen dasselbe dauert noch immer fort. So z. B. brachte die *Turquie*, deren Redacteur bekanntlich seine Inspirationen aus allen Ministerien holt, noch im Laufe des letzten Jahres wiederholt Artikel zu Gunsten des Panslavismus, zu Gunsten eines Kriegs gegen Oesterreich, weil es zu viel deutsch und zu wenig slavisch sei. Ich gestehe mein Unvermögen, zu begreifen, welche Interessen der Türkei eine solche Stellung Oestereich gegenüber gebieten. Nicht viel besser waren Aali Pascha's Beziehungen zu England, und in dem so eben citirten Artikel ist nachgewiesen worden, wie gerade diese Beziehungen zum Bündniss mit Russland und zur Sprengung des Pariser Vertrags führten, von dem jetzt fast nichts weiter übrig bleibt als die Bestimmungen über die Donauschifffahrt und, wie zum Hohn, der Satz: dass das Ausland nicht das Recht habe, sich in die innern Angelegenheiten der Türkei zu mischen, ungefähr gerade so, wie es in den Constitutionen des Königreichs Polen und des Kaiserthums Frankreich hiess: „Die Presse ist frei".

Als nun in Folge des russisch-türkischen Bündnisses die ägyptische Frage von neuem auftauchte, zeigte es sich, dass der Staatsmann Aali Pascha weniger geschickt war als der Diplomat. Der Friede zu Versailles war geschlossen, und der *Jupiter tonans* an der Seine konnte wieder mit den Locken seines Hauptes über die Vorgänge in Rom und Konstantinopel schütteln. In Rom scheint man nicht viel auf diesen olympischen Grimm zu geben, aber in Konstantinopel wurde sofort zum Rückzug geblasen, die erwarteten Früchte des russisch-türkischen Bündnisses waren vereitelt, Aegypten und Tunis blieben in ihrer halb unabhängigen Stellung. Das klägliche Fiasco der ägyptischen Farce scheint der ohnehin schwächlichen Gesundheit des Grossvezirs, die durch das Zusammenbrechen der französischen Macht gewaltsam erschüttert ward, den letzten Stoss gegeben zu haben; ein diätetischer Excess auf der Hochzeit eines seiner Unterbeamten führte die Katastrophe herbei, der er erlag.

Der Grossvezir hinterlässt zwei Söhne, welche im auswärtigen Ministerium angestellt sind, und zwei Töchter, wovon eine Wittwe, die andere noch unverheirathet ist; alle vier Kinder haben eine sehr sorgfältige Erziehung erhalten. Da der Verstorbene keine kostspielige Leidenschaft und nur eine einzige Frau hatte, so hinterlässt er seinen Erben ein sehr bedeutendes Vermögen, das man auf $1\frac{1}{2}$ Millionen Lire (9 Millionen Thaler) schätzt.

Eine bis jetzt geheim gehaltene Denkschrift Aali Pascha's dürfte am besten geeignet sein, die Ideen desselben über die Lage des osmanischen Reiches zu offenbaren; obgleich schon zehn Jahre alt, hat sie auch noch heute ein grosses Interesse, weil die damalige Lage der Türkei mit der heutigen eine grosse Aehnlichkeit darbietet, weshalb ich sie hier in wortgetreuer Uebersetzung wiedergebe.

Denkschrift des verstorbenen Grossvezirs Aali
Pascha vom 3 Schaban 1284 (30. November 1867),
aufgesetzt während seiner ausserordentlichen
Mission nach der Insel Kreta.

Die allgemeine Weltlage und die Bahnen des Umsturzes, welche die europäischen Völker und die ihnen unterworfenen Staaten betreten haben, bedrohen auch das osmanische Reich, und dem aufmerksamen Beobachter erscheinen die Schwierigkeiten, in denen wir uns gegenwärtig befinden, ungemein bedenklich; denn zu keiner Zeit war die allgemeine Politik Europa's so verwirrt, und noch nie hatten die Intriguen Russlands im osmanischen Reich ein so weites Feld gefunden. Als Russland vor 15—20 Jahren die Verhältnisse des Orients zu verwirren anfing, sah es alle europäischen Mächte, und besonders England und Frankreich, sich gegenüber, und aus Furcht vor denselben verhielt es sich einigermassen ruhig, und die hohe Pforte blieb von auswärtigen Bedrohungen unbelästigt. Der auf Anlass der ägyptischen Frage zwischen der hohen Pforte und Russland abgeschlossene Vertrag von Hunkiar Iskelessi wurde ohne nachtheilige Folgen beseitigt, und auf die später bei der Sendung Menschikoffs aufgestellten thörichten Forderungen antworteten England und Frankreich mit einer Kriegserklärung. Der Pariser Friede, welcher dem letzten Krieg ein Ende machte, stellte die Integrität des osmanischen Reiches unter die Bürgschaft der Mächte, und es wurde in demselben officiell stipulirt, dass die Mächte sich weder einzeln noch gemeinschaftlich in die Verhältnisse Sr. Majestät zu ihren Unterthanen einzumengen hätten. Indem auf diese Weise die Sicherheit des Staates nach aussen vollständig war, und von jetzt an die Behandlung und das Verhältniss der

christlichen Unterthanen erleichtert wurde, durfte man
sich der Hoffnung hingeben, dass fortan Sicherheit und
Vertrauen wiederkehren würde, und dass, falls diese Sicherheit
nur eine Zeit lang anhielte, die hohe Pforte diese
Frist benutzen könnte, um ihre Angelegenheiten auf eine
möglichst zufriedenstellende Weise zu ordnen. Aber zum
Erstaunen der ganzen Welt änderten sich die Grundsätze
der Politik vollständig und brachten die Verhältnisse der
Staaten in Verwirrung, so dass auch der Vortheil der
Sicherheit, den die hohe Pforte mit Recht erwarten durfte,
plötzlich beseitigt und verschwunden war. Denn ehe
noch die Unterschriften des Pariser Tractats trocken geworden
waren, fing der Kaiser Napoleon damit an, den
Einfluss Oesterreichs in Italien zu beseitigen, damit Russland
sich ihm nicht widersetze und Oesterreich die Beobachtung
der geschlossenen Verträge nicht unterstützen könne;
darauf betrat er die Wege, welche uns zum Nachtheil
und Russland zum Vortheil gereichten, und gleichsam als
ob gar keine Verträge existirten, mengte er sich in alle
unsere Angelegenheiten, besonders aber in die Angelegenheiten
von Rumänien, Serbien, Montenegro, Syrien und
Kreta, und zwar immer in einer Weise, die uns zum Nachtheil
gereichte. Und indem er den revolutionären Grundsatz
aufstellte: dass jedes Volk sich seinen Beherrscher
und seine Regierungsform wählen könne, und dass kein
Volk gezwungen werden dürfe, sich wider seinen Willen
von einem andern Volke beherrschen zu lassen, verwirrte
er bei allen Nationen, vorzüglich aber bei unsern Christen,
die Gemüther. England hatte seit einiger Zeit seine bisherige
Politik in jeder Beziehung gründlich geändert, indem
es sich, in Angelegenheiten, welche nicht direct seinen
Handel und seine Interessen berührten, einer absoluten
Neutralität und Nichteinmengung befleissigte, und gemäss

den Grundsätzen der Freiheit in seinen innern Angelegenheiten sich dem oberwähnten Nationalitätsprincip nicht widersetzte, so dass von England aus keinerlei Hülfe zu erwarten war.

Unter solchen Umständen vertrieb Frankreich die Oesterreicher aus Italien und vertheilte dieses Land unter dem Namen der „Vereinigten Staaten" unter mehrere winzige Regierungen, über welche Frankreich sich die Oberregierung vorbehielt; aber Italien war mit diesem Plan nicht einverstanden, und constituirte sich zu einem einheitlichen Grossstaate mit 24 Millionen Einwohnern. Dazu kam noch die römische Frage, und während so der Kaiser sich zwischen drei unvereinbaren Strömungen befand, machten sich auch noch die heillosen Folgen seiner in Mexico und Deutschland begangenen Fehler bemerklich.

Von England war wegen der von der englischen Regierung beobachteten Neutralität in diesen Angelegenheiten gar nichts zu erwarten. Oesterreich hatte in kurzer Zeit von Frankreich mehrfache Unbill erfahren; aber selbst wenn es nothgedrungen, solches vergessend, sich wieder mit Frankreich zu alliiren wünschte, so ist es doch wegen der in kurzer Zeit aufeinanderfolgenden schweren Unglücksfälle für die nächste Zeit an einem activen Vorgehen verhindert, so dass auch dessen Allianz unnütz ist. Die gegenwärtigen Verhältnisse zu Preussen sind allerdings klar, aber einstweilen ist dieses genöthigt mit Russland zu gehen.

Russland hat also bei seinen auswärtigen Beziehungen nichts zu fürchten; im Gegentheil, es sucht Frankreich und Preussen, die beiden mächtigsten Staaten Europa's, auf seine Seite zu ziehen. Es weiss, dass Frankreich unter der schweren Last seiner eigenen Fehler sich abmüht, so dass in kurzer Zeit dessen Einfluss zur Bedeutungslosigkeit herabsinken wird. Es weiss ferner, dass Preussen sein aufrichtiger Bundesgenosse ist, und wenn es Preussen gestattet ist, in Deutschland seine Intriguen nach Gefallen spielen zu lassen, preussischerseits gegen sein Auftreten im Orient keinerlei Widerstand oder Hinderniss zu besorgen ist. Da es Russland ferner gelungen ist, die polnischen Verlegenheiten durch gewaltthätige Mittel, und die Frage der Leibeigenschaft durch verständige Mittel zu erledigen, so ist es auch von allen inneren Schwierigkeiten erlöst, und so ist in diesem Augenblick Russland wegen der absoluten Unbeschränktheit seiner eigenen Regierung und wegen der Schwäche der andern Staaten der mächtigste Staat.

Es ist jedermann bekannt, dass Russland seit den Zeiten Peters des Grossen auf die Länder des Orients, und besonders auf die von allen Staaten und Nationen beneideten Länder des osmanischen Reiches, ein begehrliches Auge geworfen und dieselben zum Tummelplatz seiner Umtriebe erwählt hat, und dass es denselben frei den Zügel schiessen lassen kann, weil die andern Mächte ihm dort nicht in den Weg treten; die Beweise dieser Umtriebe liegen überall klar und sichtbar vor Augen. Aus überwiegenden Gründen bin ich überzeugt, dass das St. Petersburger Cabinet der hohen Pforte nicht den Krieg erklären wird, denn es weiss, dass in diesem Falle die allgemeine öffentliche Meinung ihm Unrecht geben und als Ursache seines Schrittes Eroberungssucht nennen würde. Deshalb erklärt es keinen Krieg; dagegen hetzt es einerseits die christlichen Einwohner zu Klagen und Aufständen gegen die hohe Pforte auf, andrerseits aber benutzt es ein hinterlistiges Gewebe von Lügen und Verleumdungen als Vorhang, um die Augen der Europäer und der Anhänger des Liberalismus und des Nationalitätenprincips zu blenden; es beeifert sich auch Serbien, Montenegro und Griechenland aufzuwiegeln, unter dem Vorwande, dass es für sich keinen Ländererwerb suche und das türkische Reich nicht zerstören wolle; es erklärt bloss, dass es nicht zu ertragen ist, wenn seine Glaubensgenossen unter der Vergewaltigung und Erniedrigung der türkischen Herrschaft bleiben; Russland könne unmöglich moralisch oder materiell neutral bleiben, wenn die durch Unglück zur Verzweiflung getriebenen Christen zum Aufstande bereit sind und die aufrichtigen Rathschläge zur wirksamen Verbesserung der Zustände unbeachtet bleiben; denn es fürchte, dass, wenn die Flamme des Aufruhrs entzündet wird, die Funken dieser Aufstände sich in seinen eigenen Staaten zeigen werden, zumal da die Russen wegen der Glaubensgemeinschaft mit denselben sympathisiren. Durch solche heuchlerische und sophistische Redensarten werden sowohl unsere Christen als Millionen von Europäern, welche die Wahrheit nicht wissen und ihre politische Weisheit aus Zeitungen, d. h. aus den Quellen aller grundlosen Gerüchte, ziehen, gegen die hohe Pforte aufgereizt, und auf diese arglistige Weise gelangt Russland zu seinem Zweck. Und während Russland die Polen, welche zu wiederholtenmalen, unter Anrufung des Nationalitätenprincips, die Fahne des Aufruhrs erhoben, mit Gewalt wieder seiner Herrschaft unterwirft und kürzlich ihre Nationalität gänzlich vernichtete, ruft dasselbe Russland gegen die hohe Pforte dasselbe Nationalitätenprincip an und giebt dadurch seinen Umtrieben eine neue Nahrung.

Der Inhalt der Note, welche kürzlich auf Anlass des kretischen Aufstands von den Gesandtschaften Russlands, Frankreichs und Preussens überreicht wurde, bestätigt vollständig diese Behauptungen; sie ist ohne Zweifel in St. Petersburg aufgesetzt, sowie es auch keinem Zweifel unterliegt, dass die Mächte, welche diese Note annahmen, in Betreff der orientalischen Frage mit Russland völlig einverstanden sind.

Diesen Schwierigkeiten und Gefahren gegenüber steht die hohe Pforte ganz isolirt da, und ist also gezwungen, diejenigen Individuen, welche zur Reproduction und zum Ackerbau unserer Nation am nothwendigsten und nützlichsten sind, unter den Waffen zu halten und ihre festen Einnahmen zu diesem Zweck zu verwenden, so dass uns für die Cultur des Landes kein Pfennig und zur Ausarbeitung guter Gesetze zum Besten des Staates und der Nation keine Minute übrig bleibt, und so beschleunigt auch auf diese Weise unser Feind die Erreichung seines verderblichen Zweckes; denn es ist offenbar, dass die muhammedanische Bevölkerung, welche allein Truppen stellt, diesen Zustand auf die Länge nicht ertragen kann, dass der Staatsschatz es ebensowenig ertragen kann alle seine Einnahmen auf unproductive Zwecke zu verwenden, und dass das Heer eine Anzahl von mehr als 10 Millionen Unterthanen, welche in ihrem Herzen den Wunsch nach Aufruhr und Befreiung tragen, nicht lange mehr in Gehorsam und Unterwürfigkeit zu erhalten vermag.

Aus der Geschichte vergangener Zeiten, und ganz vorzüglich aus der Geschichte der Gegenwart, ziehen wir die durch vielfache Erfahrung erprobte Lehre: dass in einer Zeit drohender Gefahren halbe Massregeln oder Zaudern keinerlei Rettung gewähren, und in Betracht der unverkennbaren Anzeichen ist auch für uns keine Zeit mehr übrig zu zaudern und zu zögern. Da also unsere Feinde das islamitische Reich und Volk zu vernichten suchen, so dürfen wir uns jetzt nicht bei kleinen Mitteln

aufhalten, um uns mit Gottes Hülfe aus dem Strudel des
Verderbens zu retten; während wir die Grundsätze der
ewigen Wohlfahrt festhalten, müssen wir in Nebendingen
zu einigen Opfern ohne Rückhalt und ohne Hintergedanken
bereit sein und unsere gegenwärtigen Zustände den Erfordernissen der Gegenwart so sehr als möglich nähern,
und wir müssen uns beeilen auf diese Weise die Pläne
der Aufrührer und der auswärtigen Feinde zu vereiteln,
da der richtige Zeitpunkt dazu längst vorüber ist . . .
(Hier scheinen im Text einige Worte zu fehlen, die ich
in dem Sinne des Vorhergehenden und Nachfolgenden
ergänzt habe) . . . denn die Anschläge, die Intriguen und
die Hetzereien Russlands und der ihm ergebenen übrigen
Mächte müssen in nicht gar zu langer Zeit zu Tage treten;
es scheint unmöglich, dass die Pforte noch im Stand ist,
mit ihren vorhandenen Kräften einerseits innere Unruhen
zu dämpfen, andrerseits, unter dem Vorwande, kein Christenblut vergiessen zu lassen, entstehende auswärtige Con-
flicte, ja vielleicht Kriege, durchzumachen; solchen allgemeinen Angriffen kann weder das osmanische Reich noch
selbst überhaupt der mächtigste Staat unmöglich widerstehen. Würde nun z. B. unter Erwägung dieser Umstände ganz Rumelien unserer unmittelbaren Herrschaft
entzogen, so würden Epirus und Thessalien mit Griechenland, Bosnien, die Herzegowina und Bulgarien mit Serbien
vereinigt, oder höchstens jede dieser Provinzen zu einem
besonderen Fürstenthum erhoben und, gleich Rumänien
und Serbien, nominell von der Pforte abhängig bleiben.
Ja, wollten wir den Christen, statt freiwilliger Concessionen oder auf die dringende Fürsprache der auswärtigen Mächte, nur zehn Procent gewähren, so würde es
dennoch um unsere Unabhängigkeit geschehen sein. Würde
man, wenn ein gewaltiger Sturm im Anzug ist, einen

Augenblick sich besinnen, einen Theil der Ladung über Bord zu werfen um das Staatsschiff zu retten? Und wenn dies nicht geschieht und das Schiff auf den Strand geworfen wird, was Gott verhüten möge, würde nicht der aus Schonung zurückgebliebene Theil der Ladung sammt dem Schiffe zu Grunde gehen? Und bliebe dann etwas anderes übrig als Reue? Und nützt die Reue irgendetwas?

Schreiber dieser Zeilen erkennt von ganzem Herzen an, dass es ihm nicht zukommt, unter solchen ernsten Verhältnissen seine Ansichten aufzudringen; nichtsdestoweniger halte ich mich verpflichtet, in Betracht der Erfahrungen, welche ich in den verschiedenen mir anvertrauten wichtigen Aemtern erworben habe und als ergebenster Diener Sr. Majestät, meine unmassgebliche Meinung hier vorzutragen.

Jedermann weiss, dass die Hauptursache des individuellen Glücks oder Unglücks in der Natur der individuellen Hoffnungen liegt; jedermann, er mag reich oder arm sein, fühlt sich glücklich, wenn seine Hoffnungen in Erfüllung gehen, und unglücklich, wenn sie nicht in Erfüllung gehen. Es ist daher eine der ersten Pflichten der Staaten und Regierungen, die aus dem Conflict der widerstreitenden Hoffnungen der verschiedenen Individuen entstehenden Gefahren zu verhüten, und darauf zu sehen, dass das Recht jedes Einzelnen gesichert werde, und dass jeder Einzelne seine Pflicht erfülle. In unserer gegenwärtigen Zeit aber sind Wohlstand und Macht in den Händen der Europäer, und somit hängt die Bekämpfung der Revolution und die Erhaltung des allgemeinen Friedens auch von ihnen ab, und ihr Einfluss ist täglich in allen Welttheilen fühlbar. Die in gegenwärtiger Zeit geltenden Grundsätze bestehen kürzlich darin: dass jedes Individuum frei und jedem anderen Individuum gleich ist; dass jedes Individuum, in den Angelegenheiten des Gemeinwesens, dem es angehört, nach Massgabe seiner Stellung eine Stimme hat, ja selbst bei der Organisirung dieses Gemeinwesens und bei der Constituirung der Versammlungen eine Stimme besitzt, und zwar so, dass die Religion oder die Herkunft des Individuums keinerlei Unterschied oder Vorrecht gewährt, und dass jedermann nach Massgabe seiner Fähigkeiten und Verdienste zu jedem Rang oder Amt Zutritt hat. Diese Grundsätze herrschen jetzt in allen europäischen Staaten, und bei der Beförderung eines Individuums zu einem Amt kommen Wörter wie „Katholik", „Protestant", „Jude", „Atheist" gar nicht in Betracht. Indem also jedermann sich in seinen Angelegenheiten allen gleichgestellt und die Pforten zu allen Auszeichnungen und Aemtern geöffnet sieht, üben diese Grundsätze nach Massgabe ihrer Verbreitung ihren Einfluss auch auf andere Staaten und Völker aus. Unsere nichtmuhammedanischen Nationen schicken ihre Kinder und Verwandten nach Europa und nach Griechenland, und selbst diejenigen, welche die dazu erforderlichen Mittel nicht besitzen, beschränken sich in ihren nothwendigsten Bedürfnissen und contrahiren Schulden oder finden sonst irgend ein Mittel zu diesem Behuf, und so erwerben ihre Kinder die erforderlichen Kenntnisse zur Betreibung ihrer Geschäfte und zur Verwaltung der Staatsämter. Und indem die oben erwähnten Grundsätze sich ihrem Geist einprägen, nimmt die Zahl der Individuen, deren Hoffnungen sich erweitern, von Tag zu Tag zu. „Wir sind Unterthanen dieses Landes, Angehörige dieses Staates, aber da wir nicht Muselmänner sind, so sind wir bloss mit einer Masse Pflichten und Leistungen belastet, aber in Betreff der Rechte sind wir unseren muhammedanischen Mitbürgern nicht gleichgestellt und deshalb verachtet." Solche Reden hört man allgemein, und indem die fremden Ruhestörer solche Gesinnungen unablässig noch verstärken, so wird unsere Lage in Zukunft immer schwieriger, und es wird unmöglich, die Raja im Gehorsam zu erhalten. In Erwägung dieser Umstände ist es nothwendig, dass die hohe Pforte selbst die Initiative ergreife und die Mittel aufsuche, diese aufrührerischen Gesinnungen zu beseitigen und die Unterthanen den Einflüsterungen fremder Revolutionäre unzugänglich zu machen. Dies wird dadurch erreicht, dass die Unterthanen in eine Lage versetzt werden, welche sie nicht mehr zwingt zum Ausland ihre Zuflucht zu nehmen, und dass den fremden Mächten, welche sich in unsere Angelegenheiten mengen möchten, der Vorwand dazu benommen werde.

Zur Erreichung dieses Zweckes ist das kräftigste Mittel, dass man den Kreis ihrer Ideen und ihrer Bildung allmählich erweitere, und dass, wenn die Unterthanen sehen, wie alle grossen Staaten die ihrigen beschützen und darauf hin vom Ausland die Erfüllung ihrer Hoffnungen erwarten, sie alles dieses auch von ihrem legitimen Beherrscher empfangen, so dass ihre Hoffnungen auf das Ausland von vornherein abgeschnitten werden, d. h. dass sie in Betreff der Gleichheit und in Betreff des Erwerbs von Wohlstand und Auszeichnung mittelst der Staatsämter und in Betreff der Rechte den Unterthanen fremder Staaten nichts zu beneiden haben; dass sie sich nicht mehr als Unterworfene eines islamitischen Staates ansehen, sondern als Diener und Unterthanen eines vortrefflichen Monarchen, der alle gleichmässig beschützt.

Auf die Einzelheiten dieses Vorschlags übergehend ist darauf zu sehen, dass diejenigen Nicht-Muhammedaner, welche Aemter und Würden bekleiden, von den Muhammedanern, welche dieselben Aemter und Würden bekleiden, in keiner Weise verschieden sind. Dies ist selbstverständlich; aber die Zahl der Nicht-Muhammedaner, welche Aemter und Würden erlangen, ist im Verhältniss zu den muhammedanischen Beamten und Würdenträgern verschwindend klein, während aus den oben entwickelten Ursachen die Zahl derjenigen Nicht-Muhammedaner, welche die zur Verwaltung der Finanzen, der Civil-Angelegenheiten, der Gesetzgebung und anderer Gegenstände erforderlichen Kenntnisse und Fähigkeiten erworben haben, immer mehr zunimmt, denen aber die Pforten zur Verwendung ihres geistigen Capitals und auf diese Weise zur Erlangung von Ehre und Auskommen versperrt und verschlossen sind, indem der Zutritt zu den höheren Aemtern bloss auf die Angehörigen einer einzigen Nationalität beschränkt ist, während zwei Drittheile der Staatseinkünfte von den Nicht-Muhammedanern aufgebracht werden und andere als sie davon Nutzen ziehen, so dass sie bloss als melkende Kühe anzusehen sind. Solche aufrührerische Reden auswärtiger Hetzer finden ein nur allzu geneigtes Ohr, und die Unterthanen werden sich ohne Zweifel einer Regierung in die Arme werfen, welche ihnen die Pforten zu Ehren und Würden öffnet.

Wenn es gestattet ist, dass die Christen zu Aemtern jeder Art berufen werden können, so werden sie sich bald aller Geschäfte bemächtigen, da sie die dazu erforderlichen Kenntnisse und Fähigkeiten in einem höheren Grade besitzen als wir, so dass die islamitischen Beamten hinter ihnen zurück bleiben, und der Islam wird es also ungern sehen, dass den nicht moslimischen Unterthanen solche Concessionen gemacht werden.

Dies dürften die vornehmsten Einwendungen und Besorgnisse sein, welche sich dagegen erheben. Leider ist es nur zu wahr, dass wir die Erwerbung von Kenntnissen vernachlässigen, und dass wir nicht suchen es den um uns herum wohnenden civilisirten Nationen gleich zu machen, und wenn wir keine Christen hätten, so würden wir dieses Reich gar nicht mehr verwalten können. Und wollten wir noch fernerhin die Nicht-Muhammedaner behandeln wie vor zweihundert Jahren, und gelänge es uns auch ihre Augen zu verschliessen, so können wir doch nicht ihre Beschützer, die mächtigen Staaten mit mehr als zweihundert Millionen freier christlicher Unterthanen, beseitigen oder auch nur ihre Einmengung und ihre Intriguen gänzlich verhindern. Wollten wir einen andern Weg einschlagen, oder in unserer bisherigen Weise fortfahren, so würde, was Gott verhüten möge, die Grundlage des islamitischen Staates geschwächt und erschüttert und die Unabhängigkeit des islamitischen Volkes vernichtet werden, wie sich aus vielfachen Anzeichen ergiebt. Wo es sich aber um die Existenz des Staates handelt, darf von halben Massregeln keine Rede sein; denn sollte, was Gott verhüten möge, ein bedenkliches Ereigniss eintreten, so würde unser Glaube und unser Volk ganz herrenlos werden, unser Gemeinwesen gänzlich zu Grunde gehen. Mit einem Wort: die Grösse der uns bedrohenden Gefahr ist nicht zu verkennen und fordert uns auf, die Mittel zur Rettung mit Gottes Hülfe schleunigst aufzusuchen, und es ist von der höchsten Wichtigkeit, dass wir keinen Augenblick versäumen, um diesen Schwierigkeiten vorzubeugen.

Um den aus der unbeschränkten Verwendung der Christen im Staatsdienste besorgten Gefahren vorzubeugen, müssen wir bekannt machen, dass jeder der im Staatsdienst Anstellung sucht, türkisch lesen und schreiben können muss; dagegen werden weder unsere nicht-muhammedanischen Unterthanen noch die auswärtigen Mächte etwas einzuwenden haben. Es ist ferner eine unerlässliche Pflicht, dass wir auf die Erziehung unserer Nation und auf die Erwerbung der nöthigen Kenntnisse den grössten Eifer verwenden und keine Geldausgabe scheuen; denn wenn wir dies nicht thun, so können wir nicht mehr dagegen ankämpfen, und es ist um uns geschehen; wir mögen es machen wie wir wollen, und wenn wir uns auch mit einer chinesischen Mauer von Verschanzungen umgeben, so werden uns doch die unterrichteten Nationen besiegen, und allmählich alles, was wir haben unsern Händen entreissen. Erziehen wir also unser Volk und gehen wir bis dahin auf dem betretenen Wege fort. Wollten wir den Christen die Pforten zur Beförderung im Staatsdienste nicht ganz öffnen, so ist auch dies unmöglich; die drohende Gefahr lässt uns keine Zeit übrig. Da es also die erste Pflicht des Staates ist, die oben entwickelten Massregeln sofort zu ergreifen und die zur öffentlichen Erziehung erforderlichen Mittel zu beschaffen und zu vervollkommnen, so müssen wir uns Tag und Nacht anstrengen und vor keinem Geldopfer zu diesem Behuf zurückschrecken.

Eine Hauptursache, weshalb die Regierung unserer nicht-muhammedanischen Unterthanen von Tag zu Tag schwieriger wird, und weshalb in ihren Gemüthern das Feuer der Feindseligkeit und des Hasses immer weiter um sich greift, liegt darin, dass wir keine zweckmässigen Schulen haben, weshalb die griechischen Kinder nach Griechenland und die bulgarischen Kinder nach Russland geschickt werden, so dass die Erziehung aller unserer christlichen Unterthanen eine den Grundsätzen des osmanischen Reiches feindselige Richtung annimmt. Es ist daher von der höchsten Wichtigkeit, dass wir so schnell als möglich Schulen einrichten und vervollkommnen, wo die Kinder der Muhammedaner und Christen vermischt und gemeinschaftlich unterrichtet werden, um diese grosse Gefahr zu beseitigen.

Eine andere erhebliche Klage betrifft unsere Gerichte; es ist daher nothwendig, dass wir auch in dieser Beziehung auf Abhülfe denken, und gleich wie in Aegypten ein Civilgesetzbuch ausarbeiten und gemischte Processe vor gemischten Gerichten verhandeln. Auch diess ist keineswegs dem religiösen Gesetz entgegen, und somit ist die Ausarbeitung eines Civilgesetzbuches möglich, gleich den übrigen Gesetzen.

Kurz, die Fusion aller Unterthanen — mit Ausnahme der rein religiösen Angelegenheiten — ist das einzige Mittel, um die zwischen den verschiedenen Völkern bestehende Eifersucht zu beseitigen und die uns drohenden Gefahren abzuwenden.

Am 3. Schaban 1284 (30. November 1867).

So weit der Text der Denkschrift; sie wurde, wie gesagt, von Aali Pascha während des kretischen Aufstands aufgesetzt, und zwar in dem Augenblick, wo er sich in ausserordentlicher Mission auf der Insel befand, und wo Subhi Pascha zu ihm geschickt wurde, um ihm die Vorschläge der Diplomaten mitzutheilen und seine Ansicht darüber zu vernehmen.

Wie man sieht, deckt der Staatsmann die Lage des Reiches mit der rückhaltslosesten Offenheit auf, und eben so rückhaltslos giebt er seine Meinung über die zur Rettung des Staates erforderlichen Mittel ab. Er verdammt wiederholt und energisch alle kleinen Mittel, alle halben Massregeln, alle Schein-Concessionen; er verlangt radicale Mittel und eine energische Anwendung derselben, ohne

Hintergedanken, ohne Hinterpförtchen; es ist ein Meisterstück staatsmännischer Einsicht und beweist, dass man hier der wohlwollenden Rathschläge der auswärtigen Diplomatie gar nicht bedarf; man weiss hier recht gut, wo uns der Schuh drückt, und man weiss eben so gut, was dagegen zu machen ist. Aber Aali Pascha stand damals ganz isolirt mit seinen Ansichten; seine Collegen im Amte nahmen die Sache weniger ernst; sie wollten sich keine Kopfschmerzen machen, und waren froh, wenn es ihnen gelungen, durch einige hohle Phrasen die Diplomaten und deren Dragomane zu befriedigen; und die Genügsamkeit dieser Leute erleichterte ihnen diese Arbeit in einem hohen Grade; die Beamtenhierarchie in der Hauptstadt und in den Provinzen befand sich bei den bisherigen Zuständen so wohl, dass eine radicale Reform, wie Aali Pascha sie vorschlug, durchaus nicht nach ihrem Geschmack war. Auf die Zustimmung der fanatischen Partei durfte von vornherein nicht gerechnet werden; diese Leute beharren bei ihrem *non possumus*, mag darüber auch die Welt zu Grunde gehen. Vor allen Dingen aber musste dieses Actenstück nach oben hin auf unbesiegbaren Widerstand stossen, und so darf es uns nicht wundern, wenn die von dem Grossvezir vorgeschlagenen Mittel nur zur Hälfte angenommen und, mit allen möglichen Hinterpförtchen versehen, ins Leben gerufen wurden, um bald darauf wieder sanft einzuschlafen. So z. B. wurde damals die Errichtung des *Lycée Impérial* beschlossen; dasselbe kam auch wirklich zu Stande — aber wie? Der Unterricht im Griechischen war von vornherein grundsätzlich vom Lehrplan ausgeschlossen; wie konnte man also erwarten, dass eine Anstalt, welche eine Fusion der verschiedenen Nationalitäten anbahnen sollte, bei den Griechen populär würde? Auch ein Civilgesetz wurde, wie vorgeschlagen, ausgearbeitet; aber statt, wie Aali Pascha andeutete, sich zu diesem Zweck an die Intelligenz Europa's zu wenden, griff man um tausend Jahre zurück, um aus den juristischen Werken der Araber einen Codex zu bearbeiten, der für unsere Zeit, für die Zeit der Dampfmaschinen, der Telegraphen, der Eisenbahnen u. s. w., als bürgerliches Gesetz gelten sollte!

Nach Aali Pascha's Tode (6. September 1871) trat bekanntlich das wüste Treiben ein, welches bis zur Absetzung des Sultans Abdul Aziz dauerte, und wodurch für die Verwirklichung der in der Denkschrift ausgesprochenen Idee selbst das Verständniss verloren ging. Statt der russischen Politik entgegen zu arbeiten, lenkte man mit vollen Segeln in das russische Fahrwasser ein, und zu den in der Denkschrift geschilderten Uebelständen kam noch die heilloseste Finanzverwirrung und die Umkehr aller gesunden Begriffe von Staatsökonomie. Bei Aali Pascha's Tode betrug die Staatsschuld ungefähr nur ein Drittheil dessen, was sie jetzt ist. Fügen wir also dies noch hinzu, und gestatten wir kleine Modificationen in der politischen Weltlage von damals, so hat die Denkschrift heute noch ganz dieselbe Bedeutung wie damals.

Dass bei einer Regierung, deren Mitglieder von der Denkschrift Aali Pascha's und den darin ausgesprochenen Grundsätzen vollständige Kenntniss besitzen, die homöopathischen Dosen diplomatischer Rathschläge nur ein mitleidiges Lächeln erregen, wird man sehr gut begreifen, wenn man sich die Mühe nimmt, dieses merkwürdige Actenstück aufmerksam durchzulesen.

2.
Mahmud Nedim Pascha.

> Vendidit hic auro patriam, dominumque potentem
> Imposuit: fixit leges pretio atque refixit.
> Virg. Aen. VI, 622. 623.

Mahmud Nedim Pascha, geboren um das Jahr 1810, war der Sohn eines ehemaligen Statthalters von Bagdad, Nedschib Pascha. Die Familie soll aus dem russischen Georgien abstammen, und der Vater oder Grossvater vom Christenthum zum Islam übergetreten sein. Ueber die früheren Verhältnisse Mahmud Pascha's weiss man sehr wenig; der verstorbene Grossvezir Reschid Pascha machte ihn zum Unterstaatssecretair in irgend einem Verwaltungs-Departement, aber da Mahmud ausser türkisch keine andere Sprache versteht, auch sonst keine hervorragenden Eigenschaften zeigte, so hatte man auch keinen Anlass, sich besonders um ihn zu bekümmern. Auch als Statthalter von Tripolis in Afrika betrat er die breitgetretene Strasse aller Provinzial-Statthalter. Von dort abberufen, wurde er im März 1868 zum Marineminister ernannt, welchen Posten er bis zum Tode des Grossvezirs Aali Pascha, also bis zum September 1871 bekleidete. In dieser Stellung fand er Gelegenheit sich die Gunst des Sultans Abdul Aziz zu erwerben, indem er dessen Vorliebe für die Herstellung einer kolossalen Panzerflotte allen Vorschub leistete und zugleich bei dem Abschluss der Contracte über den Bau und die Ablieferung derselben nicht nur seine eigenen Privatinteressen, sondern auch die Privatschatulle seines kaiserlichen Herrn bedachte. Es war bekannt, dass er dessen Ideen in jeder Beziehung theilte, so dass man ihn schon bei Aali Pascha's Lebzeiten, als derselbe noch auf dem Krankenlager war, als dessen künftigen Nachfolger bezeichnete.

Als nun Aali Pascha am 6. September 1871 starb, war der Staat so arm an tüchtigen und brauchbaren Kräften, dass die Wage nur zwischen Mahmud Nedim Pascha und Müterdschim Mehemed Rüschdi Pascha schwankte. Aber die unbestechliche Rechtlichkeit des letzteren und seine unüberwindliche Abneigung gegen eine Abänderung der Thronfolgeordnung machte dem Schwanken bald ein Ende, und Mahmud Nedim Pascha erhielt das Staatssiegel.

Es lag wie eine schwüle Gewitterluft über der Bevölkerung. — Fuad Pascha, Aali Pascha, Rüschdi Pascha: jedermann kannte sie und ihre Grundsätze; was man auch gegen dieselben einwenden mochte, man konnte mit ihnen wie mit bekannten Grössen rechnen, hier aber stand man einem unbekannten Etwas gegenüber; das wenige was man von ihm wusste, konnte nur Beunruhigung erregen. Die officiöse *Turquie*, welche noch in ihrer letzten Nummer vom 7. September nicht Worte genug fand, um die enorme Grösse des Verlustes zu schildern, den das Land durch den Tod des eminenten Staatsmannes Aali Pascha erlitten hatte, besass so viel Cynismus, dass sie schon am folgenden Tage das Andenken desselben mit Koth bewarf. „Bisher," so hiess es, „war nie mehr von Reform, Verbesserungen und Fortschritt die Rede, als wenn der Staat eine Anleihe beabsichtigte, um alle diese schönen Vorsätze sofort zu vergessen, sobald die Anleihe gesichert war: jetzt aber, unter der patriotischen und redlichen Verwaltung Mahmud Pascha's würde es anders werden; von jetzt an sollte es mit den Reformen und Ersparungen ernstlich gemeint sein."

Nur wenige Tage und das Gewitter entlud sich. Der Kriegsminister Hüssein Avni Pascha, der Finanzminister Schirvanizade Mehemed Rüschdi Pascha und der Polizeiminister Hüsni Pascha wurde nicht nur ohne alle Umstände abgesetzt, sondern auch ohne Verhör, ohne Urtheil, wie gemeine Verbrecher exilirt. Von nun an ging es in derselben Weise von Woche zu Woche, von Tag zu Tag unaufhaltsam vorwärts; unter dem Vorwande alle unnützen, unbrauchbaren und überflüssigen Beamten zu entfernen und im Ausgaben-Departement Ersparungen zu machen, wurden Tag für Tag massenhafte Absetzungen vorgenommen. Man wird gern zugeben, dass unter den abgesetzten Beamten recht viel nichtsnutziges Gesindel, ja mancher abgefeimte Schurke war, aber darauf kam es nicht an; wie ein brutaler Profoss in einem zusammengerotteten Volkshaufen mit einem Knüttel nach rechts und links einhaut, ohne sich lange zu bedenken, ob er einen Schuldigen oder einen Unschuldigen trifft, hieb Mahmud Pascha darein; es war ihm wahrlich nicht darum zu thun, nur die Schuldigen zu treffen; es war für ihn ein blosser Sport. Um jedoch den äussern Schein zu retten, wurde unter dem prächtigen Namen „Reform-Commission" eine aus vier Mitgliedern (dem jetzigen Grossvezir Edhem Pascha, dem jetzigen Minister des Innern Dschevdet Pascha, dem jetzigen Minister des Auswärtigen Safvet Pascha, und dem jetzigen Director der indirecten Steuern Kiani Pascha) bestehende Proscriptions-Commission gebildet, welche von Woche zu Woche dem Grossvezir eine Liste der abzusetzenden Beamten übergab. Diese Commission öffnete allen schlechten Leidenschaften und jeder schäbigen Gesinnung Thür und Thor; wer nur irgend einen Feind hatte, wer in irgend einem Beamten einen Nebenbuhler zu sehen glaubte, denuncirte denselben als missliebig, und ohne weitere Untersuchung wurde der solchergestalt Denuncirte auf die Proscriptionsliste gesetzt. Selbst diejenigen Beamten, denen durch ein ordnungsgemäss erlassenes Gesetz die Unabsetzbarkeit (ausser im Fall eines erwiesenen Verbrechens oder einer freiwilligen Abdankung) zugesichert war, blieben nicht verschont; im Richterstande wurden massenhafte Absetzungen vorgenommen, und wenn die abgesetzten Richter, im Bewusstsein redlich erfüllter Pflicht, sich auf den erwähnten Gesetzparagraphen beriefen, entgegnete man ihnen mit lächelnder Miene, dass dieses Gesetz keine Gültigkeit habe. Die durch solche Massregeln erledigten Gehalte wurden addirt und wöchentlich durch die *Turquie* als „Ersparnisse im Finanzwesen" proklamirt. Wenn man erwägt, dass unter den abgesetzten Beamten zahllose Individuen waren, welche 15, 20, 25, ja selbst 30—40 Jahre dem Staate gedient hatten, und wenn auch keine Muster von Kenntnissen und Redlichkeit, doch immerhin durch die lange Praxis brauchbare, fähige Beamte waren, so kann man sich vorstellen, welche Summe von Noth und Elend durch dieses wüste Treiben erzeugt war, da der Unterbeamte, der nicht zu den „obern Zehntausend" gehört, ohnedies nicht auf Rosen gebettet ist. Die sogenannte „Reform-Commission" erhielt deshalb den Auftrag, für diejenigen brodlos gewordenen Beamten, welche noch kräftig genug waren, ein Amt zu verwalten, irgend einen Posten nachzuweisen; für diejenigen aber, welche schon zu alt waren, um noch ferner im Staatsdienste zu bleiben, eine angemessene Pension zu bestimmen. Um nun auch diesen Theil ihrer Pflichten zu erfüllen, proponirte die Commission den abgesetzten Beamten allerlei unmögliche Posten, z. B. einem Richter eine Schreiberstelle in einem confiscirten Winkel des Staatsgebiets; einem Uebersetzer eine Stelle als Amtmann auf einer wüsten Donauinsel oder in irgend einem ungesunden Fieberklima, selbstverständlich mit einem Gehalt, das nicht den vierten Theil ihres bisherigen Gehaltes betrug; wurde ein solcher

Antrag zurückgewiesen, so hiess es: „Der Staat hat Dir ein anderes Amt angeboten; da Du es aber ausschlägst, so magst Du selbst zusehen, wie du fertig wirst." — Diejenigen, welche wegen ihres hohen Alters und in Betracht ihrer langjährigen Dienste um eine Pension nachsuchten, erhielten gar keine Antwort. Unter solchen Umständen kann man nicht umhin zu gestehen, dass die „Reform-Commission" sich das boshafte Vergnügen machte, das Unglück noch zu verhöhnen.

Mitten in diesem wüsten Treiben, zwei Tage nach der Erklärung, dass „Gesetze keine Gültigkeit mehr haben", verfügte sich der englische Botschafter Sir Henry Elliot zum Grossvezir, um ihm zu den bisher ins Leben gerufenen Reformen Glück zu wünschen. Der englische Diplomat wusste nicht, was er that; genau vier Jahre später sollte ihm ein grelles Licht darüber aufgehen. In dem vor dem verblüfften Publicum aufgeführten Hexensabbath war Mahmud Pascha nicht der leitende Director; dazu war er viel zu roh und unwissend; hinter ihm stand der russische Botschafter General Ignatieff, der an ihm ein willenloses Werkzeug fand, um den im Interesse der russischen Politik aufgeführten Cancan in Scene zu setzen; im russischen Botschaftshotel rieb man sich die Hände, und der englische Botschafter gab durch seine verhängnissvolle Gratulation zu erkennen, dass man auch dort nach der russischen Pfeife tanzte. Die übrigen Diplomaten am Bosporus schauten verwundert auf dieses Treiben, aber von irgend einem Verständniss war auch bei ihnen keine Rede; woher sollte ihnen solches kommen? In ihren prachtvollen Hotels von der ganzen übrigen Welt abgeschnitten, von ihren Soiréen, ihren Bällen, ihren Diners, ihren Staatsvisiten, ihren Jagden, ihren Ordensdecorationen vollständig in Anspruch genommen, überliessen sie ihren Dragomanen die eigentlichen Geschäfte, und so erfuhren sie nichts von dem, was um sie her vorging. Da es sich diesmal aber um Ereignisse handelt, deren Folgen noch in diesem gegenwärtigen Augenblicke nicht zu übersehen sind, und sich noch auf Jahrzehnte hinaus in der Türkei, so wie in ganz Europa, fühlbar machen werden, so muss ich etwas ausführlicher dabei verweilen.

Im November 1871 dämmerte eine Ahnung auf, dass trotz der riesenmässigen „Ersparnisse" der am 1./13. Januar 1872 fällige Zinscoupon ohne Anleihe nicht gedeckt werden konnte; denn da in Folge der liederlichen Finanzwirthschaft die Beamtengehalte gegen acht Monate im Rückstande waren, so konnten diese „Ersparnisse" selbst im glücklichsten Falle erst im Frühjahr oder Sommer 1872 zum Vorschein kommen; das mit einem unsäglichen Cynismus von der *Turquie* den verstorbenen Grossveziren Fuad Pascha und Aali Pascha vorgeworfene Manöver musste also wieder aufgespielt werden; um die Capitalisten Europa's für die Anleihe zu gewinnen, wurde eine Reihe der durchgreifendsten Reformen versprochen: die Güter in todter Hand sollten säcularisirt werden, ein regelmässiges Budget sollte aufgestellt werden; eine Anzahl Controleure, Journaldschi's genannt, sollten alle Provinzen des Reiches bereisen, um die Missbräuche zu constatiren, die Bedürfnisse des Landes zu ermitteln und darüber Berichte zu machen, es wurden sogar die Journaldschi's ernannt, aber kein einziger von ihnen hat die Hauptstadt verlassen; die Güter in todter Hand sind auch noch in diesem Augenblick in todter Hand, und das im März 1872 veröffentlichte Budget hat sich hinterher als ein Phantasiestück ausgewiesen.

Es herrschte eine fieberhafte Thätigkeit in allen Pfortenbureaux und jeden Tag wurde das Publicum durch irgend eine Sensations-Nachricht in Aufregung versetzt. Eine chronologische Ordnung in dieses wüste Treiben zu bringen dürfte unmöglich sein; es genüge die Bemerkung, dass das Folgende sich in dem Zeitraum der beiden Monate November und December 1871 zusammendrängt, um den Zinscoupon vom 1./13. Januar 1872 einlösen zu können.

Im türkischen Fastenmonat Ramazan untersagte der Grossvezir den Christen das Rauchen auf der Strasse und in ihren Buden. Nichtsdestoweniger traf ein Polizist einen Ladeninhaber, der vor der Thür seines Gewölbes ganz frech seine Cigarrette rauchte. „Weisst du nicht, dass den Christen im Ramazan das Rauchen verboten ist?" — „Ja wohl, aber was geht mich das an, ich bin ein Jude", erwiderte der Angeredete; der Polizist zog sich verblüfft zurück, meldete den Vorfall, und da man sich durch eine schlecht redigirte Verordnung lächerlich gemacht hatte, so musste sie zurückgenommen werden.

Am 1. Ramazan wurde die Tramwaylinie von Konstantinopel eröffnet, zu welcher Ceremonie der Grossvezir einen seiner Adjutanten delegirte. Am Nachmittag liess der Stadtpräfect Ali Bey (oder Ali Effendi) die Linie wieder sperren; man wusste nicht mehr, wer Koch und wer Kellner war. Der Gewalt unter Protest weichend machte die Compagnie ihre Klage anhängig, und da auch auswärtige Capitalisten bei der Unternehmung betheiligt waren, so kostete dieser Willküract des Stadtpräfecten der Staatscasse wieder eine hübsche Summe von Entschädigungsgeldern.

Es herrschte um dieselbe Zeit eine Choleraepidemie in der Stadt und in den Vorstädten; um nun bei dem allgemeinen Hexensabbath auch eine Rolle mitzuspielen, verordnete der Gesundheitsrath die Cernirung der inficirten Häuser, d. h. die männlichen Insassen, Kinder wie Erwachsene, durften nach Belieben aus- und eingehen, aber den weiblichen Bewohnern war es streng untersagt, das Haus zu verlassen.

Sämmtliche Beamtengehalte wurden um 40, 50, ja selbst 60 Procent reducirt; wäre die Massregel consequent durchgeführt, so würde sie allein genügen das Gleichgewicht in den Finanzen herzustellen; aber wie alles andere war es auch hier eitel Humbug; zwar mussten die *dii minorum gentium*, die kleinen Unterbeamten mit 200, 300, 400 Piastern monatlich (zu viel zum Verhungern, zu wenig zum Sattwerden) sich diese Reduction gefallen lassen, aber für die „oberen Zehntausend" wurde dadurch gesorgt, dass wenige Tage vorher ihre Gehalte in entsprechender Weise erhöht wurden; so bezog Riza Pascha, Minister ohne Portefeuille, bis dahin 25,000 Piaster monatlich, von jetzt an aber 50,000 Piaster. Das Budget des Unterrichts-Ministeriums aber wurde fast ganz eingezogen; wozu auch? Für öffentlichen Unterricht geschah ja so wie so nichts; ebenso ging es mit dem Ministerium der öffentlichen Arbeiten. Der Kriegsminister liess öffentlich anzeigen, dass er in seinem Departement eine Reduction von $1/2$ Million Lsterl. in den Ausgaben erzielt hätte, ohne den Effectivbestand der Armee zu vermindern; die Ersparungen müssen also in der Intendantur stattgefunden haben, und der Militairattaché der russischen Botschaft wird sich wohl diese Veröffentlichung notirt haben, wenn nicht auch diese Reduction auf einen Wink des Generals Ignatieff vorgenommen wurde.

Mahmud Pascha ernannte seinen Bruder Ahmed Bey (ehemals Director der Mauth, aber wegen völliger Taubheit schon seit mehreren Jahren von allen Staatsgeschäften zurückgetreten) zum Director des Post- und Telegraphen-

wesens. Ahmed Bey war ein redlicher und gewissenhafter
Mann, der aber vom Post- und Telegraphenwesen nichts
verstand. Um nun auch in diesem Departement „Ersparungen" zu machen, wurden eine Menge der unentbehr-
lichsten Beamten ohne viele Umstände auf die Strasse
gesetzt und der Gehalt der übrigen Beamten um 40 Procent vermindert. Die natürliche Folge davon war, dass
der Dienst litt, also auch die Einnahmen in verstärktem
Grade sich verminderten. Diese Mindereinnahme sollte
nun dadurch wieder ausgeglichen werden, dass laut einer
pomphaft verkündigten Anzeige eine Herabsetzung des
Briefporto's vom 1.13. Januar 1872 an eintreten sollte,
nämlich für einen einfachen Brief von 3 Drachmen (10
Grammes) bis auf eine Entfernung von 100 Stunden $1^1/_2$
Piaster, bis 200 Stunden 3 Piaster, und für eine Strecke
von mehr als 200 Stunden 6 Piaster; die früheren Portosätze waren resp. $1^1/_2$, 3 und 6 Piaster, d. h. die ganze
Verordnung war eine Verhöhnung des Publicums. Im
Grunde aber war es eine Erhöhung, denn durch eine
sinnreiche Progression wurde es ermöglicht, dass z. B.
ein vierfacher Brief nach Bagdad nicht 24 Piaster, sondern 33 Piaster Porto zu zahlen hatte, nämlich 6 Piaster
für die ersten 3 Drachmen, für jede folgende Drachme,
also für die weiteren 9 Drachmen je den halben Satz oder
3 Piaster, macht 27 Piaster, also zusammen 33 Piaster.
Da aber diese Berechnung den Effendis noch zu viel
Kopfschmerzen verursachte, so wurde sie *in praxi* dadurch
vereinfacht, dass man den Brief wog und für jede Drachme
3 Piaster berechnete, also zusammen 36 Piaster. Von
den solchergestalt mehr erhobenen 12 Piastern wurden
9 an die Postcasse abgeliefert, die übrigen 3 Piaster
nahmen einen Weg, den man nicht weiter verfolgen konnte.
Später trat bekanntlich die Türkei der Berner Postcon-

vention bei, aber die hier beschriebene Berechnungsweise des Portos, so wie die Portosätze selbst bestehen auch noch in diesem Augenblick in voller Kraft. Wer aber durch Erfahrung gewitzigt ist, vertheilt in dem eben erwähnten Falle seinen vierfachen Brief unter vier abgesonderte Couverte, und zahlt in diesem Falle nur 24 Piaster statt 36 Piaster.

Schlimmer noch als diese fiscalische Ausbeutung des correspondirenden Publicums zum Besten einiger Beamten war die im Telegraphenwesen eingerissene Unordnung und Verwirrung; eine Gaunerbande hatte im Julimonat 1872 bei den verschiedenen Telegraphen-Stationen der Hauptstadt und der Vorstädte eine Anzahl Telegramme im Namen verschiedener Bankhäuser aufgegeben, durch welche deren Correspondenten in Paris, London u. s. w. mit kolossalen Kauf- und Verkauf-Operationen beauftragt wurden; die Correspondenten fühlten heraus, dass ein Irrthum obwalten musste, und fragten daher noch einmal durch den Telegraphen an, wodurch es sich ergab, dass die angeblichen hiesigen Committenten nichts von der Sache wussten. Eine angestellte Untersuchung aber führte zu keinem Resultat, weil das reducirte Beamtenpersonal nicht mehr im Stande war die Unterschriften der aufgegebenen Telegramme ordnungsgemäss zu prüfen. Diese Thatsache bewies also, dass das hiesige Publicum auf solche Weise einer Gaunerbande preisgegeben war, ohne dass irgend ein denkbarer Schutz dagegen aufgefunden werden konnte. Glücklicherweise erfolgte wenige Tage darauf der Sturz des Cabinetes Mahmud Pascha, und mit ihm die Absetzung des Post- und Telegraphen-Directors und die Ergänzung des Telegraphen-Personals.

Der Kriegsminister Essad Pascha, ein wüthender Feind der Christen und der Europäer, setzte eine andere

Brutalität in Scene, indem er das Militair auf die Europäer, namentlich aber auf wehrlose Frauen und Kinder hetzte und zu jeder Art von Rohheiten aufmunterte, ohne dass es ihm eingefallen wäre, dass er dadurch das erste Element einer tüchtigen Armee, die Disciplin, in ihren Grundvesten erschütterte. Tagtäglich fanden nun die widerwärtigsten Scenen statt, indem die Soldaten sich betrunken stellten und auf den Strassen, auf den Promenaden, auf öffentlichen Plätzen ruhige Bürger, anständige Frauen und Mädchen, ja selbst Kinder misshandelten, ihre Kleidungsstücke beschmutzten oder zerrissen, ja selbst sie beraubten. Trotz der zur Schau getragenen Betrunkenheit gebrauchten sie doch immer die Vorsicht, dass sie in überwiegender Mehrzahl waren; ein einzelner Soldat enthielt sich aller Excesse gegen Erwachsene; es waren ihrer immer drei, vier oder mehrere beisammen, und dabei hüteten sie sich sorgfältig mehr als zwei, höchstens drei Erwachsene zugleich anzufallen. Auf die Beschwerden der Gemisshandelten wurde erwidert, dass man sich an den Hauptmann, Major oder Obersten des betreffenden Heerestheils wenden müsste, also eine Rechtsverweigerung im vollen Sinne des Wortes, denn was weiss eine gemisshandelte Dame davon, zu welchem Regiment ein solcher brutaler Geselle gehört? Es blieb also nur die Berufung an die öffentliche Meinung übrig, fast alle hiesigen Zeitungen berichteten über diese wüsten Scenen; der *Levant Herald* führte für die Rohheiten dieser Prätorianer eine eigene Rubrik ein. Zuerst hatte der Kriegsminister den lächerlichen Einfall diese Scenen gänzlich in Abrede zu stellen und mit der albernen Behauptung zu widerlegen, dass es nicht Soldaten, sondern andere Gesellen wären, die sich als Soldaten verkleideten; wie sie sich Militairuniformen verschafften, darüber blieb der Kriegsminister den Nachweis schuldig. Nun aber veröffentlichte der *Levant Herald* mehrere Tage hinter einander eine Reihe von Thatsachen mit Nennung der Namen der Gemisshandelten, und jede einzelne Notiz trug die Unterschrift achtbarer Personen. Unter den Gemisshandelten wurden Frauen und Töchter aus den geachtetsten Familien, aus den höchsten Ständen namhaft gemacht, und zugleich wurde hervorgehoben, dass in erster Linie der Kriegsminister für die Disciplin der Armee verantwortlich sei. Ich muss hier noch, um der Wahrheit die Ehre zu geben, bemerken, dass der Grossvezir selbst an diesen Unordnungen schuldlos war; sie fallen ausschliesslich auf Rechnung des Kriegsministers, mit welchem der Grossvezir nicht im besten Einvernehmen stand. Da nun der *Levant Herald* damals den Grossvezir durch Dick und Dünn vertheidigte, so ist es sogar wahrscheinlich, dass der Grossvezir heimlich den Eigenthümer der Zeitung, Mr. M'Coan, zu diesen Artikeln gegen Essad Pascha aufmunterte. Letzterer strengte darauf einen Process gegen Mr. M'Coan an, aber schon die erste Sitzung des Gerichtes musste den Beweis liefern, dass selbst der corrupteste Richter den Kläger hätte verurtheilen müssen; um das Cabinet nicht durch eine Verurtheilung des Kriegsministers in einer so faulen Sache zu compromittiren, musste Essad Pascha in aller Eile abgesetzt werden, und da also der Kläger in seiner Eigenschaft als Kriegsminister nicht mehr existirte, fiel der Process von selbst ins Wasser. Die Disciplin der Armee hatte aber dadurch einen fürchterlichen Stoss erlitten, von dem sie sich noch bis jetzt nicht erholt hat, wie die Ereignisse des Jahres 1876 beweisen.

Eine alte Verordnung verfügte, dass auf der grossen Fahrstrasse, welche längs dem Bosporus nach dem schwarzen

Meere führt, die Reiter vom Pferde absteigen mussten, sobald sie die Strecke erreichten, welche zwischen dem kaiserlichen Palast am Wasser und dem oberen Ufer hindurchführt; eben so waren die Passagiere in den Kaiks auf dem Bosporus gezwungen, ihre Regen- oder Sonnenschirme niederzuspannen, wenn sie vor dem kaiserlichen Palast vorüberfuhren. Es war während des Krimkrieges, dass der englische Botschafter Lord Stratford de Redcliffe mit seinem Dragoman und einem Diener zu Pferde auf der Rückseite des Palastes von Tscheragan passirte, als ein Verschnittener ihn aufforderte, vom Pferde zu steigen. Statt diesem Befehle zu gehorchen, schickte Lord Stratford sogleich seinen Dragoman Mr. Pisani in den Palast zum Sultan, um demselben anzuzeigen, dass der Repräsentant Ihrer Maj. der Königin Victoria, deren Soldaten in diesem Augenblick auf den Schlachtfeldern der Krim für die Vertheidigung des osmanischen Reiches ihr Blut vergössen, Gegenstand einer brutalen Behandlung sei. Der Sultan Abdul Medschid hatte den guten Geschmack, dass er die betreffende Verordnung annullirte und zugleich Befehl gab, dass der Eunuch den Botschafter um Verzeihung bitten sollte. Am letzten Tage des Jahres 1871 wurde diese veraltete und seit mehr als 15 Jahren ausser Kraft gesetzte Verordnung wieder ins Leben gerufen, ohne es auch nur der Mühe werth zu erachten, das Publicum davon in Kenntniss zu setzen, und der *Levant Herald*, ein Blatt in englischer Sprache, Eigenthum eines Engländers, hatte den traurigen Muth, diesen Willküract „in Ordnung" zu finden. Die alberne Verordnung ist seitdem längst wieder abgeschafft.

Eine hochgestellte Persönlichkeit scheute sich nicht, öffentlich zu erklären, dass das Cabinet Mahmud Pascha ein „Regiment der ärgsten Willkür und Ungerechtigkeit" organisirt habe. Da aber dieser Mann noch lebt, und die Unmöglichkeit einer dritten Auflage des Cabinets Mahmud Pascha noch nicht erwiesen ist, so muss ich hier seinen Namen verschweigen.

Inzwischen näherte sich der 1./13. Januar 1872, und noch immer wollte sich trotz aller pomphaft verkündigten „Ersparnisse" die Staatscasse nicht füllen; mit erheuchelter Aufrichtigkeit wurde eine Uebersicht der Staatsschulden veröffentlicht mit einem Hinweis auf die „unerschöpflichen Hülfsquellen des osmanischen Reiches" und auf die „bereits ins Leben gerufenen und noch in Aussicht gestellten zukünftigen Reformen"; in Europa wollte es nicht verfangen, und es musste also doch hier am Platze bei der Banque Ottomane ein Vorschuss genommen werden, um den Coupon einzulösen. Ferner wurden noch binnen vierzehn Tagen in der ersten Hälfte des März 1872 nicht weniger als drei verschiedene Platzanleihen zu Wucherzinsen (12—14½ Proc.) im Belauf von 700,000 Lsterl. abgeschlossen. Aber ich verweise hier auf den Abschnitt, in welchem ich die Geschichte der türkischen Finanzwirthschaft ausführlich besprechen werde.

Nachdem diese heikle Angelegenheit unter Ach und Krach von der Tagesordnung einstweilen abgesetzt war, ging es wieder lustig in der begonnenen Weise fort. Dem Sultan selbst mochte es, trotz seiner warmen Vorliebe für seinen Grossvezir, nicht immer ganz geheuer vorkommen. In der Besorgniss für seine Schätze und für sein Leben, und unter dem Einfluss jener geistigen Schwäche, die ihn beständig mit der Angst vor Feinden peinigte, fand er an dem Polizeiminister Hüsni Pascha einen Mann, der für ihn die zärtlichste Fürsorge an den Tag legte. Hüsni Pascha aber war, wie erwähnt, eins der ersten

Opfer der Brutalität Mahmud Pascha's geworden, der dafür vom Sultan mit Vorwürfen überhäuft wurde. Es sollten also die drei exilirten Minister wieder zurückberufen werden; durch den unter allen Staatsbeamten organisirten Veitstanz war die Verwaltungsmaschine bereits so sehr in Confusion gerathen, dass man nicht einmal mehr wusste und ermitteln konnte, wohin diese Minister exilirt waren. Andererseits um sich zu rechtfertigen, hatte der Grossvezir ausfindig gemacht, dass Hüsni Pascha die Summe von 500 Lire (ca. 9000 Mark) als geheime Fonds zur Verfügung des Grossvezirs Aali Pascha gehalten habe. Dass eine Regierung, und namentlich eine Polizei, ohne geheime Fonds nicht existiren kann, ist längst erwiesen; mit uniformirten Polizisten allein kann keine Polizei, selbst die englische nicht, den Sicherheitsdienst vollständig verrichten; aber Mahmud Pascha wollte „Ersparungen" und hatte es sich zur Aufgabe gesetzt die „Missbräuche" der vorhergehenden Cabinete auszurotten, und so habe er Hüsni Pascha abgesetzt und exilirt; freilich konnte er nicht einmal die 500 Lire vollständig, sondern nur 430 Lire aus den Acten nachweisen; — es war übrigens eine Art Reptilienfond. Nebenbeigesagt wurde auch das Personal der Detectiven, im ganzen 100 Personen, als überflüssig abgesetzt und fortgejagt, und somit die Wirksamkeit der Polizei in einem ihrer wichtigsten Zweige lahm gelegt, eine Massregel, deren unheilvolle Folgen sich noch jetzt fühlbar machen. Zwar wurden die Detectiven nach Mahmud Pascha's Sturze wiederhergestellt, aber die Mehrzahl der früheren Beamten hatte inzwischen anderweitige Beschäftigungen gefunden, und wenn man erwägt, welche bis ins kleinste Detail gehende Local-, Menschen- und Sprachkenntnisse zu einem tüchtigen Detectiven erforderlich sind, so kann man sich leicht vorstellen, dass bis jetzt der Dienst noch lange nicht wieder so gut organisirt ist, wie er sein muss.

Der Umstand, dass Mahmud Pascha ein beschränkter Kopf war, und dass ihm selbst die Mittel abgingen, durch Lectüre sich nachträglich über die vielfachen verwickelten Fragen, deren Lösung von ihm abhing, zu belehren, nöthigte ihn, sich nach Aushülfe umzusehen, die er denn auch bald fand. Die zur Zeit Aali Pascha's theils durch freiwilliges, theils unfreiwilliges Exil versprengten Mitglieder der *Jeune Turquie* wurden zurückberufen, und aus diesen wählte er sich Zia Bey aus, der ihn über die einschlägigen Punkte belehrte; zu weiterer Aushülfe nahm er noch Riza Bey, ehemals Gesandten in Teheran und St. Petersburg, und mit ihrer Hülfe konnte er die so verwickelte bulgarische und die nicht minder verwickelte katholisch-armenische Frage in Behandlung nehmen. Die bulgarische Frage war schon seit 1860 aufs Tapet gebracht, und in einem unbewachten Augenblick hatte Aali Pascha sich veranlasst gesehen, dieselbe im russischen Interesse zu lösen. Aber das von intelligenten Griechen kräftig unterstützte ökumenische Patriarchat trat so energisch auf, dass die Ausführung des von Aali Pascha erlassenen Fermans für das bulgarische Exarchat ins Stocken gerieth. Sobald aber General Ignatieff an Mahmud Pascha ein willfähriges Werkzeug für alle panslavistischen Umtriebe fand, wurde diese Angelegenheit durch Dick und Dünn in dasjenige Fahrwasser geleitet, welches Russland in den Stand setzte, die Katastrophe vorzubereiten, welche 1876 zum Ausbruch kam. Vergebens bemühte sich die öffentliche Tagespresse nachzuweisen, dass hinter dem durchsichtigen Schleier einer „rein religiösen Angelegenheit" eine panslavistische Agitation ihr unheilvolles politisches Treiben in Scene setze; die Presse wurde durch Gewaltmassregeln geknebelt, das Exarchat wurde installirt, und zwar in Ortaköi am Bosporus, so dass die kirchliche Diöcese desselben d. h. der Umfang des zukünftigen Staates Bulgarien von der Donau bis zur Hauptstadt des türkischen Reiches erweitert wurde.

Die katholisch-armenische Frage war schon durch Fuad Pascha zu einem heillosen Imbroglio festgefahren. Fuad Pascha war ein Mann von unzweifelhaften Fähigkeiten und ausgezeichneten Talenten, aber es langweilte ihn, sich in die Details einer verwickelten Frage hineinzuarbeiten. Die päpstliche Bulle Reversurus, welche nicht nur die uralten Rechte der katholischen Armenier, sondern selbst die souverainen Rechte der hohen Pforte antastete, wurde ihm in einer absichtlich gefälschten Uebersetzung des lateinischen Originaltextes vorgelegt und von ihm genehmigt. Während der Verwaltung Aali Pascha's, der in der römisch-katholischen Kirche den kräftigsten Bundesgenossen des Islam gegen griechisch-russische Intriguen erblickte und in dieser Ansicht durch die französische Regierung bestärkt wurde, vermochten die in ihren Rechten gekränkten katholischen Armenier nur schwach ihre Stimmen zu erheben; aber unter Mahmud Pascha, wo Frankreich genöthigt war, sich von den schweren Schicksalsschlägen der Jahre 1870/71 zu erholen, hatte General Ignatieff freie Hand; ausserdem war diesem noch nicht eingefallen, welchen Nutzen Russland, auf dessen Territorium der gregorianisch-armenische Patriarch residirt, aus dieser Frage ziehen konnte, und so gelang es diesmal den anti-hassunistischen Armeniern ihre Rechte zu wahren und die Anschläge des Vaticans zu vereiteln. Aber Rom giebt seine kleinsten Ansprüche nicht auf, und später, ja selbst noch in diesem Augenblick ist die Frage noch nicht endgültig erledigt. Wir werden in einem andern Capitel darauf zurückkommen.

Um noch weitere „Ersparnisse" zu realisiren, machte sich der Grossvezir, gleich einem andern Julius Caesar und Papst Gregor an die Kalenderreform; das Rechnungsjahr von 365, resp. 366 Tagen wurde in 9 Monate getheilt, von denen 5, resp. 6 je 41 und die übrigen je 40 Tage enthielten, d. h. die Beamten sollten vom 1./13. März 1872 an nur neunmal im Jahre ihren Gehalt beziehen, also eine weitere Reduction von 25 Procent erleiden. Aber die Geduld des langmüthigsten Menschen hat ihre Grenzen, selbst die eines türkischen Beamten, der sich doch wahrlich sehr viel gefallen lässt. Es drohte ein allgemeiner Beamten-Strike, also ein absoluter Stillstand der Regierungsmaschine; für die „obern Zehntausend" war freilich gesorgt, indem ihre Gehalte wenige Tage vorher in derselben Proportion erhöht wurden, so dass sie nicht zu kurz kamen. Aber die armen Teufel, welche nicht das Glück hatten, Paschasöhne zu sein und zur Beamtenhierarchie der Stambuler Effendis zu gehören, wären unfehlbar mit den Ihrigen zum Hungertode verurtheilt worden, und so würden sie es im Nothfall noch erst mit Holzhacken oder Tagelöhnerarbeit versucht haben. Nach wenigen Tagen erschien also ein Nachtrag zur Kalenderreform, welche dieselbe dahin erläuterte, dass künftighin den Beamten alle 40 Tage ein Monatsgehalt, und am Schlusse des Rechnungsjahres der Rest, d. h. die übrigen drei Monate ausgezahlt werden sollten. Glücklicherweise kam die ganze Massregel nie zur Ausführung; amtlich zurückgenommen ist sie aber selbst heute noch nicht, und kann also jederzeit in Anwendung gebracht werden. Einstweilen hat sie jedoch keine praktische Bedeutung, da die

Beamten seit jener Zeit weder alle 30 noch alle 40 Tage Gehalt beziehen und durchschnittlich 6, 8, auch 10 und 12 Monate im Rückstande sind*).

Wer das lehrreiche und anziehende Werk des verstorbenen Barons v. Maltzan über die Regentschaften Tunis und Tripolis gelesen hat, wird sich erinnern, welche schmähliche Rolle der Scheich ül Beled (Bürgermeister) von

---

*) Die Kalenderreform Mahmud Pascha's hat noch einen andern Punkt betroffen, der früher oder später die heilloseste Verwirrung hervorbringen muss. Das arabische Jahr besteht bekanntlich aus 12 Mondumläufen, d. h. 354, resp. 355 Tagen, ist also um 3 Procent kürzer als unser Sonnenjahr. Für Finanzangelegenheiten (Steuern, Zehnten u. s. w.) hat sich daher schon seit den ältesten Zeiten des Islam, seit dem Chalifen Omer, die Nothwendigkeit ergeben, das Finanzjahr nach dem Sonnenjahr zu 365, resp. 366 Tagen anzunehmen. Um diese Doppelrechnung ohne Verwirrung durchzuführen, hat man den Ausweg ergriffen, dass das Finanzjahr allemal mit dem 1. März (alten Styls) beginnt und mit dem 28. (29.) Februar endigt; zur Bezeichnung desselben bedient man sich desjenigen Jahres der Hidschret, d. h. der arabischen Zeitrechnung, welches am 1./13. März galt; z. B. das Jahr der Hidschret 1216 begann am 2./14. Mai 1801 und endigte am 22. April (4. Mai) 1802; am 1./13. März 1802 begann also das Finanzjahr 1216; ebenso begann das Jahr der Hidschret 1221 am 9./21. März 1806 und endigte am 26. Februar/10. März 1807; am 27. Februar/11. März 1807 begann das Jahr der Hidschret 1222; nach obiger Regel begann also am 1./13. März 1806 das Finanzjahr 1220, am 1./13. März 1807 das Finanzjahr 1222, und ein Finanzjahr 1221 existirte nicht. Derselbe Fall trat nun 1872 ein; am 1./13. März 1871 begann das Finanzjahr 1287, am 1./13. März 1872 das Finanzjahr 1289, und das Finanzjahr 1288 wäre ausgefallen. Aber Mahmud Pascha, der für diesen seit fast 1300 Jahren in Uebung befindlichen sinnreichen Mechanismus kein Verständniss hatte, decretirte, dass am 1./13. März 1872 das Finanzjahr 1288 beginnen sollte, und da auch diese Willkürmassregel seitdem nicht redressirt ist, so mögen künftige Civilgerichte und Finanzbehörden zusehen, wie sie sich in der dadurch hervorgerufenen Confusion zurecht finden.

Tripolis Ali Karkenni spielte. Seine Erpressungen und Gewaltthätigkeiten hatten allmählich einen so hohen Grad erreicht, dass der Grossvezir Aali Pascha einschreiten musste; die Gerichte von Tripolis wurden nun mit einer Anzahl Processe gegen diesen öffentlichen Räuber beauftragt; Ali Karkenni verlor alle Processe und wurde sogar in einem derselben wegen offenkundigen Mordes zum Tode verurtheilt. Da Mahmud Pascha bis zum Ende des Jahres 1867 Statthalter von Tripolis war, so wandte sich Ali an ihn als seinen alten Freund und Beschützer; dieser lud ihn ein nach Konstantinopel zu kommen, unter dem Vorwande eine Revision seiner Processe vorzunehmen; diese Revision bestand einfach darin, dass Mahmud Pascha sämmtliche gegen Ali Karkenni erlassenen Urtheile mit einem einzigen Federstrich cassirte:

Sic volo, sic jubeo, stet pro ratione voluntas.

Ali Karkenni schickte sich an vollständig rehabilitirt und mit allen Ehren nach Tripolis zurückzureisen; aber zum Unglück für ihn und zum Glück für die in Todesangst versetzten Bewohner von Tripolis wurde noch vorher das Cabinet Mahmud Pascha gestürzt; das neue Cabinet Midhat Pascha sah sich nicht veranlasst, ihm die erforderlichen Papiere zum Beweis seiner Rehabilitation zu verabfolgen; im Gegentheil, Ali Karkenni wurde in Haft gesetzt, und die türkische Tagespresse nahm sich der Sache mit einem lobenswerthen Eifer an, während die hiesige fränkische Presse in diesem Falle für die Leiden der zertretenen Menschheit kein Verständniss hatte. Ali Karkenni glaubte, er könne noch einen Diffamationsprocess gegen einen oder zwei Journalisten anstrengen, aber sein inzwischen erfolgter Tod säuberte die Welt von diesem Blutegel. Es ergab sich übrigens aus den Nachforschungen,

welche die betreffenden Redacteure anstellten, dass
v. Maltzans Berichte vollkommen wahrheitsgemäss waren.

Inzwischen gewann eine andere Angelegenheit, die
bis dahin bloss in den intimsten Kreisen des kaiserlichen
Palastes eine unterirdische Minirarbeit betrieb, Leben und
Gestalt, und entwickelte sich zu einer brennenden Frage,
welche schliesslich die Katastrophe vom 30. Mai 1876
herbeiführte. Schon vom ersten Tage seiner Thronbesteigung an hatte Sultan Abdul Aziz den Plan gefasst, die
seit sechshundert Jahren im osmanischen Reiche zu Recht
bestehende Thronfolge-Ordnung zu Gunsten seines ältesten
Sohnes Jussuf Izzeddin Effendi abzuändern. So lange
Fuad Pascha und Aali Pascha am Ruder waren, konnte
er aber mit diesem Project nicht durchdringen, und selbst
Mahmud Pascha sträubte sich dagegen; er mochte doch
wohl eine dunkle Ahnung haben, dass ein solcher Staats-
streich noch andere Folgen haben könnte als blosses
Schmollen einiger untergeordneten Beamten. Dagegen
war der Kriegsminister Essad Pascha mit diesem Plane
völlig einverstanden, und er machte sich anheischig die
Armee d. h. in erster Linie die Generale und Officiere
dafür zu gewinnen. Ob er sich einbildete, dass die von
ihm in Scene gesetzten Brutalitäten des Militairs die Ausführung des Plans erleichtern würden, kann ich nicht behaupten; er selbst ist todt; zum Unglück aber musste er
wegen des unvorsichtigerweise gegen den *Levant Herald*
begonnenen Processes abgesetzt werden. Es scheint jedoch,
dass inzwischen Mahmud Pascha für das Project gewonnen
war, und um es durchzuführen, wurde eine neue Auflage
der massenhaften Absetzungen vorgenommen; namentlich
wurden die Kriegs- und Marineminister fast jede Woche
gewechselt, in der Hoffnung, endlich denjenigen Mann zu
finden, der es auf sich nähme, die Armee und die Ma-

rine zur Ausführung des Plans geneigt zu machen; aber
es war alles umsonst; instinctmässig fühlte man heraus,
dass die Abschaffung eines sechshundertjährigen Grundgesetzes nur Unheil erzeugen könnte. Der englische Botschafter Sir Henry Elliot machte am 25. April 1872 im
Auftrage seiner Regierung dem Grossvezir ernstliche Vorstellungen über die Gefahren eines solchen Beginnens;
die englische Regierung hatte in sichere Erfahrung gebracht, dass die russische Botschaft diesen Plan eifrigst
unterstützte. An der Pforte und im Palast machte man
eine Grimasse, die sich bald darauf in eine Reihe von
Feindseligkeiten gegen England übersetzte, über welche
wir später sprechen werden. Einstweilen aber wurde
das Project von der Tagesordnung abgesetzt, und die
Turquie erhielt den Auftrag in einem amtlichen Communiqué
zu erklären, dass das Project niemals existirt habe.
Welchen Werth wir aber auf dieses amtliche Dementi
zu legen haben, geht aus dem Umstande hervor, dass der
König von Italien damals den General Pralormo beauftragte, dem Thronfolger des osmanischen Reiches einen
kostbaren Säbel zu überbringen. Ein türkisches Blatt
wagte es damals die Frage aufzuwerfen, wer dieser Thronfolger sei; aber für diese Frechheit wurde das Blatt suspendirt, und der Säbel wurde dem Prinzen Jussuf Izzeddin
Effendi übergeben.

Ferner besuchten um dieselbe Zeit der amerikanische
General Sherman und der Lieutenant Grant (Sohn des
Präsidenten) Konstantinopel, und bei Gelegenheit ihrer
Audienz bei dem Sultan erlaubte sich der sie begleitende
Dragoman der amerikanischen Gesandtschaft Mr. J. P.
Brown sich zustimmend über die beabsichtigte Aenderung
der Thronfolgeordnung auszusprechen; es ist nie ermittelt
worden, ob Mr. Brown im Auftrage seiner Regierung

oder auf Anzettelung des russischen Botschafters oder aus eigenem Antriebe dieses Thema berührte; Thatsache ist, dass die andern Gesandten dem amerikanischen Gesandten Mr. Boker Vorstellungen über diese Tactlosigkeit machten, und als Mr. Boker am 5. Mai 1872 seinen Dragoman darüber zur Rede stellte, nahm der unglückliche Mann, der um dieselbe Zeit sein ganzes Vermögen durch die Schuld eines nahen Verwandten verlor, die Sache sich so zu Herzen, dass nach einer Stunde ein Schlagfluss seinem Leben ein Ende machte, oder, wie andere behaupten, er durch genommenes Gift sich selbst tödtete.

Die zur Zeit des Grossvezirs Aali Pascha durch den Armenier Daud Pascha, Minister der öffentlichen Arbeiten, mit dem Baron Hirsch abgeschlossene Convention wegen des Ausbaues der rumelischen Eisenbahnen war allen Parteien im Lande anstössig; den Alttürken und der Regierung missfiel sie, weil ihnen jede Eisenbahn, wie jedes gute Communicationsmittel ein Gräuel ist; den aufgeklärten Leuten aber wegen der unerhörten Stipulationen, zu deren Erlangung der Baron Hirsch kolossale Bestechungen bei Daud Pascha, Aali Pascha und selbst im Palast angebracht hatte. Es wurden also alle Springfedern in Bewegung gesetzt, um dem Baron Hirsch das Leben sauer zu machen, so dass dieser, die Unmöglichkeit der Ausführung der Convention voraussehend, in eine Aufhebung und in den Abschluss einer neuen Convention willigte, welche denn auch gegen Ende April 1872 zu Stande kam. Die neue Convention enthielt nun folgende Stipulationen:

1) Der frühere Vertrag ist annullirt. 2) Die bereits in Angriff genommenen 1200 Kilometer Eisenbahn sollen von Baron Hirsch ausgeführt und binnen zwei Jahren der Regierung übergeben werden. 3) Die laut dem früheren Vertrage der Compagnie überlassenen Wälder, Minen und

Steinbrüche werden der Regierung wieder zurückgegeben. 4) Während der obigen zwei Jahre hat die Baugesellschaft der Regierung die für die Verzinsung und gezogenen Gewinne des Eisenbahnanlehens bestimmten Fonds zurückzuzahlen; die Regierung wird die entfallenden Beträge den Inhabern der Obligationen zahlen. Nach Ablauf dieser Frist übernimmt die Regierung diese Verpflichtungen. 5) Nach Vollendung der 1200 Kilometer Eisenbahn wird die Regierung dieselben zu dem in der früheren Convention stipulirten Preise ankaufen. 6) Ausser diesem per Kilometer festgesetzten Preise hat die Compagnie nichts von der Regierung zu empfangen. 7) Das Privilegium der Bahn wird von 99 Jahren auf 50 Jahre herabgesetzt. 8) Die Betriebs-Gesellschaft zahlt der Regierung 8000 Franken per Kilometer von der Brutto-Einnahme. 9) Die jährliche Zinsengarantie von $6^{1}/_{2}$ Millionen Franken wird der Regierung erlassen und die bereits zu diesem Zweck gemachten Zahlungen wieder zurückerstattet. — Die im Artikel 2 erwähnten 1200 Kilometer umfassen die Linien Konstantinopel-Adrianopel, Adrianopel-Dedeagatsch, Adrianopel-Philippopel, Salonichi-Uesküb und von der österreichischen Grenze nach Banjaluka. Die türkische Regierung übernimmt dagegen die Verbindung der Adrianopler Linien mit der Eisenbahn Varna-Rusdschuk mittelst einer Zweigbahn über Schumla und Janboli. Aus dem Gesagten geht also hervor, dass der Anschluss der rumelischen Eisenbahnen an die österreichisch-ungarischen Bahnen vor der Hand aufgegeben war, also gerade diejenige Verbindung, welche den rumelischen Eisenbahnen die Rentabilität sichert.

Während dieser ganzen Periode spielte die hiesige Diplomatie, mit Ausnahme des russischen Botschafters, eine sehr bescheidene Rolle; diejenigen Diplomaten, denen ihre Regierung eine absolute Enthaltsamkeit von jeder Einmischung in innere Landesangelegenheiten vorschreibt, z. B. die Vertreter des Deutschen Reiches, befanden sich ganz wohl dabei, während diejenigen, welche sich durch Wichtigthuerei gern ein Relief geben möchten, sich doch durch die Brutalitäten des Grossvezirs nicht compromittiren wollten. Nur der Graf M. de Vogüé konnte es vermöge seiner ultramontanen Tendenzen nicht verschmerzen, dass der Vatican in der Sache der katholischen Armenier eine Niederlage erlitten hatte, und erlaubte sich deshalb Vorstellungen zu machen. Wüthend über diese Einmengung, schrieb der Grossvezir, ohne Vorwissen des Ministers der auswärtigen Angelegenheiten, Server Pascha, an den türkischen Botschafter in Paris, Dschemil Pascha, und versprach ihm den Posten eines Ministers des Auswärtigen, falls er die Abberufung Vogüé's durchsetzen könnte. Durch irgend eine Indiscretion erhielt jedoch Server Pascha Wind von der Sache und beschloss, seine Massregeln zu treffen. Zunächst wandte er sich an seinen alten Freund, den Vicekönig von Aegypten, Ismail Pascha, und dieser versprach ihm auch seine Unterstützung. Um dieselbe Zeit ging Mahmud Pascha noch mit einem andern Staatsstreiche um; er setzte Midhat Pascha, der damals Vali von Bagdad war, ohne alle Ceremonie ab, befahl ihm aber so lange in Bagdad zu bleiben, bis er mit seinem Amtsnachfolger die Rechnungen seiner Verwaltung bereinigt hätte. Augenscheinlich steckte wieder Ignatieff dahinter, denn Midhat Pascha war der erklärte Gegner aller panslavistischen Intriguen, daher in den Augen Russlands *persona ingratissima;* durch jene Ordre wäre nun Midhat Pascha *ad calendas graecas* in Bagdad ohne Amt zurückgehalten worden, denn nichts ist leichter, als dass ein türkischer Rechnungsbeamter die Prüfung der Rechnungen beliebig auf die lange Bank

8*

schiebt. Midhat Pascha erklärte aber, er habe seine Rechnungen Tag für Tag regelmässig fortgeführt bis zum letzten Tage seiner Verwaltung; es wäre also nichts zu revidiren, und er habe auch keine Lust sich unnützerweise länger in Bagdad aufzuhalten; er reiste ab, und bei seiner Ankunft in Alexandrette traf ihn ein Befehl des Grossvezirs, der ihn wegen seines Ungehorsams nach Angora exilirte; aber gleichzeitig erhielt er ein Telegramm vom Khediv, der ihn aufforderte, ohne Furcht nach Konstantinopel zu kommen; er würde ihn schon schützen. Der Khediv empfing ihn und lud ihn ein, mit ihm gemeinschaftlich an dem Sturze des Grossvezirs zu arbeiten, und stellte nur die Bedingung, dass er, Midhat Pascha, sich mit dem mütterlichen Oheim des Khediv, Jussuf Kiamil Pascha, mit dem er sich früher entzweit hatte, wieder aussöhne, was Midhat Pascha auch versprach.

Um zu erklären, was den Vicekönig von Aegypten veranlasste, an Mahmud Pascha's Sturze zu arbeiten, braucht man sich nur zu erinnern, dass er damals sich bemühte, die sogenannte „Justiz-Reform" durchzusetzen, d. h. die Jurisdiction der verschiedenen Consuln in Aegypten zu beseitigen und für sämmtliche Processe der Ausländer in Aegypten, gleichviel ob unter sich oder mit ägyptischen Unterthanen, besondere gemischte Gerichte herzustellen. So lange Aali Pascha lebte, war nicht daran zu denken, dass Ismail Pascha mit diesem Plane durchdringen würde; nach dessen Tode aber glaubte er seiner Sache sicher zu sein; die europäischen Regierungen (mit Ausnahme Frankreichs) waren sogar schon einverstanden, die Hauptentscheidung aber lag in Konstantinopel. Hier jedoch verzögerte sich wider alle Erwartung die Sache, und als Ismail Pascha's Vertreter bei der Türkei, Riazi Pascha, den Grossvezir darüber interpellirte, erklärte dieser mit cynischer Unverfrorenheit, dass er die Sache schnell erledigen werde, sobald der Khedive ihm eine halbe Million Lire (9 Millionen Mark) dafür auszahle. Wüthend über diese unverschämte Forderung, eilte der Khediv nach Konstantinopel, um mit dem Sultan direct die Angelegenheit zu betreiben und wo möglich den Grossvezir zu stürzen.

Es war übrigens die höchste Zeit, dass Mahmud Pascha beseitigt wurde; berauscht durch den Erfolg seiner bisherigen Willkürherrschaft, ging er damit um, dreissig der vornehmsten und geachtetsten Personen, unter andern Mustafa Fazyl Pascha (Bruder des Vicekönigs von Aegypten), Halim Pascha (dessen Oheim), Mehemed Rüschdi Pascha (Müterdschim, d. h. der „Uebersetzer"), Arifi Bey (jetzt Arifi Pascha, Senator), Saadullah Bey (vor einigen Tagen zum türkischen Botschafter in Berlin ernannt) zu verbannen. Da alle diese Personen den ersten Familien des Landes angehören, so wäre unfehlbar eine Revolution ausgebrochen, die möglicherweise schon damals dem Sultan Abdul Aziz seinen Thron hätte kosten können.

Der Grossvezir sah zu seinem Aerger, dass Midhat Pascha sich nicht an sein Verbannungs-Decret kehrte, aber er musste den Aerger hinabschlucken, weil der Vicekönig von Aegypten ihn beschützte; um ihn aber dennoch mit Anstand zu entfernen, ernannte er ihn zum Statthalter von Adrianopel. Midhat Pascha verfügte sich in den Palast um, wie üblich, dem Sultan für seine neue Ernennung zu danken, bat aber um einige Tage Urlaub, unter dem Vorwand, wegen der Flechten, die er sich in dem Klima von Bagdad zugezogen hatte, sich mit einigen Aerzten zu berathen, was der Sultan auch bewilligte. Mahmud Pascha mochte wohl das aufsteigende Gewitter voraussehen, und beschloss einen neuen Gewaltstreich. Er befahl Midhat Pascha sich sofort auf seinen Posten zu verfügen, widrigenfalls er ihn würde verhaften lassen. Midhat Pascha begab sich also wieder in den Palast, unter dem Vorwande, sich bei dem Sultan zu verabschieden. Dieser war erstaunt, ihn schon zur Abreise bereit zu sehen, da er ihm doch Tags vorher noch einen verlängerten Urlaub bewilligt hatte. Midhat Pascha zeigte den Befehl des Grossvezirs vor. Nun war das Mass voll; der Grossvezir hatte es gewagt, einem Befehle des Sultans entgegen zu treten. „Wer ist Herr, er oder ich?" rief der Sultan in Wuth aus, und befahl sogleich einem seiner Adjutanten sich zu Mahmud Pascha zu verfügen und ihm das Staatssiegel abzunehmen, welches Midhat Pascha übergeben wurde. Dies geschah am 30. Juli 1872. Mahmud Pascha befand sich gerade in seinem Sommerhause in Bebek, im Begriff, seinen Abend-Mastix zu trinken.

Die Nachricht verbreitete sich mit Blitzesschnelle durch ganz Konstantinopel, welches wie aus einem wüsten Traum erwachte. Am folgenden Abend, kurz nach Sonnenuntergang, sammelte sich eine zahllose Menschenmasse vor dem Jali des Ex-Grossvezirs, meistens abgesetzte Beamte, die mit Nachahmung aller denkbaren thierischen Laute mit obligater Begleitung eines auf Kesseln, Pfannen, Blechkasten und Blechinstrumenten aller Art hervorgebrachten Spektakels ihm eine kolossale Katzenmusik darbrachten: ein bis dahin in Konstantinopel nicht vorgekommenes und auch seitdem nicht wiederholtes Ereigniss, denn die hiesige Bevölkerung betrachtet eine Absetzung wie ein Elementar-Ereigniss, selbst wenn sie durch offenkundige eigene Schuld herbeigeführt würde, und (mit Ausnahme der hiesigen fränkischen Tagespresse) erweist hier jedermann dem Unglück die ihm gebührende Achtung.

Mahmud Pascha aber, nicht zufrieden damit, Tausende von armen redlichen Beamten ohne alle Ursache ins Elend zu stürzen, bloss um sich einen rohen Sport zu verschaffen, hatte noch miserable Gesinnung genug gehabt, diese Unglücklichen durch die „Reform-Commission" verhöhnen zu lassen, und so gleichsam die Katzenmusik provocirt.

Elf Monate hatte der Hexensabbath gedauert, von dem sich in der neueren Geschichte schwerlich ein zweites Beispiel finden dürfte. „Elf Monate hat die Türkei das Cabinet Mahmud Pascha ausgehalten und ist nicht daran gestorben", sagte Kemal Bey, ein Mitglied der *Jeune Turquie* in einem Zeitungsartikel, und führte diesen Umstand als Beweis für die unverwüstliche Lebenskraft des türkischen Reiches an. Aber ich fürchte, Kemal Bey hat zu früh triumphirt; die Wunden, welche das Regiment Mahmud Pascha's, hinter welchem der russische Botschafter als Dirigent stand, dem Lande geschlagen hat, sind noch lange nicht geheilt, und es waren auch bei weitem nicht die letzten Schläge, welche dem Reiche auf diese Weise beigebracht wurden.

Für sich selbst wusste indessen Mahmud Pascha ausgezeichnet zu sorgen. Um ihre saubern Pläne in der Türkei durchzusetzen und hier ungestraft die Einwohner um die Früchte ihrer Arbeit zu betrügen, vertheilten die ehrenwerthen Gründer kolossale Bestechungssummen; so erhielt Mahmud Pascha von den Biedermännern der Tramways 35,000 Lire, von den Gründern des Crédit Austro-Turc 40,000 Lire. Die türkische Gesetzgebung bietet aber keine genügende Handhabe, um solche Ehrengeschenke etwas näher in Augenschein zu nehmen; dagegen fand sich in den Rechnungen und Papieren über die Anleihe, welche im April 1872 mit dem Crédit Général Ottoman und mit der Banque Austro-Ottomane im Belaufe von

10 Mill. Pfd. Sterl. abgeschlossen worden war, eine Summe von 100,000 Lire, welche für den Director der Banque Ottomane B. Tubini ausgeworfen war, ohne dass sich die dazu erforderliche Genehmigung des Sultans vorfand; auch die Mitglieder des vorigen Cabinets erklärten einstimmig, dass im Minister-Conseil niemals davon die Rede gewesen sei. Tubini selbst erklärte, nur 5000 Lire empfangen zu haben, und zwar als Gratification für den verhältnissmässig günstigen Abschluss der Anleihe. Midhat Pascha liess also seinen Amtsvorgänger zum 5. September vor das Ministerium fordern, um sich darüber zu verantworten. Mahmud Pascha erschien nicht und liess sich durch Unwohlsein entschuldigen; es bedurfte erst eines Befehls vom Sultan, um Mahmud Pascha zu veranlassen, sich zu stellen; am 7. erschien er im Minister-Conseil, um zu erklären, dass er bereit sei die erforderlichen Auskünfte zu geben, dass es jedoch nothwendig sei, gewisse Papiere und Actenstücke durchzusehen, zu welchem Ende er sich eine kurze Frist ausbat. In dem folgenden Verhör erklärte er nun, er habe die Hälfte der Summe unter diejenigen Bankiers vertheilt, welche zum Gelingen des Anlehens beigetragen; die andere Hälfte habe er dem Sultan überreicht, dieser aber habe sie am folgenden Tage durch einen Palastbeamten ihm (Mahmud) als Geschenk zustellen lassen, und er habe dafür dem Ueberbringer 5000 Lire verehrt. — Damit war der Process zu Ende.

Aber die schmutzige Sache war damit noch nicht beseitigt. Im folgenden Jahre (1873) reclamirte der englische Bankier Merton, als Mitcontrahent des Anlehens, von Tubini die Hälfte der Summe, welche letzterer als Gratification erhalten hatte. Die französische Kanzlei, als regelmässige Behörde Tubini's, verhandelte den Process am 18. Juli 1873. Das Gericht ging von dem Grundsatz aus, dass der Kläger Merton die Hälfte der Commission verlangte, und dass unter dem Titel „Commission" Kläger wie Beklagter je 20,000 Lire erhalten hätten; dass aber jene 100,000 Lire nicht als Commission figuriren könnten, da sie als *pot de vin* oder „Bestechung" dem Beklagten gegeben sind; dass also Kläger auf diese Gelder keinen rechtlichen Anspruch habe und mit seiner Klage abzuweisen sei. Das Urtheil rief hier eine grosse Befriedigung hervor; Merton, der das Gericht anrief, um die Hälfte der Bestechungssumme zu erhalten, wurde abgewiesen; B. Tubini aber war durch den Urtheilsspruch moralisch todt gemacht und konnte nicht einmal dagegen appelliren, da er formell seinen Process gewonnen hatte; ebenso wurden die Personen, welche die Bestechung ausführten, hinlänglich gekennzeichnet. Ehre dem französischen Gerichte!

Dschemil Pascha, türkischer Botschafter in Paris, durch Midhat Pascha an Server Pascha's Stelle zum Minister der auswärtigen Angelegenheiten berufen, hatte auf seiner Durchreise durch Wien eine Audienz bei dem Kaiser von Oesterreich, der ihm zu seinem neuen Amte Glück wünschte, noch mehr aber, dass es gelungen sei Mahmud Pascha zu beseitigen; denn wäre derselbe noch länger an der Spitze des Cabinets geblieben, so hätten unfehlbar die europäischen Mächte sich zum Einschreiten veranlasst gesehen.

Leider war es mit der Beseitigung Mahmud Pascha's nicht ernstlich gemeint. Binnen etwas mehr als drei Jahren hatten wir sechs verschiedene Cabinete: Midhat Pascha, Müterdschim Mehemed Rüschdi Pascha, Essad Pascha, Schirvanizade Mehemed Rüschdi Pascha, Hüssein Avni Pascha, dann wieder Essad Pascha, und endlich am 25. August 1875 Mahmud Nedim Pascha zum zweitenmal.

Schon diese einfache Aufzählung beweist hinlänglich, in welcher Zersetzung sich das türkische Staatswesen befand, und in der That ist es erwiesen, dass in der ganzen Zwischenzeit der Sultan sich wenig um seine Grossvezire bekümmerte, über ihre Köpfe hinweg sich nur mit Mahmud Nedim Pascha und mit dem russischen Botschafter berieth.

Mahmud Pascha verbrachte diese Zwischenzeit theils in Konstantinopel, theils als Vali der Provinz Kastamboli (7. Juni bis 7. Juli 1873), theils wegen eines neuen Processes über eine Summe von 200,000 Lire in Sachen der rumelischen Eisenbahnen und des Baron Hirsch wieder nach Konstantinopel berufen, um sich zu verantworten; aber der Process wurde sofort niedergeschlagen und Mahmud Pascha nach Trapezunt exilirt (13. Juli). Drei Monate später ward er Vali von Adana, und endlich, wenige Tage vor dem 25. August 1875, Präsident des Staatsraths.

Die Thatsache, dass der Sultan in dieser ganzen Zeit fortwährend sich nur mit Mahmud Pascha berieth, war allgemein bekannt, und so schwebte das Schreckbild eines zweiten Grossvezirats dieses Mannes wie ein Damoklesschwert über dem Lande. Sir H. Elliot, nunmehr hinlänglich über diesen bösen Genius des türkischen Reiches aufgeklärt, fragte in einer Audienz den Sultan, ob es wahr sei, dass Mahmud Pascha wieder Grossvezir werden sollte. Der Sultan erwiderte, bis jetzt sei ja noch gar kein Anzeichen da, dass dergleichen stattfinden würde. Mit dieser ausweichenden Antwort aber konnte der Botschafter sich nicht begnügen; er bemerkte, dass er im ausdrücklichen Auftrage der Königin und der Regierung diese Anfrage stelle, und also auf eine bestimmte Antwort dringen müsse. Der Sultan versprach darauf, dass Mahmud Pascha nicht wieder ins Amt kommen würde.

Und am 25. August 1875 war Mahmud Nedim Pascha wieder Grossvezir.

Wir haben es vor wenigen Monaten (18. Jan. 1877) erlebt, dass eine aus ungefähr 250 Personen bestehende Versammlung die Vorschläge der Conferenz zurückwies, wobei die meisten Redner den Accent auf die „Ehre" des Landes legten. Die Conferenzvorschläge waren unzulässig, darüber ist wohl jedermann einig; ähnliche Zumuthungen sind wohl bis jetzt keinem unabhängigen Staate gemacht worden; aber das Pochen auf die „Ehre" hätte wohl weniger laut sein können.

Mahmud Pascha war wieder Grossvezir, und die Organe des Panslavismus rüsteten sich zu neuen Orgien; der Aufstand in der Herzegowina und in Bosnien war bereits ausgebrochen; der türkische Staatscredit an den europäischen Börsen erschöpft; das Land durch äusserste Anspannung seiner Steuerkraft völlig ausgesogen; für unerlässlich nothwendige Reformen war nichts, gar nichts gethan; man hatte zwanzig Jahre in toller Wirthschaft verjubelt, binnen zwanzig Jahren fünf Milliarden Franken Schulden gemacht und das Geld für Palastbauten und unfruchtbare Schöpfungen vergeudet; die panslavistischen Wühler hatten den Boden vortrefflich bearbeitet: der letzte Tanz konnte beginnen; der Grossprofoss russischer Politik, Mahmud Nedim Pascha betrat wieser das Orchester, um die erste Geige zu diesem Hexensabbath aufzuspielen.

Es wurde also der Staatsbankerott in Scene gesetzt; das berüchtigte Decret vom 6. October 1875, durch welches die Hälfte der Zinsen aller Staatsschulden auf fünf Jahre verweigert wurde, war in Arbeit; allerdings musste man die Sache so geheim als möglich halten, um etwaigen Reclamationen der Botschafter Englands und Frankreichs

zuvorzukommen; ausser dem Sultan, dem General Ignatieff
und dem Grossvezir wusste niemand darum, selbst die
kaiserlich ottomanische Bank nicht, die doch zu allererst
hätte befragt werden müssen; nichts destoweniger munkelte
man schon an der Börse, und am Abend des 6. October
begab sich der Director der Bank zum Grossvezir um
sich zu erkundigen, was an den umlaufenden Gerüchten
Wahres sei. Mahmud Pascha stellte alles in Abrede, und
selbst ein Telegramm wurde von ihm durch die Agentur Havas mit diesem Dementi in die Welt hinaus geschickt, während das betreffende Decret bereits in den
Druckereien war, und am 7. October Morgens früh in
den türkischen Zeitungen *Bassiret* und *Vakit* zu lesen war!

Mit einem Federstriche waren Werthe im Belaufe von
5 Milliarden vernichtet, denn dass die Gläubiger von
diesem Gelde je wieder einen Heller zu sehen bekommen
werden, ist nicht wahrscheinlich. So oft ein berauschter
englischer Matrose in Galata in eine Rauferei geräth, wobei ihm seine Theerhose zerrissen wird, erlässt die englische Botschaft Noten über Noten an die Pforte, um für
die zerrissene Theerhose eine eclatante Satisfaction zu erlangen. So oft ein katholischer Pfaffe in einer Familie
Zwietracht und Stänkereien anrichtet und man ihn deshalb zur Ordnung ruft, beschwert sich die französische
Botschaft in foudroyanten Noten über Verfolgung der
katholischen Religion. Jetzt, wo Tausende von englischen
und französischen Staatsangehörigen um die Früchte jahrelanger Arbeit und Ersparnisse auf russische Instigation
durch einen brutalen Grossvezir betrogen wurden, hatten
weder Sir H. Elliot noch Graf M. de Vogüé ein Wort
des Missfallens zu äussern! General Ignatieff rieb sich
vergnügt die Hände und gratulirte dem Sultan und dem
Grossvezir. Auch Graf Zichy soll, einem unverbürgten

Gerüchte zufolge, der Pforte dazu gratulirt haben; da es aber bis jetzt noch niemandem eingefallen ist jemanden, der sich für fallit erklärt hat, dazu Glück zu wünschen, so wird es wohl eine nichtswürdige Verläumdung sein. Die Alttürken schmunzelten vergnügt, denn ihr Grossvezir Mahmud Pascha habe den fränkischen Gjauren eine hübsche Nase gedreht!

Aber der Triumph war von kurzer Dauer. Es zeigte sich sofort, dass das traurige Decret in Folge der Hast und Heimlichkeit in seinen wesentlichen Bestimmungen dunkel war; der Abdruck in den verschiedenen Zeitungen stimmte nicht überein; die Zeitung *Vakit* hatte noch einen Satz, der im *Bassiret* nicht stand, es waren also den Zeitungen nicht einmal gleichlautende Abschriften zugestellt worden; ja noch mehr, das Decret trug nicht einmal ein Datum, und doch hiess es darin, dass von dem Datum des Decrets an gerechnet, während fünf Jahre nur die Hälfte der Zinsen der Staatsschulden gezahlt werden sollte. Es war also eine Erläuterung nothwendig, diese Erläuterung war aber womöglich noch undeutlicher, und so war ein zweiter Commentar nöthig. Es ergab sich, dass Staatseinnahmen, die schon längst für einzelne Anlehen verpfändet waren, für diese neue Staatsschuld noch einmal verpfändet wurden, was im französischen *Code pénal* als *stellionat* definirt wird.

Um nun bis zum 1./13. Januar 1876 das nöthige Geld zur Einlösung des halben Coupons zu beschaffen, machte man sich nicht viele Sorgen; die Manipulation war längst bekannt und geläufig. Im December wurde ein prachtvoller Reform-Ferman unter Pauken und Trompeten verkündigt und den europäischen Mächten amtlich mitgetheilt. Aber siehe da! das Manöver wollte diesmal auch nicht mehr verfangen, keine Börse that sich auf, und so musste man, wohl oder übel, die wenigen Groschen, die noch in der Staatscasse waren, herausrücken; die Banque Ottomane verstand sich dazu, die Einlösung des halben Januar-Coupons nach Massgabe der eingelieferten Steuererträge zu besorgen, und dieses Geschäft war noch im April 1876 nicht ganz beendigt. Der halbe April-Coupon so wie alle folgenden wurden nicht weiter eingelöst. Von Zeit zu Zeit erschienen noch einige Schakale und Hyänen des Capitals, um an dem Leichnam des türkischen Finanzwesens noch etwas zu nagen, aber es widerstrebt mir, das widerwärtige Treiben dieser Biedermänner eingehend zu schildern.

Im übrigen dauerte das tolle Treiben ungestört fort: Absetzungen, Willküracte, Verschwendung aller Art; anderseits die armen Soldaten in Bosnien und in der Herzegowina allen Unbilden eines rauhen Winters ausgesetzt, ohne Sold, ohne zweckmässige Bekleidung, ohne ausreichende Nahrung, ohne Hülfe bei den zahllosen Krankheiten. Aber was schadete es? So lange die Stambuler Effendis noch ihre Harems mit schönen Tscherkessenmädchen versorgt, ihre Ställe mit arabischen Racepferden angefüllt, ihre Remisen mit glänzenden Equipagen ausgestattet sahen, hatte es noch keine Noth; und *après nous le déluge!*

Und *le déluge* kam, in Gestalt eines lockern Bulgarenmädchens, welches irgend ein türkischer Feudalherr in der Nähe von Salonichi für sein Harem auserlesen hatte; es ist noch in jedermanns Andenken, wie diese bulgarische Helena den Salonicher Krawall vom 6. Mai 1876 veranlasste, in welchem der deutsche und französische Consul von dem rasenden Pöbelhaufen erwürgt wurden. Die weiteren Ereignisse sind allbekannt; am 11. desselben Monats bewirkte eine Demonstration der Softas von Konstantinopel den Sturz des Grossvezirs, der seitdem in halb freiwilligem, halb unfreiwilligem Exil in Tscheschme, der Insel Chios gegenüber, verweilt. Ob aber seine politische Laufbahn damit für immer abgeschlossen ist, wage ich nicht zu entscheiden.

III.

Unterrichts- und Erziehungswesen. — Ahmed Vefik Pascha. — Münif Effendi. — Sawas Pascha.

In den beiden ersten Abschnitten habe ich versucht die Grundlagen zu erläutern, auf denen die Regierung des osmanischen Reiches beruht, die Stellung des Monarchen und seines Ministeriums. Die folgenden Abschnitte sollen nun schildern, welche Organe und Mittel dem Sultan und seiner Regierung zu Gebote stehen, um ihre Anordnungen auszuführen, d. h. eine Schilderung des türkischen Beamtenwesens und derjenigen Bevölkerung, welche bis dahin das Beamtenpersonal lieferte. Da in dieser Beziehung in der Türkei Verhältnisse bestehen, welche von denen in Europa durchaus verschieden sind, so muss ich auch hier auf mancherlei Details eingehen.

In früherer Zeit recrutirten sich die Beamten des osmanischen Reiches ausschliesslich aus den Ulema, d. h. „Gelehrten", welche ihre Ausbildung in den verschiedenen Medressen oder „Lehranstalten" erhielten, welche meistens mit irgend einer Moschee in Verbindung stehen. Der Unterricht in diesen Medressen umfasst das Studium des Korans und seiner Commentare und der damit verknüpften Wissenschaften: arabische Sprache, Exegese, dann für die religiöse Abtheilung der Ulema Dogmatik, Moral, Logik, etwas Philosophie, und für die rechtskundige Abtheilung die Grundsätze des islamitischen Rechts; ausserdem etwas Geschichte, die Anfangsgründe der Arithmetik, Geometrie, Poetik u. s. w. Der einzige Posten, der einem Nicht-Muselman zugänglich war, war das Amt eines Pforten-Dragomans für die auswärtigen Beziehungen, da das Studium europäischer Sprache den Türken ein Gräuel war.

Als aber allmählich die Beziehungen zu Europa ausgedehnter wurden und die Bedürfnisse des Staates auch noch andere Kenntnisse nothwendig machten, an welche man früher nicht gedacht hatte, reichten die Medressen nicht mehr aus, und die Regierung musste darauf denken, für ihren Bedarf selbstständige Schulen anzulegen. So stiftete schon Sultan Mahmud II. die Medicinalschule, an welche zunächst europäische Professoren berufen wurden. Für die Bedürfnisse des Heeres und der Flotte wurden die Kriegsschulen, Ingenieurschulen, Marineschulen errichtet, Lehrer und Instructeure aus Italien, Oesterreich, Deutschland, Frankreich und England angestellt; für den Staatsdienst in den Pfortenbureaux recrutirten sich die Beamten aus dem Uebersetzungsbureau, welches unter der Aufsicht des Ministeriums der auswärtigen Angelegenheiten stand. Seit der griechischen Insurrection konnte der Posten eines Pforten-Dragomans nicht mehr den Griechen überlassen werden; glücklicherweise fand sich damals ein Türke aus einer angesehenen Familie, Ismail Bey, der sich aus Liebhaberei auf das Studium der französischen Sprache gelegt hatte; nach einer Prüfung, von der man nicht recht begreift wie sie vorgenommen wurde, erhielt er das Amt eines Pforten-Dragomans. Noch lebt ein Enkel von ihm, Namens Muchtar Bey, welcher eine Zeitlang Präsident der Municipalität von Pera und Galata war, und im gegenwärtigen Augenblick Mitglied des Marine-Conseils ist.

Um die Kenntniss der französischen Sprache nicht verloren gehen zu lassen, wurde das Uebersetzungsbureau organisirt, in welchem fähige junge Leute unter der Leitung eines Lehrers sich die französische Sprache aneigneten und zu Uebersetzungen verwendet wurden. Auch wurde daselbst eine Bibliothek angelegt, welche vorzugsweise die für Staatsbeamte unentbehrlichen Werke enthielt. Andere junge Leute wurden nach Paris geschickt, um sich dort auszubilden. Aber die Abneigung gegen dieses System der Ausbildung war und ist noch jetzt unter den richtigen Türken so gross, dass es um das Jahr 1840, laut Versicherung des Hrn. Redhouse, der dieses Uebersetzungsbureau viele Jahre leitete, im ganzen türkischen Reiche keine zwanzig Türken gab, welche französisch verstanden, und selbst in diesem Augenblick ist ihre Zahl im Verhältniss zu den Griechen, Armeniern, Juden u. s. w., welche fremde Sprachen erlernen, verschwindend klein.

Nichts destoweniger hat dieses Bureau dem Staate eine erkleckliche Anzahl seiner tüchtigsten Beamten geliefert; denn da die hier angestellten jungen Leute Schriftstücke in fremden Sprachen über alle denkbaren öffentlichen Angelegenheiten zu übersetzen erhielten, eigneten sie sich unvermerkt eine Summe von Kenntnissen an, welche sie zu den höchsten Aemtern qualificirten. Ich nenne hier nur die verstorbenen Grossvezire Fuad Pascha und Aali Pascha, und unter den Lebenden Ahmed Vefik Pascha (Präsident der Deputirtenkammer), Münif Effendi (Unterrichtsminister), Alexander Karatheodori (ehemals türkischer Gesandter in Rom, jetzt Unterstaatssecretair im

Ministerium der auswärtigen Angelegenheiten) u. s. w., die theils als Chefs, theils als Uebersetzer hier ihre Lehrjahre durchmachten.

Das türkische Erziehungswesen ist durch das Haremssystem bedingt und daher wesentlich von den in Europa herrschenden Grundsätzen verschieden. Während bei uns die Erziehung des Kindes von dem Augenblick an beginnt, wo es das Licht der Welt erblickt, zuerst unter Leitung der Mutter, dann des Vaters, später der Schule, der Lehrmeister und Professoren, endlich durch Reisen und durch Umgang mit dem andern Geschlecht, kommt in der Türkei die Mehrzahl dieser Bildungsmittel in Wegfall. Die Mutter, meistens eine auf dem Markte gekaufte Sklavin, hat weiter nichts gelernt, als die Künste der Coquetterie und ist also unfähig die Erziehung des Kindes zu leiten, während der Vater durch seine Geschäfte des Tages über von dem Wohnhause abwesend ist. Die ersten sechs bis acht Lebensjahre bringt also das Kind in den Händen von Negerweibern und Eunuchen zu, und während das Kind des Europäers in derselben Periode in den Gewohnheiten der Ordnung, des Gehorsams, der Nacheiferung, der Ehrliebe, der Achtung vor dem Alter, der Pünktlichkeit erzogen wird, wächst das Kind des Türken in absoluter Zuchtlosigkeit auf; von einer Bändigung des Eigenwillens ist nie die Rede, im Gegentheil, der Wille des Kindes ist unter allen Umständen Gesetz für seine Eltern und Diener, und wenn ein Europäer als Zeuge der täglich vorkommenden Auftritte dem Vater darüber seine Bemerkungen macht, so heisst es: *Ne japaim? Tschodschuk istior; jazykdyr.* „Was soll ich machen? Das Kind will es so haben; es wäre doch schade." — Diese Grundsätze herrschen in allen türkischen Familien ohne irgend eine Ausnahme, und so erklärt es sich für den Pädagogen auf ganz natürliche Weise, dass selbst der beste Unterricht bei der türkischen Jugend wenig anschlägt, ohne dass man nöthig hätte eine physische oder intellectuelle Inferiorität der Race anzunehmen. Das einzige, was dem Kinde in diesen Jahren beigebracht wird, ist eine grenzenlose Verachtung gegen alle Gjauren (Ungläubigen) und eine glänzende Idee von der Ueberlegenheit der türkischen Race über alles andere Menschengesindel. Schulzwang, der theils durch positive Gesetze, theils durch die Macht der Verhältnisse in ganz Europa besteht, ist hier unbekannt; zwar besteht er auch hier gesetzlich; ja er ist sogar in einem besondern Artikel (Art. 114) der neulich verkündigten Constitution enthalten; bis jetzt aber ist dies alles ein todter Buchstabe geblieben.

In den Elementarschulen lernen die Knaben etwas lesen und schreiben, ausserdem den Koran und die nöthigen Gebetsformeln, jedoch nur mechanisch, ohne den Sinn der arabischen Worte zu kennen; höchstens kommt dazu noch etwas Arithmetik, jedoch nicht weiter als bis zur Kenntniss der vier Species, die sich indess bald mit den übrigen nothdürftigen Kenntnissen wieder verliert. In den Rüschdié-Schulen, d. h. höheren Bürgerschulen, die erst unter Sultan Abdul Medschid gestiftet wurden, wird noch etwas Geographie und Geschichte gelehrt, aber das Niveau dieser Schulen reicht noch nicht einmal an dasjenige unserer Dorfschulen. Für die moralische Erziehung des Kindes geschieht sehr wenig, für die physische gar nichts. Reichere Türken, von der Unzulänglichkeit dieser Schulen überzeugt, halten ihren Kindern Hauslehrer, meistens irgend einen Chodscha aus irgend einer Medresse, der seine Zöglinge mit Ach und Krach nach 5—6 Jahren dahin bringt, dass sie leidlich lesen und schreiben können, auch etwas arabisch und persisch verstehen, im übrigen aber sie in ihrem Racenhochmuth nur noch weiter bestärkt; es kommt auch zuweilen vor, dass der Chodscha sich widersetzt, wenn der Vater für den Unterricht seiner Kinder in fremden Sprachen, Geschichte, Mathematik, Zeichnen, Musik oder ähnlichen Lehrgegenständen noch europäische Lehrer engagiren will.

In der Regel wird der Knabe, je nach den Vermögensverhältnissen des Vaters, mit dem 12.—14. Jahre bei irgend einem Handwerker in die Lehre gegeben, und diese liefern durchgängig den durch strenge Rechtlichkeit und gesunde Moral hervorragenden besseren Theil der türkischen Nationalität; ein grosser Theil aber zieht es vor, statt sich durch seiner Hände redliche Arbeit zu nähren, in den Konak's der Pascha's und der Reichen als Thürsteher, Stallknechte, Kaffeesieder, Pfeifenstopfer oder wohl gar noch in schmählicherer Eigenschaft ein Faullenzer- und Lotterleben zu führen. Hat aber der Knabe irgend eine schwache Spur von Talent, so wird er in eine Medresse geschickt, wo er weitere 20—25 Jahre zubringt, um hier die höheren Wissenschaften des Islam, Exegese des Korans, die muhammedanische Tradition, das Leben der Heiligen, Philosophie und Physik auf mittelalterlich-scholastischer Basis, Astrologie, muhammedanisches Recht u. s. w. zu studiren und sich einen Wust von Kenntnissen anzueignen, von denen er im praktischen Leben keinen Gebrauch machen kann. Gehört er als Sohn eines Pascha oder eines andern hohen Staatsbeamten zur privilegirten Classe der Stambuler Effendi, so wird er mit dem 16.—18. Jahre auf irgend ein Bureau der hohen Pforte geschickt, um dort einige Jahre die Elemente des Staatsdienstes zu erlernen und sich durch Copiren, Registriren u. s. w. nützlich zu machen, meistens ohne Gehalt. Um dieselbe Zeit wird der zukünftige Staatsmann auch verheirathet, und damit ist der Antrieb zu irgend weiteren Studien abgeschnitten. Woher soll er auch noch die Zeit dazu nehmen? Des Morgens bleibt er im Harem so lange, bis die Bureaustunde schlägt; nach beendigter Tagesarbeit besucht er ein Kaffeehaus, ein Casino, trinkt seinen Mastix, speist zu Abend, macht oder empfängt Besuche und zieht sich schliesslich in sein Harem zurück. Wenn aber ein junges Herrchen aus der Kaste der Stambuler Effendi's keine Lust bezeigt irgend etwas zu erlernen, so hat es dabei sein Bewenden: *Tschodschuk istemior, ne japaim?* „Das Kind hat keine Lust zu lernen; was soll ich machen?" heisst es. Das ist buchstäblich wahr, und ich könnte es mit einer Fülle von Beispielen belegen; ich will nur ein einziges anführen. Rauf Bey, Präses einer Section des Staatsraths, Sohn des verstorbenen Rifat Pascha, welcher zur Zeit der Mission Menschikoffs Minister der auswärtigen Angelegenheiten war und für einen der ersten Stylisten seiner Zeit galt, hat einen Sohn im Alter von ca. 20—22 Jahren, der noch nicht einmal lesen und schreiben kann und seine Zeit damit zubringt, dass er in dem seinem väterlichen Hause gegenüberliegenden Hôtel der persischen Gesandtschaft das dortige Dienstpersonal durch allerhand Possenreisserei belustigt und die Griechen, Juden, Armenier, Zigeuner u. s. w. durch Nachahmung ihrer Aussprache des Türkischen lächerlich macht.

Die Vernichtung der Janitscharen-Miliz hat die Allmacht der Beamtenhierarchie geschaffen, indem selbst gegen die ärgsten Ausschreitungen der Beamtenwillkür kein Schutz mehr zu finden ist. Während früher der Beamte gewärtigen musste, dass eine Janitscharen-Emeute seinen Erpressungen und selbst seinem Leben ein Ende machte, geniesst er jetzt ein sorgenfreies Dasein, indem er, durch Geburt zu den höchsten Staatsämtern berechtigt, in dem Staatsdienst eine melkende Kuh erblickt, die zu seiner Bereicherung verpflichtet ist. Auf diese Weise hat sich nun eine Beamtenkaste gebildet, welche unter dem Namen der „Stambuler Effendi's" bekannt ist und alle irgend einträglichen Aemter im ganzen Reiche monopolisirt. Dieses Monopol hat aber zur weiteren natürlichen Folge, dass der Effendi es für absolut überflüssig hält, sich mit Erwerbung von Kenntnissen zu befassen; eine schöne Handschrift und die Handhabung eines mit eleganten Floskeln überladenen unverständlichen Styls bilden seine ganze Bagage; irgend ein weiteres ist vom Uebel. Rechnet man ausserdem dazu, dass in den Augen des Effendi **Arbeit** den Menschen erniedrigt, dass es dagegen eine Ehre ist auf anderer Leute Kosten zu leben, und dass es für eine Schande gilt mit einem Buche betroffen zu werden, so kann man leicht begreifen, dass das intellectuelle Niveau der türkischen Beamten von Jahr zu Jahr niedriger wird, und dass in nicht allzulanger Zeit der Staat unter der türkischen Bevölkerung keine Beamten mehr auftreiben kann.

Ich kann nicht umhin, hier eine kleine aber charakteristische Anekdote anzuführen, die ich selbst erlebte, und für deren Wahrheit ich einstehen kann. Ein Neffe des Ex-Grossvezirs Mahmud Nedim Pascha sagte mir, er habe irgendwo die bekannte Erzählung von dem Erfinder des Schachspiels gelesen, und er habe sich an die Arbeit gemacht, die Grösse der von ihm verlangten Belohnung zu berechnen, womit er drei Tage zugebracht habe, ohne seiner Sache sicher zu sein. Ich bemerkte ihm, dass die einfache Berechnung, ohne Anwendung irgend einer algebraischen Formel höchstens 15—20 Minuten erfordere; dass man aber mit Hülfe von Logarithmen die Sache binnen höchstens 10 Minuten ausführen könne. Er holte

Logarithmentafeln herbei, und ich bewies ihm durch die That, dass es sich wirklich so verhielte, wie ich gesagt hatte. Während ich mit den kolossalen Ziffern arbeitete, rief er einem zufällig anwesenden Verwandten zu: *Bak, bak, ne adscháil scheï!* „Schau, schau, wie wunderbar!" — *Lazýmmi?* „Ist es nothwendig?" fragte der Angeredete mit einem unaussprechlichen Phlegma. „Nun, nothwendig gerade nicht, aber doch sehr merkwürdig," versetzte der erstere. — *Eh, nitschün lüzumsiz scheï bakaym?* „Warum soll ich eine unnöthige Sache anschauen?" entgegnete jener, drehte uns mit geflissentlicher Absichtlichkeit den Rücken zu und stierte mit einem blödsinnigen Blick nach der Zimmerdecke.

Für die Besetzung der geringeren Aemter in der Hauptstadt und noch mehr in den Provinzen bildete sich eine andere Praxis aus. In den Haushaltungen der grossen Staatsbeamten ist, in Folge der Haremswirthschaft und der unüberwindlichen Abneigung gegen jede Arbeit eine grosse Anzahl von Dienstboten erforderlich, wobei noch das Princip der Arbeitstheilung sehr weit ausgebildet ist. Da giebt es also Oberköche, Unterköche, Hausknechte, Thürsteher, Pfeifenstopfer, Barbiere, Stallknechte, Kutscher, Reitknechte, Vorreiter, Kaffeesieder, Obergärtner, Untergärtner, Kellner, Tafeldecker, Einkäufer, Lakaien, und über allen steht der Kiaja oder „Intendant"; ferner für das Harem Köchinnen, Ammen, Kinderwärterinnen, Kammermädchen, Wäscherinnen, Aufwärterinnen u. s. w., sowie die unvermeidlichen Eunuchen. Ein grosser Theil von ihnen empfängt gar keinen Lohn; während der Dienstzeit erhalten sie bloss Nahrung, Obdach und die abgelegten Kleidungsstücke, und sind wegen ihrer übrigen Bedürfnisse auf die Trinkgelder derjenigen angewiesen, welche bei ihrem Herrn etwas zu suchen haben oder ihm auch nur einen Besuch machen; was dann noch fehlt, wird nöthigenfalls durch kleinere oder grössere Veruntreuungen beschafft. Für ihre spätere Versorgung aber sind ihnen Posten in der Provinzialverwaltung als Amtleute, Districtsverwalter, Steuereinnehmer, Gensdarmerie-Officiere u. s. w. in Aussicht gestellt, und man kann sich denken, wie unter solchen Verhältnissen die kleineren Districte und Kreise verwaltet werden.

Gegen Ende der Regierung des Sultans Abdul Medschid stiftete der Grossvezir Kybryslü Mehemed Pascha eine Beamtenschule unter dem Namen *Mektéb-i Milkié*, wo junge Leute unter tüchtigen Lehrern, meistens Christen und Europäern, diejenigen Wissenschaften erlernen sollten, die sie zur Verwaltung der Provinzen geeignet machen, also ausser einer gründlichen Kenntniss der türkischen auch die französische Sprache, Arithmetik, Geometrie, Algebra, Geographie, Geschichte, bürgerliches und peinliches Recht, Nationalökonomie, Naturgeschichte, Statistik. Der Cursus war auf $2\frac{1}{2}$ Jahre bestimmt, und diejenigen, welche mit guten Zeugnissen die Anstalt verliessen, sollten vorzugsweise bei der Besetzung der Provinzialämter bedacht werden.

Aber der Grossvezir hatte nicht mit den Stambuler Effendi's gerechnet. Bei irgend einer Vacanz wurde ein solcher junger Mensch zu dem General-Gouverneur der betreffenden Provinz mit einem Schreiben geschickt, welches den Vali aufforderte, dem Ueberbringer desselben den vacanten Posten als Müdir oder Kaimmakam zu übertragen. Inzwischen aber hatte der Vali schon einen seiner ausrangirten Pfeifenstopfer, Stallknechte oder Lotterbuben zum Amtmann ernannt; er empfing das Schreiben und dessen Ueberbringer mit grosser Artigkeit und mit dem Ausdrucke des Bedauerns, dass er nicht früher davon

Kunde gehabt habe, weshalb er leider den vacanten Posten schon besetzt hätte; der Candidat möge indessen nur etwas verweilen, es dürfte wohl bald wieder eine Vacanz eintreten. Bei der nächsten Vacanz aber wurde er wieder übergangen. „Leider wäre schon früher einem sehr tüchtigen Menschen dieser Posten versprochen, er möge daher nur noch etwas Geduld haben"; und so ging es immer weiter, während der Zögling der Beamtenschule immer tiefer in Schulden gerieth, eine kostbare Zeit mit Nichtsthun verlor, und schliesslich in Verzweiflung nach Konstantinopel zurückkehrte, um irgend ein anderes Geschäft, als Ladendiener, Zeitungsverkäufer, oder im günstigsten Falle als Lehrer in irgend einer Familie zu ergreifen. Dasselbe Verfahren wiederholte sich immer von neuem und dauert auch noch jetzt fort, wie noch vor wenigen Wochen von der französisch-türkischen Zeitung *La Vérité — Hakikát*, dem Organ des Kriegsministeriums, eingestanden wurde, so dass zuletzt niemand mehr in diese Schule eintreten wollte, obgleich dieselbe noch immer eine kümmerliche Existenz führt. Jetzt hat der Sultan Abdul Hamid verkündigt, dass er eine neue Schule dieser Art einrichten will, und die Besetzung der Aemter durch Zöglinge der Anstalt soll künftighin obligatorisch werden. Einstweilen ist auf dem Ministerium des Innern eine Commission ernannt, welcher ausschliesslich die Besetzung solcher Aemter übertragen ist; sie hat vor wenigen Tagen ein Rundschreiben an alle General-Gouverneure erlassen, worin dieselben aufgefordert werden, bei der Ernennung der Unterbeamten, namentlich der Müdire und Kaimmakame, die grösste Sorgfalt anzuwenden, mit der Bemerkung, dass die von ihnen vorgenommenen Ernennungen erst dann gültig werden, wenn sie von der Commission genehmigt sind. Es ergiebt sich aber nicht aus diesem Rundschreiben, welche Mittel der Commission zu Gebote stehen, um ein würdiges Subject von einem unwürdigen Subject zu unterscheiden, da sie ja in den meisten Fällen bloss auf den Bericht des General-Gouverneurs und seiner Creaturen angewiesen ist.

Während Sultan Abdul Aziz in Paris war (1867), verabredete der ihn begleitende Fuad Pascha mit der französischen Regierung die Stiftung eines Lyceums nach französischen Grundsätzen, wie schon früher (Abschn. I) gemeldet ist. Der erste Director des Lyceums war Mr. Salve, ein tüchtiger, gewissenhafter und gediegener Pädagog, der aber nach Ablauf seines Contractes denselben nicht erneuerte und nach Frankreich zurückkehrte; er veröffentlichte in der *Revue des Deux Mondes* (Jahrgang 1874) einen Artikel, in welchem er mit grosser Wahrheitsliebe die Verhältnisse dieser Schule und die Schwierigkeiten, mit denen er zu kämpfen hatte, darlegte. Es geht unter andern auch aus diesem Bericht hervor, dass die Fortschritte der türkischen Zöglinge weit geringer waren, als die der übrigen Zöglinge, eine Beobachtung, die auch von allen bestätigt wird, die sich in Konstantinopel mit dem Lehrfache beschäftigen, und die sich durch die Erziehungsweise in den türkischen Häusern vollständig erklärt. Jetzt ist auch eine sogenannte Universität mit dem Lyceum verbunden; wir werden noch darauf zurückkommen.

Das Unterrichtsministerium wurde' im Jahre 1847 gestiftet, besteht also seit 30 Jahren, ohne in dieser Zeit irgend etwas besonderes geleistet zu haben; von durchgreifenden Verbesserungen im Schulwesen ist nichts zu sagen, und meistens beschränkte sich seine Wirksamkeit darauf, dass es eine Registratur für die im Reiche angestellten Schullehrer nebst Angabe ihrer Namen und ihres

Gehaltes bildete. Ist es doch einmal vorgekommen, dass ein Mann, der nichts weiter gelernt hatte als eine schöne Handschrift zu schreiben und den Sultan Abdul Aziz durch allerlei plumpe Spässe zu amüsiren, Nevres Pascha, Unterrichtsminister war!

Neben dem Unterrichtsministerium nahm die Regierung noch von Zeit zu Zeit Anläufe zur Verbesserung und Hebung des öffentlichen Unterrichts, ohne dass es aber zu etwas mehr kam, als zum Anlauf. So wurde im Anfang der fünfziger Jahre angeordnet, dass ein Lehrbuch für den Geschichtsunterricht ausgearbeitet werden sollte, zu welchem Ende drei Commissionen ernannt wurden, nämlich für die Geschichte des Alterthums, des Mittelalters und der Neuzeit. Jede Commission bestand aus drei Personen, einem Präses, welcher den Tschibuk rauchte, einem Christen, welcher die Arbeit zu verrichten hatte, und einem Schriftführer, welcher nichts zu schreiben hatte. Der Präses der Commission für alte Geschichte war Subhi Pascha, ein sehr gelehrter Mann, der die Sache etwas ernster auffasste und sich mit einem Europäer über verschiedene Punkte besprach, um sich bei ihm Raths zu erholen. „Eure Geschichtswerke", sagte er, „erzählen vielerlei von einem gewissen Kyros, welcher angeblich das persische Reich gestiftet hat, während unsere Geschichtswerke nichts von diesem Manne wissen; ich finde nur in einem einzigen Werke, dass ein Kyros Grossvezir des Nebukadnezar gewesen ist, so dass ich geneigt bin, alles, was die Europäer von Kyros und dessen Nachfolgern erzählen, für reine Erdichtung zu halten, es wäre denn, dass man mir eine orientalische Urkunde nachweisen könnte, welche diese Erzählungen bestätigt." Der Europäer erwiederte: „Nicht eine, nein zwei orientalische Urkunden kann ich Ihnen sofort nachweisen. In dem alten Testamente, in den Büchern Ezra, Nehemia und Esther; finden Sie eine ziemliche Anzahl Notizen über Kyros und dessen Nachfolger. Ferner existirt in der Nähe der türkischen Grenze, auf dem Wege von Bagdad nach Hamadan, auf dem Felsen von Bibistun eine sehr lange Urkunde in Keilschrift, in welcher der König Darius, Sohn des Hystaspes, die Geschichte seiner Dynastie von Kyros an bis auf seine eigene Zeit hinab sehr ausführlich beschreibt; abgesehen von kleineren Monumenten in Persepolis, in Hamadan und auf türkischem Gebiet bei Van, aus denen wenigstens die Existenz von Kyros, Darius, Xerxes hinlänglich beglaubigt wird." Unser Präses war aber mit seiner Antwort sehr schnell fertig. „Das alte Testament," sagte er, „ist von Juden und Christen verfälscht, also durchaus keine glaubwürdige Urkunde. Was aber die Keilschriften betrifft, so behaupten zwar viele europäische Gelehrte sie lesen zu können, aber darüber dürfte wohl kein Zweifel sein, dass dies nur eine leere Prahlerei ist, eine *fable convenue*, welche sie der Welt aufbinden möchten, wie so vieles andere."

(Zum Verständniss des hier gesagten bemerke ich, dass die Muhammedaner behaupten, die Juden und Christen hätten diejenigen Stellen im Pentateuch, in den Psalmen und in den Evangelien, welche die Sendung des Propheten Muhamed verkündigen, gefälscht. Dieses uralte Vorurtheil, welches sich doch nur auf eine dogmatische Frage beschränkt, wird nun von den aufgeblasenen Türken auf den ganzen Inhalt des A. und N. Testamentes ausgedehnt.)

Von jenen drei Commissionen hat man später nie etwas weiter vernommen.

Dagegen hatte der Grossvezir Aali Pascha einen Befehl vom Sultan ausgewirkt, dass ein Mitglied des Uebersetzungs-Bureaus Ahmed Hilmi Effendi (gegenwärtig Abgeordneter in der Deputirtenkammer für den Wahldistrict Skutari bei Konstantinopel) mit der Uebersetzung eines Geschichtswerkes zum Schulgebrauche beauftragt wurde. Der Uebersetzer machte sich an die Arbeit, und als der erste Band gedruckt war, überreichte er ihn dem Unterrichtsministerium. Hier fand nun eine lange Berathung darüber statt; endlich rief man den Uebersetzer herein und nahm mit ihm folgendes Verhör vor:

„Sie schreiben hier von Abraham, dem Vertrauten Gottes, über welchem Friede sei; aber Sie erwähnen nichts von dem Feuer, mit welchem ihn Nimrod wollte verbrennen lassen; es wäre doch wohl zweckmässig gewesen diese Sache zu erwähnen und die Leser darüber zu belehren, ob dieses Feuer durch chemische Zündhölzer oder auf andere Weise angezündet war."

Der Uebersetzer: Da Abraham kein Zeitgenosse Nimrods war, so konnte Nimrod nicht auf den Gedanken kommen Abraham zum Feuertode zu verdammen.

„Sie schreiben hier von Salomon, dem Sohne Davids, über welchen beiden Friede sei, und von dem Tempel, den er in Jerusalem hat bauen lassen, ohne dabei zu erwähnen, dass der Tempel auf Salomons Geheiss von Genien erbaut ist. Ich meine, ein solches Buch eignet sich nicht für unsere Schulen und es dürfte jedenfalls zweckmässiger sein, das „Leben der Heiligen" als Lehrbuch der Geschichte in unsern Schulen zu benutzen." — („Das Leben der Heiligen" ist eine Art *Flora Sanctorum* und von dem hier als Redner eingeführten Mitglied des Unterrichtsconseils verfasst.)

Der Uebersetzer wurde ersucht wieder abzutreten, und es wurde nun im Conseil darüber abgestimmt, welches Buch zu verwenden sei. Selbstverständlich fiel der einstimmige Beschluss zu Gunsten des „Lebens der Heiligen" aus. Während dessen trat der Unterrichtsminister, der vorhin genannte Subhi Pascha, ein und erkundigte sich, wovon die Rede sei. Als man ihm die Sache auseinander setzte, bemerkte er: „Meine Herren, darüber haben Sie gar kein Recht abzustimmen; Se. Majestät der Sultan haben befohlen dieses Buch zu übersetzen und in den Schulen zu verwenden; Sie haben durchaus kein Recht einen Befehl Se. Majestät in den Bereich Ihrer Abstimmung zu ziehen, und noch viel weniger einen diesem Befehl entgegenstehenden Beschluss zu fassen." — Damit war freilich das „Leben der Heiligen" wieder beseitigt; aber jenem andern Buche erging es nicht besser. Die ganze Auflage musste ans Unterrichtsministerium abgeliefert werden, wo sie noch jetzt aufgespeichert ist. Wer das Buch kaufen will, kann sich dort ein Exemplar verschaffen, aber in den Schulen wird es nicht gebraucht. Nur auf der Kriegsschule, wo man zu solchen Alfanzereien keine Zeit hat, dachte man vernünftiger; der Director der Schule ersuchte den Uebersetzer das Manuscript der folgenden Bände in der Typographie des Kriegsministeriums drucken zu lassen, was auch geschah.

Ich muss schon hier eine Bemerkung einschalten, die eigentlich in ein anderes Capitel gehört, aber schon jetzt nothwendig ist, um Missdeutungen vorzubeugen. Wenn ich hier und anderswo das Thun und Treiben der Beamten-Aristokratie von Konstantinopel und ihres Anhangs schildere, so will ich damit durchaus nichts nachtheiliges oder wohl gar ehrenrühriges gegen die türkische Nation überhaupt gesagt haben; ich verwahre mich ernstlich gegen eine solche Auslegung. In der That, wer nur immer Gelegenheit hatte, die dem Handwerkerstande und im allgemeinen der arbeitenden Classe angehörenden Türken in Konstantinopel und in den andern Städten des

Reiches, so wie die ländliche Bevölkerung namentlich in Anatolien kennen zu lernen, kann nicht umhin den vortrefflichen Eigenschaften derselben, namentlich ihrer Redlichkeit, ihrer Mässigkeit, ihrer Arbeitsamkeit, ihrer Gastfreundlichkeit, ihren liebenswürdigen Umgangsformen volle Gerechtigkeit widerfahren zu lassen, während die Beamten-Aristokratie, das Stambuler Effendithum, eine schon jetzt ausgeartete Race ist. Gestützt auf ihr Aemtermonopol, und durch die Polygamie schon frühzeitig, schon in einem Alter erschöpft, wo der junge Mensch in Europa erst anfängt in die vollen Rechte der Mannheit einzutreten, verschlechtert sich ihre Race von Generation zu Generation, nicht nur in intellectueller, sondern auch in physischer Beziehung. Alle diejenigen, welche als Aerzte, als Lehrer oder sonst wie Gelegenheit hatten die Familienverhältnisse dieser Leute kennen zu lernen, haben die Beobachtung gemacht, dass höchstens der Erstgeborene, das Product eines noch verhältnissmässig gesunden Organismus, im Besitz aller physischen und geistigen Kräfte ist, so lange er selbst sie nicht durch Excesse aller Art vergeudet; die nachgebornen Kinder sind fast durchgängig mehr oder weniger scrophulös, blödsinnig, träge und faul.

Ganz anders ist es mit der griechischen Nation bestellt. Gleich den übrigen nicht-muhammedanischen Unterthanen des Reiches von jedem Antheil an der Regierung und Verwaltung des Landes grundsätzlich ausgeschlossen, verlegten sie sich auf Industrie, Gewerbe und Handel. Nicht nur die ganze Mercantilflotte, auch die Kriegsflotte war bis zum griechischen Aufstande in ihren Händen; seit dem Anfang dieses Jahrhunderts unternahmen sie auch, hauptsächlich durch die Bestrebungen Korai's, eine gründliche Reform des Unterrichtswesens, und schon lange vor der Revolution besassen sie in Aivali (Kydonia) in

Kleinasien, in Janina in Epirus, auf den Inseln des Archipels vortreffliche Schulen; diese Bestrebungen wurden durch die Gründung des unabhängigen Hellas noch mehr aufgemuntert, so dass das griechische Schulwesen sowohl in der Türkei wie in Hellas nicht nur dem europäischen Schulwesen ebenbürtig ist, sondern selbst manche europäische Staaten, wie Spanien, Portugal, einzelne Theile von Italien, Frankreich, Irland bedeutend überragt. Ihnen zunächst standen die katholischen Armenier, welche durch die Etablissements der Mechitaristen-Mönche in Venedig, Wien, Rom und Paris aufgemuntert, und mit tüchtigen Lehrkräften versehen, zu den intelligentesten Gemeinden des türkischen Reiches gehörten; leider haben die Umtriebe des Ultramontanismus und der Jesuiten in dem letzten Decennium diese schönen Früchte erheblich vermindert. Seit ungefähr zwei Decennien haben auch die gregorianischen Armenier und die Juden einen kräftigen Anlauf genommen, um ihr bis dahin niederliegendes Schul- und Erziehungswesen zu heben, und in kurzer Zeit schon sehr erfreuliche Resultate erzielt.

Während also das Niveau der intellectuellen Bildung bei den Türken von Jahr zu Jahr tiefer sank, also die zur Verwaltung des Reiches erforderlichen Kräfte in beständiger Abnahme waren, konnte der Staat, der anfangs noch zu europäischen Kräften als Auskunftsmittel greifen musste, allmählich anfangen, sein Beamtenpersonal aus den christlichen Bevölkerungen zu recrutiren, und so steigt die Zahl der christlichen Beamten seit Sultan Abdul Medschid mit jedem Jahre. Bis jetzt herrscht freilich noch der Grundsatz, dass man diese Leute als eigentliche Lastthiere verwendet, d. h. die eigentlichen Arbeiten und Pflichten des Amtes werden den Christen gegen eine unerhebliche Vergütung auferlegt, während die fetten

Aemter noch ausschliesslich in den Händen der Stambuler Effendi's sind; aber die Noth, die bittere Noth hat allmählich schon gewaltige Risse in diesem Monopol erzeugt. Fast in jedem Ministerium sind eine grosse Anzahl christlicher Beamten, vom Unterstaatssecretair angestellt; in einigen Verwaltungen, z. B. im Zollwesen, im auswärtigen Ministerium bilden sie schon nahezu in numerischer Beziehung die Hälfte, in geistiger Beziehung die überwiegende Mehrheit; in allen Provinzen, wo die christliche Bevölkerung einen erheblichen Bruchtheil bildet, sind christliche Vice-Gouverneure, Statthalter und Amtleute; schon vor zehn Jahren war ein Armenier Minister der öffentlichen Arbeiten; jetzt ist ein Armenier Handelsminister; Griechen sind Unterstaatssecretaire im Ministerium der auswärtigen Angelegenheiten und im Unterrichtsministerium, ein Armenier im Justizministerium; Griechen sind Unter-Gouverneure auf Kreta, in Epirus, ein anderer General-Gouverneur des Archipels, Katholiken sind seit 1860 Statthalter des Libanon u. s. w.

Solchen glänzenden Resultaten gegenüber gewährt es einen betrübenden Anblick, wenn man sieht, wie die türkische Beamten-Aristokratie immer steriler wird, denn mit nur sehr wenigen Ausnahmen gehören diejenigen hochgestellten Persönlichkeiten, welche sich durch Intelligenz, Talent und Fähigkeiten auszeichnen, nicht der Stambuler Race an; z. B. Ahmed Vefik Pascha's Vater war ein zum Islam übergetretener Jude, seine Mutter eine Griechin; der jetzige Grossvezir Edhém Pascha ist ein Grieche, der als Knabe bei der Katastrophe von Chios 1822 den Türken in die Hände fiel; Subhi Pascha stammt aus Morea und ist der Sohn einer Griechin; der jetzige Unterrichts-Minister Münif Effendi ist ein Araber aus Aintab; der verstorbene Grossvezir Kybryslü Mehemed

Pascha stammt, wie sein Beiname anzeigt, aus Cypern; der Ex-Grosvezir Müterdschim Mehemed Rüschdi Pascha aus Sinope; der Ex-Grossvezir Midhát Pascha aus Widdin; die vicekönigliche Familie von Aegypten aus Kavalia in Makedonien u. s. w. Zu den wenigen rühmlichen Ausnahmen gehören die verstorbenen Grossvezire Reschid Pascha, Aali Pascha, Fuad Pascha; letzterer gehört der Familie Ketschedschí-Zadé an, welche aus Kónia stammt und 300 –400 Jahre hindurch eine glänzende Reihe von Ahnen zählt; leider scheint ein in der Familie erblicher Herzfehler ihren letzten Zweigen verderblich zu werden und ihrer Nachkommenschaft ein baldiges Aussterben zu bereiten, was für die Nation ein schwerer Verlust wäre.

Diejenigen Türken (ich spreche von den höheren und gebildeten Ständen), welche es noch nicht so weit gebracht haben, dass sie sich mit dem egoistischen *après nous le déluge* trösten, sehen mit Leidwesen diesem unaufhaltsamen und mit der eisernen Consequenz eines Naturgesetzes fortschreitenden geistigen Absterben zu.

Die meistgelesene türkische Zeitung, das *Bassiret* („Aufmerksamkeit", „Scharfsinn"), Organ der extremen alttürkischen Partei, die Kreuzzeitung Konstantinopels, welche bei jeder Gelegenheit ihrem Hasse gegen die europäische Cultur Luft macht, bietet in dieser Beziehung eine interessante Erscheinung dar. In ihren ersten Jahrgängen gefiel sich die Redaction in knabenhaften Ausfällen gegen wissenschaftliche Bestrebungen. So hatte ein junger talentvoller und thätiger Türke, Halim Bey (Bruder des mehrfach genannten Subhi Pascha) das Handbuch der Geographie von Cortambert ins Türkische übersetzt und drucken lassen; das *Bassiret* brachte (Dezember 1871) einen Artikel, der sich höchst missfällig und wegwerfend über derartige Beschäftigungen aussprach, und freilich arbeitete die Redaction selbst mit einer unverfrornen Naivetät zur nicht geringen Erheiterung des Publicums; fand sie z. B. in einer Zeitung eine Notiz über Haiti, so fügte sie zur Belehrung ihrer Leser hinzu, dass Haiti eine Republik im britischen Besitze sei; ohne viele Umstände verlegte sie Buenos Ayres nach Indien, oder verlangte, dass der Sultan die Insel Java unter seinen Schutz nehmen möge; eben so wenig Umstände machte sie mit historischen Notizen. Der oder die Eigenthümer des Blattes mochten aber doch wohl wahrnehmen, dass eine derartige Redaction dem Rufe desselben nachtheilig sein müsse, und so wechselten sie ihren Hauptredacteur oder wenigstens den Ton ihrer Mittheilungen, der sich seit 1873 völlig verändert hat. Im Februar 1873 brachte das Blatt einen Artikel unter der Aufschrift „Wir verlieren unsere Zeit". Der Schreiber sucht nachzuweisen, dass nur Bildung und Kenntnisse in unserer Zeit Macht und Ansehen geben; er weist auf das Beispiel Spaniens hin, das Jahrhunderte lang die Schätze Peru's und Mexiko's zu seiner Verfügung hatte und eben deshalb sich der Trägheit und Unwissenheit überliess, so dass jetzt die Engländer und Nordamerikaner in Folge ihrer Thätigkeit und geistigen Ueberlegenheit allmählich in den Besitz jener Schätze gelangt sind. Er geht dann auf die rührige Thätigkeit der Griechen und Armenier in der Türkei über, welche überall aus eigenen Mitteln Schulen und höhere Lehranstalten gründen; dass auf der Handelsschule auf der Insel Chalki (einer der Prinzeninseln) 200 Zöglinge studiren, die bei ihrem Abgange durch andere 200 ersetzt würden; dass die Zöglinge dieser Anstalt Handels- und Bankgeschäfte im Belaufe von Millionen abschliessen und in wenigen Augenblicken ein solches Geschäft in die Bücher regelrecht eintragen, sämmtliche Spesen und den sich ergebenden Gewinn berechnen, während ein türkischer Handelsmann, der ein Geschäft im Belaufe von 10 Piastern (2 Mark) abgeschlossen hat, zur Berechnung desselben Bohnen zu Hülfe nehmen müsse, und dass daher eine Concurrenz der Türken mit den andern Nationen, namentlich mit den Griechen und Armeniern, rein unmöglich sei. Nachdem nun der Schreiber des Artikels diese unläugbaren Thatsachen constatirt und ins gehörige Licht gesetzt hat, baut er auf diese ganz richtigen Vordersätze eine Schlussfolgerung, die sich eben nur durch türkische Logik erklären lässt. Er fordert nämlich das Unterrichts-Ministerium auf, die Sache des öffentlichen Unterrichts ernstlich in die Hand zu nehmen, indem es vor allen Dingen die griechischen und armenischen Schulen unter die strengste Aufsicht stelle! Da es nun notorisch ist, dass eine wirksame Aufsicht griechischer und armenischer Schulen durch Türken eine Unmöglichkeit ist, so ist wohl nur zu sehr klar, was der Schreiber eigentlich darunter versteht: nämlich durch eine solche Beaufsichtigung die armenischen und griechischen Schulen auf das Niveau der türkischen Schulen herabzudrücken und den dabei thätigen türkischen Effendi's Gelegenheit zu geben, sich für ihre diesfälligen Mühewaltungen an den reichen Beiträgen der christlichen Gemeinden schadlos zu halten.

Im folgenden Monat erzählte das Blatt mit Schamröthe folgende Geschichte. In dem von Türken bewohnten Dorfe Erenköi (in der Nähe des Bosporus) sollte eine Schule errichtet und ihre Kosten, 15,000 Piaster (circa 2700 Mark) durch Subscription unter den Türken gedeckt werden; aber diese Subscription machte ein schmähliches Fiasco; unter Hängen und Würgen kamen einige Lire zusammen, bis sich der christliche Albanese Christaki Zographos ins Mittel legte und den Rest übernahm. „Nicht besser", fährt der Artikel fort, „ging es mit der vor einigen Jahren unter Pauken- und Trompetenschall gegründeten türkischen Gewerbeschule". Vor etwa 7—8 Jahren besuchte der damalige Grossvezir Aali Pascha und der Präses des Staatsraths Jussuf Kiamil Pascha den Verein der armenischen Lastträger, um sich von den Fortschritten dieser Leute zu überzeugen. Der Anblick war beschämend genug: Leute, welche aus weiter Ferne hierher kommen und des Tages Last und Hitze tragen, finden noch Zeit und Mittel, um sich Abends zu unterrichten, während die türkische Regierung mit einen officiellen Unterrichtsministerium für die Bildung der türkischen Jugend nichts, gar nichts thut. Daraufhin wurde also die Stiftung einer Gewerbeschule beschlossen und Subscriptionsbogen circulirten: Fuad Pascha zeichnete 500 Lire, Aali Pascha 500 Lire und so nach Verhältniss die übrigen Grosswürdenträger; ein kolossales Gebäude wurde aufgeführt im Vertrauen auf das heidenmässig viele Geld, welches gezeichnet war. Als aber die gezeichneten Beiträge eincassirt werden sollten, ja da war niemand zu Hause, und mit Ausnahme einiger kleinen Summen im Betrage von 2, 3, 5 oder höchstens 10 Liren, wurde nichts gezahlt. Fuad Pascha ist seitdem gestorben, Aali ist gestorben und die Erben weigern sich zu zahlen. Inzwischen ist doch der Zweck erreicht, die Schule ist gestiftet, ein stattliches Gebäude aufgeführt, und Europa sind einige Fuder Sand in die Augen gestreut; das weitere mag gehen oder nicht gehen, wie es eben will. — Noch viel stärker äusserte sich das *Bassiret*, und einige andere türkische Zeitungen im Juni desselben Jahres. Durch die Einziehung der Patriarchatsgüter im südlichen Russland, welche die russische Regierung verfügt hatte, wurde namentlich die aus den Einkünften dieser Güter unterhaltene grosse

Schule im Fanar in ihrer Existenz bedroht. In einer Versammlung, welche in Folge davon im Patriarchat abgehalten wurde, erklärte Christaki Zographos, der reiche Mäcen aller griechischen Unterrichts- und Bildungsanstalten: er steure 4000 Lire (24,000 Thaler) zum Unterhalt der Schule und zum Neubau des Patriarchats bei; ein anderer griechischer Kaufmann, Hr. Stefanovich, zeichnete 3000 Lire; Hr. Georg Zarifi erklärte: er mache sich anheischig ein Capital von 25,000 Liren als Stammfonds der Schule zusammenzubringen. Kurz, die Existenz der Schule war glänzend gesichert. Diese Nachricht erregte ungewöhnliches Aufsehen, namentlich aber erhoben die türkischen Zeitungen einen wahren Nothschrei. „Unsere reichen Glaubensbrüder haben herrliche Wohnhäuser, prachtvolle Sommersitze, reichbesetzte Harems, tadellose Pferde, elegante Carrossen, zahllose Diener und Sklaven — aber wer von ihnen hat auch nur 5 Para (2 Pfennige) für Schulen übrig? Die Franken, die Griechen, die Armenier, die Juden haben ihre Schulen, ihre Universitäten, ihre Seminarien, ihre Krankenhäuser, ihre Waisenhäuser u. s. w.; wo aber sind unsere Schulen, unsere Waisenhäuser, unsere Hospitäler, unsere Fabriken, unsere Handelsetablissements?" Dass diese türkischen Zeitungen durch ihr hochmüthiges Verhöhnen europäischer Wissenschaft und Bildung einen grossen Theil der Schuld selbst haben, fällt diesen Effendi's nicht ein; inzwischen lässt sich auf ihre Fragen einige Auskunft geben, und zwar aus ihren eigenen Berichten. Eine hiesige türkische Zeitung berichtet: in Aiwadschyk habe die Regierung ein schönes Local für eine höhere Bürgerschule errichten lassen; statt aber die Kinder zum Besuche derselben anzuhalten, wurden diese vielmehr von dem fanatischen Pöbel aufgehetzt die Scheiben einzuwerfen und sonstigen Unfug zu verüben. Das

Local blieb also leer. Endlich aber verlangte das Unterrichts-Ministerium Rechnung über die Einnahmen der Schule (an Schulgeld, Verkauf der Schulbücher, Schulmaterialien u. s. w.), und da solche Einnahmen bis dahin noch nicht existirten, so überliess man das Gebäude der dortigen griechischen Gemeinde als Schullocal; diese nahm auch das Anerbieten dankbar an, und nun figurirt die Miethe, welche die Griechen dafür zahlen, als Einnahme der höheren Bürgerschule der mohammedanischen Gemeinde. Ferner berichtet das Amtsblatt der Provinz Salonichi: der dortige Schullehrer habe bis dahin die Kinder in seinem eigenen Hause unterrichtet, weil es an einem Locale fehlt; durch vieles Petitioniren habe er es endlich erlangt, dass ihm auf dem Hofplatz einer schon seit 60 Jahren zerstörten Moschee der dazu erforderliche Raum überlassen wurde, um dort auf seine eigenen Kosten ein Schulhaus zu bauen. Nun aber widersetzte sich das ganze Quartier, unter dem läppischen Vorwande, dass dieser Platz zum Gebet der Gläubigen bestimmt sei (aber, wie gesagt, seit 60 Jahren hat dort niemand mehr sein Gebet verrichtet); es passe sich nicht dort eine Schule zu erbauen; gleichsam als ob ein Schulhaus ein Bordell wäre. Somit ist also die vom hiesigen Ministerium erlassene Verordnung von einem Haufen fanatischen Gesindels in der Provinz einfach mit Füssen getreten. Es geht aus diesen Thatsachen leider unzweifelhaft hervor, dass die Race selbst der Cultur unzugänglich ist und von Bildung und Unterricht nichts wissen will. Das könnte auch unter andern Verhältnissen höchst gleichgültig sein; hier aber kommt dazu, dass eben diese Race Millionen und Millionen anderer Menschen beherrscht, und dass die europäische Diplomatie, welche von diesen Zuständen und von diesem Zersetzungsprocess noch gar keine Ahnung hat, die Verewigung dieser ganz unhaltbaren Zustände für ein Bedürfniss des europäischen Friedens erachtet!

Man erzählt, dass Fürst Bismarck der türkischen Regierung empfohlen habe, etwas für die Hebung des öffentlichen Unterrichts zu thun. Wahrscheinlich auf diese Empfehlung hin wurde im Herbst 1874 beschlossen, in Konstantinopel und in der Umgegend 20 neue Rüschdié-schulen anzulegen, wobei aber nicht gesagt wurde, woher man die erforderlichen Lehrkräfte nehmen wollte. Gleichzeitig berichtete eine Correspondenz aus Isbárta (im südlichen Kleinasien), dass die dortige griechische Gemeinde, 700 Familien stark, eine Knabenschule und eine Mädchenschule habe, an welcher Lehrer und Lehrerinnen aus Athen wirkten; für den Unterhalt der Schule und der Lehrer bringe die Gemeinde jährlich 520 Lire (9360 Mark) auf; dagegen verdiene die dortige „höhere Bürgerschule" der Türkenstadt kaum den Namen einer Elementarschule.

Solche Aeusserungen der periodischen Presse würden ohne Zweifel die öffentliche Meinung der Nation, und in Folge dessen auch die Aufmerksamkeit der Regierung anregen, wenn sie nicht unglücklicherweise allemal einen gewissen Nebengedanken verriethen, der sich durch eine eigenthümliche Färbung der Sprache offenbart. Wenn man solche Artikel liest, so gewinnt man unvermerkt den Eindruck, dass es sich dabei noch um etwas anderes handelt; man freut sich nicht über die schönen Schulen der Griechen, Armenier u. s. w., man fürchtet sie als eben so viele Sturmböcke gegen das Aemtermonopol der Stambuler Effendis, und indem immer und immer wieder der Hauptaccent auf die islamitische Orthodoxie, auf das Scherr'i Scherif und auf die Privilegien der Race gelegt wird, artet die *vis inertiae* allmählich in thätliche

Gegenbestrebungen aus. Unter dem zweiten Grossvezirat Essad Pascha's (im Sommer 1875), welches die Feindschaft gegen alle europäische Cultur als Wahlspruch auf seine Fahne geschrieben hatte, wurden alle jungen Türken, die auf Staatskosten in verschiedenen europäischen Hauptstädten ihre Studien machten, zurückberufen, und im Januar 1876, also unter dem zweiten Grossvezirat Mahmud Nedim Pascha's brachte das *Bassiret* einen Artikel über die Schulen der amerikanischen, englischen und deutschen Missionaire, welche nicht nur von den Ausländern, sondern auch von Einheimischen, ja selbst von Muhammedanern in grosser Anzahl besucht werden, wodurch der Jugend „das Gift des Protestantismus" eingeflösst werde. Deutsche protestantische Missionaire giebt es meines Wissens nicht in Beyrut und überhaupt nicht in Syrien, wohl aber deutsche Diakonissen, deren Schulen in der That sich in einem blühenden Zustande befinden, und es ist unerfindlich, welches Unheil sie anrichten; auf Proselytenmacherei verlegen sich die Diakonissen nicht. Der Correspondent und mit ihm die Redaction des *Bassiret* schlagen nun vor: 1) die Bücher dieser Missionaire zu verbieten und 2) türkische Schulen zu errichten; wir erfahren nämlich bei dieser Gelegenheit, dass Raschid Pascha — der im Juni 1876 ermordete Minister des Auswärtigen — vor sechs Jahren, als er Statthalter von Syrien war, den Bau einer muhammedanischen Bürgerschule in Beyrut anordnete; der Bau schritt auch vorwärts; sobald der Statthalter aber (1871) von seinem Posten abberufen wurde, blieb der Bau liegen, und zerfällt jetzt. Da man nun aber doch den Bewohnern nicht zumuthen kann, ihre Kinder bis zur etwaigen Beendigung des Baues ohne Erziehung zu lassen, so schicken sie ihre Kinder zu den Diakonissen, wo sie wenigstens etwas Tüchtiges lernen.

Eine directe Protestantenverfolgung wagt nun unser türkischer Zeitungsschreiber nicht zu provociren, aber seine Gesinnungen sind deutlich zwischen den Zeilen zu lesen, indem er auch auf die Reise G. Stanley's in Ostafrika sein Gift ausspritzt; ihm zufolge hatte Stanley durchaus keinen andern Zweck, als die Muhammedaner und Heiden an den centralafrikanischen Seen zur protestantischen Kirche und zur Civilisation (!) zu verführen.

Wenn wir sehen, dass selbst in den aufgeklärtesten Ländern Europa's noch jetzt von Zeit zu Zeit ein durch Pfaffen und Obscuranten jeder Gattung genährter Aberglaube, sowie Gespensterfurcht, Erscheinungen der h. Jungfrau (in Lourdes, in Marpingen, im Elsass u. s. w.), Glaube an Hexereien und Beschwörung, Judenhatzen und ähnliche Tollheiten ihr unheimliches Wesen treiben, so haben wir keine besondere Ursache, uns über ähnliche Vorkommnisse im Orient zu entsetzen und uns weiser zu dünken, als die morgenländischen Nationen. Man sehe sich nur das Synaxarion der griechisch-orthodoxen Kirche an um zu verstehen, dass eine Nation, welche ehemals an der Spitze der Cultur stand und jetzt von ihren Pfaffen mit einer so unglaublich albernen geistigen Nahrung gefüttert wird, noch recht tief in mancherlei Aberglauben und Vorurtheilen steckt. Abgesehen von den zahllosen minutiösen Bestimmungen über Fastenspeisen, von denen das Evangelium nichts weiss, und abgesehen von den zahllosen Fest- und Feiertagen, welche die Thätigkeit der Nation auf eine beklagenswerthe Weise fesseln, erwähne ich hier nur das den finstersten Zeiten des Mittelalters entstammende grausige Vorurtheil, dass die Juden zur correcten Feier des Pesachfestes Christenblut bedürfen. Im Jahre 1872 wurden dadurch wüste Scenen im Judenquartier von Smyrna hervorgerufen. Da der Gouverneur sich ganz passiv verhielt, feierte der wüthende Griechenpöbel dreitägige grauenhafte Orgien, bis die zur Verzweiflung getriebenen Juden sich zur Gegenwehr setzten. Auf ihre Klagen bei dem Grossvezir Mahmud Nedim Pascha gab dieser die dürre Antwort, dass die Juden Unrecht hätten, ohne sich auf weitere Erklärungen einzulassen, so dass es ungewiss bleibt, ob er es für unrecht hielt, dass die von einem wüthenden Pöbelhaufen überfallenen Juden sich zur Wehre setzten, oder ob er der Meinung war, dass Moses den Juden solche kannibalische Vorschriften gegeben habe. Im Juli 1874 hätten sich beinahe dieselben Auftritte in Konstantinopel erneuert, als ein im goldenen Horn ertrunkener Griechenknabe gefunden ward; das *visum repertum*, welches drei von der Polizei beauftragte Aerzte ausstellten, liess jeder Deutung Raum, und eine griechische Zeitung hatte sogar den traurigen Muth, diesem elenden Vorurtheil das Wort zu reden. Zur nicht geringen Beschämung der griechischen Nation musste diesmal die türkische Regierung einschreiten, den Pöbel von Excessen abhalten, dem Redacteur der erwähnten Zeitung den Process machen und durch die Polizei dem Patriarchat eine Aufforderung zu zweckmässiger Belehrung der unwissenden niedern Geistlichkeit zukommen lassen. — Ob dieser hässliche Schandfleck auf der griechischen Nation im Jahre 1874 sich zum letzten Male zeigte oder ob er nur einstweilen verkleistert ist, lässt sich leider nicht mit Sicherheit entscheiden; denn es hätte wenig daran gefehlt, dass wir selbst im gegenwärtigen Jahre 1877 eine neue Auflage dieser Barbareien erlebt hätten. Vermuthlich durch die Anwesenheit des Ex-Grossvezirs Mahmud Nedim Pascha aufgemuntert, der seit seiner Absetzung als Exulant in Tscheschme (bei Smyrna, der Insel Chios gegenüber) verweilt, und wahrscheinlich durch irgend einen fanatischen Pfaffen angeregt, beschwerte sich eine griechische Megäre bei der dortigen Ortsbehörde, dass ihr Junge seit einigen Tagen vermisst werde, und dass sie sichere Nachricht habe, er befinde sich irgendwo im Judenquartier des Ortes versteckt. Der Amtmann ertheilte seiner Polizeimannschaft Befehl, das Judenquartier zu durchsuchen. Die Zabtie vollzogen den Auftrag mit aller nur denkbaren Rohheit, indem sie in dem Judenquartier wie plündernde Soldaten in einer eroberten feindlichen Stadt hausten und der Höllenbreughel war in Scene gesetzt. Glücklicherweise erhielt der General-Gouverneur von Smyrna, Sabri Pascha, durch den Telegraphen Kunde von dem, was in Tscheschme im Werk war; er befahl sofort sämmtliche dabei Betheiligten nach Smyrna zu bringen und in Untersuchung zu ziehen. Mittlerweile hatte sich auch der Junge in dem nur zwei Stunden von Tscheschme entfernten Orte Alazata vorgefunden, wohin er wahrscheinlich von den Anstiftern der Orgie geschickt worden war, und so wurde noch grösseres Unheil verhütet. Von dem Resultat der Untersuchung ist aber bis jetzt nichts weiter bekannt geworden.

Die glänzenden Erfolge, welche die französische Geistlichkeit aus der angeblichen Erscheinung der Mutter Gottes in der Höhle von Lourdes in den Jahren 1872, 1873 erzielte, veranlassten auch in Konstantinopel einen ähnlichen Hokuspokus. In der Nähe der süssen Wasser von Asien (türkisch Gökssu, am Bosporus, einem sehr beliebten Erholungsort während der Sommerzeit) wurde ein Bild der h. Jungfrau vergraben und richtig am 20. September 1873 n. St. (d. h. 8. September alten Styls, also an dem Tage, wo die griechische Kirche die Geburt der Jungfrau Maria feiert) aufgefunden. Seitdem findet jährlich am 8./20. September eine grosse Procession der gläubigen Griechen nach Gökssu statt, und im vorigen Jahr wurde die Zahl der Theilnehmer auf mehr als 20,000 geschätzt.

Sonderbarerweise stehen auch in der Türkei die Juden in dem Ruf, dass sie die Gabe der Weissagung besitzen. So hatte angeblich ein Jude, Bohor Levi, geweissagt, dass im Sommer 1874 das Dorf Kadiköi (das alte Chalkedon, Konstantinopel gegenüber) untergehen würde, vermuthlich durch ein Erdbeben oder sonst durch ein vulcanisches Phänomen. Kadiköi, seit mehren Jahren ein beliebter Sommeraufenthalt der griechischen und fränkischen Geldaristokratie und schon längst nicht mehr ein Dorf, sondern eine fashionable Stadt, blieb also im Sommer 1874 ganz verödet, und selbst die dort bestehenden Schulen der katholischen und armenischen Mönche mussten geschlossen werden, weil die Eltern ihre Kinder zurückzogen. Zur Beschämung der Europäer und der morgenländischen Christen schritt die türkische Polizei ein; ein Jude Bohor Levi wurde richtig aufgefunden und verhört; er hatte nichts dergleichen gesagt; ebenso ergab sich aus dem Verhör der Personen, welche angeblich jene Weissagung aus dem Munde des Juden Bohor Levi gehört hatten, dass ihnen durchaus nichts der Art bekannt war. Gerüchte entstehen in Konstantinopel wie in der ganzen Welt; dass aber eine Bevölkerung, welche sich für aufgeklärter und civilisirter hält, als die Türken, solchen albernen Gerüchten Glauben schenkt und sich in Bezug auf ihre Handlungen dadurch ins Bockshorn jagen lässt, beweist abermals, dass der Erfinder des Dictum „*Mundus vult decipi*" ein gründlicher Menschenkenner war.

Nunmehr wird man mir wohl glauben, wenn ich sage, dass es unter den Türken um nichts besser steht. Von den unteren Volksclassen ist es gar nicht nöthig zu

reden; wohl aber kann ich versichern, dass selbst unter
solchen, welche den höchsten Ständen angehören, Aberglauben jeder denkbaren Art im Schwange ist, und von
ihnen gefördert wird. Das Amt eines Hofastrologen (türkisch Münedschim Baschi) besteht noch; der jetzige Inhaber desselben, Hadschir Tahir Effendi, war bis Mitte
März 1877 Präsident des Unterrichts-Conseils und ist jetzt
Senator; als Hofastrolog hat er die Pflicht für jede officielle Feierlichkeit die glückbringende Stunde und Minute
zu berechnen, und er veröffentlicht jedes Jahr einen Almanach, in welchem mit der grössten Genauigkeit angegeben wird, an welchem Tag es gut ist die Haare zu scheren, die Nägel zu verschneiden, Purgirmittel einzunehmen,
Freunde zu besuchen, Häuser, Gärten oder Sklaven zu
kaufen, nichts zu thun, eine Reise anzutreten, gut zur
Ader zu lassen u. s. w. — Der wohlbekannte Astronom
C. Peters (jetzt in Nordamerika) kam 1850 mit Empfehlungen von A. v. Humboldt und andern Gelehrten hier
an, konnte es aber zu nichts bringen, weil an demselben Tage, wo er durch den königl. preussischen Gesandten dem Grossvezir Reschid Pascha vorgestellt wurde,
im Arsenal das Linienschiff „Nustretić" in Folge einer
Pulverexplosion in die Luft flog. „Dieser fränkische
Astronom," sagte Reschid Pascha, „wusste entweder das
Ereigniss voraus, und in diesem Falle ist er ein abgefeimter Bösewicht; oder aber er wusste es nicht, und in
diesem Falle ist er ein unwissender Geselle; wir können
auf keinen Fall uns mit einem solchen Menschen befassen." Ein Mufti, d. h. ein Gesetzgelehrter, fragte mich
einst bei Gelegenheit einer Mondfinsterniss, ob dieses
Phänomen Krieg, Frieden, Epidemie, Aufruhr oder dergleichen bedeute. Der Dr. Mühlig, Arzt der deutschen
Botschaft, war zur Zeit des Sultans Abdul Aziz im kaiser-

lichen Palast als *persona ingratissima* bekannt, weil die Türken seinen Namen Müchlik lesen, was im Arabischen „Mörder", „Verderber" bedeutet. — Im Monat Safer (dem zweiten Monat des arabischen Mondjahres) eine Reise anzutreten oder auch nur die Stadtwohnung mit der Landwohnung oder umgekehrt zu vertauschen, gilt als von böser Vorbedeutung. In Krankheitsfällen rufen selbst die gebildetsten Türken irgend einen Chodscha oder Scheich, um die Krankheit durch besondere Gebete beschwören oder vertreiben zu lassen. Dass bei ihnen das kopernikanische Sonnensystem eine gottlose Ketzerei ist, versteht sich eigentlich von selbst. Se. Wohlerwürden Herr Pastor Knak hat in der Türkei noch recht viele Anhänger; „es müssten ja alle Menschen am Schwindel leiden, wenn sich die Erde drehte." Die muhammedanischen Weisen haben dagegen ermittelt, dass die Sonne des Nachts ihre Zeit mit Gebet und Andachtsübungen zubringt.

Am äussersten Ende der Stadt Konstantinopel, in der Nähe des Adrianopler Thores, ist eine grosse freie Wiese, Eigenthum des schon erwähnten Staatsraths Rauf Bey. Derselbe wollte diesen Platz nutzbar machen, indem er Häuser darauf zu bauen beabsichtigte, zu welchem Ende er sich an die Behörde wandte, um die dazu erforderliche Erlaubniss zu erlangen. Im Staatsrath wurde darüber lange debattirt, bis endlich der Präses Edhem Pascha (nicht der jetzige Grossvezir dieses Namens, sondern ein Schwager des gegenwärtigen Sultans), der bis dahin theilnahmslos irgend ein Zeitungsblatt las, aufhorchte und fragte, ob es sich um die Wiese handle, welche unter der Aufsicht des römischen Papstes steht, und als man ihm dies bejahte, erklärte er mit aller denkbaren Energie, dass er nie und nimmer einwilligen würde, und dass er eine so schwere Verantwortlichkeit nicht auf sich nehmen könne. Um dies zu verstehen, muss man wissen, dass ein Volksglaube existirt, nach welchem von dieser Wiese ein unterirdischer und submariner Weg nach Rom führe; dass der Papst in jeder Neujahrsnacht sich auf diesem Wege nach Konstantinopel begebe, um sich durch den Augenschein zu überzeugen, ob die Wiese noch unbebaut ist; sobald sie aber mit Häusern bebaut ist, muss der Papst, als Statthalter Christi auf Erden, für das laufende Jahr den jüngsten Tag verkünden, an welchem bekanntlich nach der Lehre des Islam Jesus Christus den Vorsitz führt.

Zum Schluss noch eine kleine Geschichte ähnlicher Art; ich entnehme sie einer Nummer des *Bassiret* vom Mai 1872.

Man hatte ermittelt, dass irgend ein kurdischer Scheich im Innern Asiens im Besitz eines Nalin*) sei, welcher dem Propheten Muhammed gehört hatte; derselbe erklärte sich auch bereit, diese kostbare Reliquie dem grossherrlichen Schatz abzutreten und sie in Person hierher zu bringen. Zu Lande wurde der heilige Pantoffel bis Samsun und von da mit einem Extradampfer nach Konstantinopel gebracht, wo derselbe am Montag ankam und in feierlicher Procession unter Anführung des Grossvezirs und sämmtlicher Minister nach der Reliquienkammer im alten Serai getragen wurde. Die türkischen Blätter der Provinz und der Hauptstadt berichten auch bereits einige Wunder, welche der heilige Pantoffel bewirkt habe. Als derselbe in Amasia über den Irisfluss

---

*) Nalin nennt man eine Art hölzerner Pantoffel oder Stelzen, deren sich Männer und Frauen bedienen, um trockenen Fusses nasse, schmutzige oder kothige Stellen zu passiren.

(türkisch Jeschil Irmak) geführt wurde, machten plötzlich die Wasser des Stromes Halt und boten eine spiegelglatte Oberfläche dar. Gegen 500 auf dem Berge Zerve weidende Schafe eilten plötzlich herab, umringten das Pferd, welches die Reliquie trug und begleiteten es eine Stunde lang; endlich wurden etwa zehn Schafe als Opfer geschlachtet, worauf die übrigen zufrieden gestellt waren und zurückkehrten.

Aus dem bisher Gesagten ergiebt sich schon von selbst, dass Anstalten zur Bildung und zum Unterricht der Nation so gut wie ganz fehlen.

Oeffentliche Bibliotheken gibt es in Konstantinopel allerdings eine grosse Anzahl; aber abgesehen davon, dass keine einzige von ihnen einen Fonds hat, um die Zahl der Bücher durch Ankauf zu vermehren, ist ihre Benutzung mit vielen Unbequemlichkeiten verknüpft. Die Bibliotheken sind, mit Ausnahme des Dienstags und Freitags, ungefähr von 1—4 Uhr täglich geöffnet, jedoch um die Zeit des Ramazán 3—4 Monate gänzlich geschlossen. Die Verabfolgung der Bücher aus der Bibliothek zum Studium im Hause ist aus sehr gewichtigen localen Gründen nicht zulässig; wer sich Auszüge machen will, muss sich also selbst zur Bibliothek begeben, auch sich seine Schreibmaterialien mitnehmen.

Statuen und Gemäldegalerien existiren nicht, da die Malerei und Bildhauerei, so weit sie sich mit belebten Gegenständen befasst, durch den Koran verboten ist.

Theater, Concerte, Ballet finden sich seit wenigen Jahren und zwar ausschliesslich in der Frankenvorstadt Pera. Der Sultan Abdul Medschid hatte sich neben seinem Palast von Dolmabagtsche ein ziemlich geschmackvolles Theater bauen lassen; das Gebäude existirt auch noch, aber Sultan Abdul Aziz liess bei seinem Regierungsantritt aus dem Innern alle Theatervorrichtungen entfernen, und das Gebäude zu irgend einem militairischen Etablissement herrichten. Seit einigen Jahren existirt auch ein türkisches Theater in der Türkenstadt Stambul, mit einem Repertorium von 40—50 Stücken, theils Originale, theils Uebersetzungen, z. B. einige Lustspiele von Molière, übersetzt von Ahmed Vefik Pascha, Schiller's Kabale und Liebe, übersetzt von Ahmed Midhat Effendi (jetzigem Redacteur der türkischen Staatszeitung) u. s. w. Da aber nach alttürkischen Begriffen die Schauspielkunst ein unmoralisches Gewerbe ist, und da Alttürken und Jungtürken darin einig sind, dass weibliche Personen nicht auf der Bühne erscheinen dürfen, so sind die Schauspieler Armenier, und die weiblichen Rollen werden meistens durch glattrasirte Mannspersonen dargestellt. Indess ist die armenische Aussprache des Türkischen sehr fehlerhaft, und so geht der Effect im Drama, in der Tragödie ganz verloren. Für die unteren Classen treibt noch immer der Karagöz sein unzüchtiges Wesen und dient durch seine Unflätereien zur Belustigung der Volkmassen, Kinder nicht ausgenommen.

Der Sultan Abdul Aziz hatte einen reich ausgestatteten Thierpark, der aber bloss zu seinem Privatvergnügen diente, und den er gegen das Publicum gerade so sorgfältig bewachen liess wie sein Harem. Sultan Murad V. hatte die Absicht, diese Thiersammlung zur Belehrung der Nation in dem Garten des alten Serai's unterbringen zu lassen, aber die wenigen Tage, welche er selbstständig regierte, gestatteten ihm nicht diesen Vorsatz auszuführen. Zeitungsnachrichten zufolge hat der jetzige Sultan Abdul Hamid II. im Sinne, diese Thiere den Menagerien in Europa zu verkaufen.

Ein botanischer Garten fehlt gänzlich. In der Medicinalschule von Galata Serai war ein Naturaliencabinet, welches aber in der Feuersbrunst vom 11. October 1848 verbrannte. Der vor drei Jahren verstorbene ungarische Arzt, Herr Dr. Hammerschmidt (Abdullah Bey) brachte mit Aufopferung der besten Kräfte seines Lebens ein reichhaltiges Cabinet von Mineralien, Pflanzen und Insecten zusammen, welches auf der Pariser Ausstellung 1867 und auf der Wiener Ausstellung 1873 die goldene Medaille erhielt; er schenkte alsdann die ganze Sammlung der Regierung, die ihn dafür zum „Conservator des naturhistorischen Museums" ernannte; aber für dieses naturhistorische Museum, welches eben bloss aus den Sammlungen des Dr. Hammerschmidt besteht, existirt noch nicht einmal ein Gebäude; die Kisten, in denen die Sammlung von Wien zurückkam, stehen noch unausgepackt in irgend einem Schuppen, und Dr. Hammerschmidt hat von dem ihm angewiesenen Gehalt als Conservator des Museums nie einen Pfennig erhalten.

Aber ein Antiken-Museum existirt! Die Anfänge desselben reichen in die Regierungszeit des Sultans Abdul Medschid hinauf; die durch Zufall nach Konstantinopel versprengten Antiken wurden in einem Nebenbau der Irenenkirche, der mehr einem Pferdestall als einem Museum gleicht, untergebracht, und da die Irenenkirche jetzt als Zeughaus dient, so musste man sich an den Chef des Artilleriewesens wenden, wenn man die dort wie Kraut und Rüben aufgehäuften Gegenstände in Augenschein nehmen wollte. Der Grossvezir Aali Pascha stellte 1869 einen gewissen Mr. Goold, einen von der englischen Botschaft empfohlnen katholischen Irländer, der in Konstantinopel in einem sehr verdächtigen Rufe steht, als Museums-Director an; Mahmud Nedim Pascha aber schickte ihn wieder fort und übertrug die Sorge für die Sammlung einem jungen Menschen, dem später, nach Mahmud Pascha's Sturze, der jetzige Director Dr. Dethier, folgte. Im December 1873 wurde beschlossen, dass der Tschinili Köschk, ein Gebäude, das schon an sich wegen seiner ausgezeichneten saracenischen Architektur ein interessanter Gegenstand ist, das Museum aufnehmen sollte; aber die entsetzlich abstruse Frage, wohin man die bis jetzt dort aufbewahrten wurmstichigen und zerrissenen Teppiche und ähnliche Scharteken bringen sollte, verzögerte die Ausführung dieses Beschlusses um mehr als drei Jahre. Dem Himmel sei Dank, zu Anfang des gegenwärtigen Jahres ist diese schwierige Frage erledigt worden, aber nunmehr tauchte eine andere nicht minder verwickelte Frage auf, wie nämlich die nöthigen Lastträger zu beschaffen, um die Gegenstände aus dem alten Pferdestall bis zum Tschinili Köschk, eine Strecke von ungefähr 200 Schritten zu transportiren. Diese Frage wird nun schon seit vier Monaten zwischen dem Unterrichts-Ministerium, der Stadt-Präfectur, dem Finanz-Ministerium und, ich glaube, auch mit dem Staatsrath verhandelt, hat aber bis jetzt noch nicht ihre Lösung gefunden. Inzwischen sind die Gegenstände selbst so untergebracht, dass niemand sie sehen kann; so z. B. hat der Director Marmorplatten mit Inschriften so legen lassen, dass die beschriebene Seite auf dem Boden liegt und nur die glatten unbeschriebenen Seiten sichtbar sind. Wenn auswärtige Gelehrte oder Akademien in dem Museum etwas studiren wollen, so bedarf es erst einer langen diplomatischen Verhandlung; kurz, das Museum hat viel mehr Aehnlichkeit mit einem Grabe oder mit einem türkischen Harem, als mit einer Anstalt zur Belehrung und Bildung des Publicums. Beiläufig erwähnte ich schon vorhin, dass das im Jahre 1874 promulgirte Gesetz über die Ein- und Ausfuhr von Antiken eine wahre legislatorische Monstruosität ist, die dem rechtskundigen Europäer eine unwillkürliche Zwerchfellbewegung verursacht.

Auch eine „Akademie der Wissenschaften" existirt, eine Schöpfung Reschid Pascha's aus jener Periode des Reformfiebers, wo die ungeschickteste Nachahmung alles dessen, was französisch ist, die Mode war; die Akademie — *Endschümén-i-Danisch* — zählte genau wie die französische Akademie 40 Mitglieder, nicht mehr und nicht weniger. Unglücklicherweise hatte der Stifter dieses prächtigen Instituts nicht die geringste Idee von dem Wesen einer Akademie, und so blieb seine Schöpfung, ohne auch je nur das geringste Lebenszeichen gegeben zu haben, ein todtgebornes Kind. Sie ist längst verschollen, aber amtlich aufgehoben ist sie nicht, muss also doch wohl noch irgendwo existiren.

Oeffentliche Promenaden existiren $3\frac{1}{2}$, eine am obern Ende von Pera, wo man gegen ein Eintrittsgeld von einem Piaster das Recht hat spazieren zu gehen; ein zweiter öffentlicher Garten ist in dem Dorfe Bebek am Bosporus, so viel ich weiss, ohne Eintrittsgeld zugänglich; in Stambul auf dem Hippodrom *(Atmeidan)* ein liliputischer Garten zum öffentlichen Gebrauche; endlich ein öffentlicher Garten zwischen Skutari und Tschamlidscha, der aber schon seit drei Jahren dem Publicum versperrt ist, weil die Municipalität von Skutari einen so hohen Pachtschilling für die Entrée und die Bewirthschaftung verlangt, dass niemand darauf zu bieten wagt. Letzterer Garten hat eine Geschichte, die für die unter den Türken herrschenden Ansichten und Grundsätze sehr charakteristisch ist. Der Garten war kaum fertig und noch nicht dem Publicum zur Benutzung geöffnet, als der verstorbene

Grossvezir Aali Pascha befahl, denselben wieder von Grund aus zu zerstören und die chemals dort vorhandene Wildniss wieder herzustellen. Der ägyptische Prinz Mustafa Fazyl Pascha (Bruder des Vicekönigs von Aegypten), welcher diesem Garten gegenüber eine Besitzung hatte, rettete diesmal noch den Garten vor dem vandalischen Attentat, indem er sich direct bei dem Sultan dafür verwandte. Der vornehme Türke hat gegen alle und jede öffentliche Erheiterung und Lustbarkeit anständiger Art eine unüberwindliche Feindschaft, die sich auch bei diesem Anlass offenbarte. Der Türke hat sein reichbesetztes Harem, seinen prachtvollen Palast, sein herrliches Sommerhaus am Bosporus, seine glänzende Equipage, und kann sich daher amüsiren, so viel er will, zumal da er das Bedürfniss der Lectüre, der Belehrung und der geistreichen Unterhaltung nicht kennt. Was aber die übrige Menschheit betrifft, Aerzte, Lehrer, Kaufleute, Handwerker, Arbeiter, Tagelöhner, Landleute u. s. w., so stehen diese insgesammt unendlich tief unter ihm; sie gehören alle ohne Ausnahme zur Canaille, die bloss deshalb auf der Welt ist, damit sie für den Effendi arbeitet; was braucht die Canaille sich zu amüsiren? *Je n'en vois pas la nécessité.*

1.

Ahmed Vefik Pascha, Präsident der Deputirtenkammer.

Ahmed Vefik Pascha ist unstreitig einer der kenntnissreichsten und gebildetsten Türken, die aus dem Uebersetzungsbureau des auswärtigen Ministeriums hervorgingen. Wie schon früher erwähnt, gehört er nicht der türkischen Race an, in seinen Adern ist semitisches und griechisches Blut gemischt, wie denn auch seine Gesichtszüge einen auffallenden semitischen Typus zeigen.

Schon als einfaches Mitglied des Uebersetzungsbureaus zog er die Aufmerksamkeit seiner Vorgesetzten, so wie der im auswärtigen Ministerium verkehrenden Diplomaten durch seine vielseitigen Kenntnisse und durch seine geistige Gewandtheit auf sich. Ganz besonders beschäftigte er sich mit allem, was auf die Geschichte des osmanischen Reiches Bezug hatte, und während damals, zur Zeit des Grossvezirs Reschid Pascha, eine Art Reformfieber herrschte, welches mit allen Traditionen der Vergangenheit zu brechen vorgab, vertiefte er sich desto eifriger in die ruhmvolle Vergangenheit des osmanischen Reiches.

In dem Jahre der Ungnade 1848 brach in der Moldau und Wallachei eine aufrührerische Bewegung aus, welche indessen weniger gegen die hohe Pforte, als gegen Russland und das von Russland ausgeübte Protectorat gerichtet war. Der Kaiser Nikolaus, der sich als Hort der europäischen Legitimität gerirte, konnte natürlich ein solches Gebahren nicht gut heissen, und verabredete mit der Pforte eine gemeinschaftliche Besetzung der Fürstenthümer durch die beiderseitigen Truppen; General Lüders rückte mit den Russen ein, Omer Pascha mit den Türken. Um nun für die künftigen Verhältnisse der Fürstenthümer eine neue Basis zu gewinnen, sollten in Bukarest Verhandlungen zwischen den beiden Regierungen stattfinden, zu welchen von türkischer Seite Ahmed Vefik Effendi delegirt wurde. Seine Aufgabe war nicht leicht; einerseits sollte und musste Russland geschont werden, andererseits hatte doch die Pforte ein grosses Interesse, dass die Verbindung der Fürstenthümer mit Russland nicht allzu intim würde. Die Geschicklichkeit Ahmed Vefik Effendi's war der Schlauheit des russischen Diplomaten gewachsen, und die Convention von Balta

Liman war das Resultat dieser Conferenzen. Da aber seitdem Ereignisse eingetreten sind, welche die Stellung der Fürstenthümer total verändert haben, so bieten die Stipulationen von Balta Liman für uns weiter kein Interesse dar.

Ahmed Vefik Effendi bekleidete seitdem noch verschiedene Aemter, theils im Staatsrath, theils im Ministerium der auswärtigen Angelegenheiten, ohne es jedoch zu einer sehr hervorragenden Stellung bringen zu können. Für die Stambuler Effendi's von echter Vollblutrace war er immer nur ein *homo novus*, und seine unbestechliche Rechtlichkeit und seine umfassenden Kenntnisse verursachten ihnen ein gewisses unheimliches Grausen. Dazu kam, dass er sie nicht nur bei jeder Gelegenheit seine intellectuelle Ueberlegenheit fühlen liess, sondern auch den Europäern gegenüber einen immer schrofferen Ton anschlug, wodurch er sich namentlich mit Aali Pascha verfeindete, der als wohlgeschulter Diplomat aus der alten Schule jedes brüske Auftreten verabscheute.

Im Jahre 1860 wurde Ahmed Vefik Effendi Gesandter in Paris. Die Ereignisse von Damaskus veranlassten eine Conferenz der Grossmächte in Paris, deren Beschluss dahin lautete, dass französische Truppen im Namen und Auftrage der Conferenzmächte Beirut und Damaskus besetzen sollten, so lange, bis die öffentliche Ruhe und Sicherheit wieder hergestellt war. Dem festen und energischen Auftreten Ahmed Vefik Effendi's verdankte die Türkei, dass die französischen Truppen unmittelbar nach der Beendigung der ausserordentlichen Mission Fuad Pascha's das syrische Gebiet räumten. Napoleon III. war aber durch dieses brüske Auftreten des türkischen Gesandten so aufgebracht, dass er bei der Pforte auf Abberufung des heissblütigen Botschafters drang und auch seinen Willen durchsetzte.

Als Sultan Abdul Aziz den Thron bestieg und noch von den besten Gesinnungen beseelt war, ordnete er eine Rundreise von hohen Beamten durch die Provinzen des Reiches an, um die Zustände derselben zu erforschen. Der Grossvezir selbst, Kybryslü Mehemed Pascha bereiste die Provinzen Adrianopel und Bulgarien; Dschevdet Pascha wurde nach Bosnien geschickt; Riza Bey, Mitglied des Staatsraths, nach dem östlichen Kleinasien, Ahmed Vefik Effendi nach dem westlichen Kleinasien. Hier hatte er Gelegenheit, eine wahre Unmasse von Missbräuchen zu constatiren, und er brachte ein reichgefülltes Dossier zurück; seine Mission steht noch jetzt in diesen Provinzen im besten Andenken. Leider trug diese Rundreise keine Früchte, weil alle diese Missbräuche zu sehr mit den Principien der Stambuler Beamten-Aristokratie zusammenhängen. Nicht besser erging es Ahmed Vefik Effendi im Ministerium der frommen Stiftungen, einem wahren Augiasstall der kolossalsten Missbräuche. Ahmed Vefik Effendi, der mit diesem Ministerium betraut wurde, übernahm es den Augiasstall auszukehren; aber da hatte er in ein böses Wespennest gestochen; die von ihm gemassregelten Beamten, richtige Stambuler Effendi's von ächter Vollblutrace, traten ihm, dem Roturier, entgegen, fragten ihn, wer er wäre, und beschwerten sich bei dem Grossvezir Aali Pascha über solche unerhörte Neuerungen. Aali Pascha hatte die Schwäche, diese Leute in Schutz zu nehmen, und Ahmed Vefik Effendi sah sich genöthigt, sein Entlassungsgesuch einzureichen. Seitdem fasste er den festen Vorsatz kein öffentliches Amt anzunehmen, so lange Aali Pascha am Ruder war, und er hat seinen Vorsatz ausgeführt, indem er sich ins Privatleben zurückzog. Auf seinem Landhause in Rumili Hissari am Bosporus in seiner Bibliothek vergraben, beschäftigte er sich mit literarischen Arbeiten, während ein kleines ererbtes Besitzthum ihn vor Mangel schützte. In dieser Zeit veröffentlichte er die Werke mehrerer türkischer Autoren, meistens historischer Art; übersetzte einige Lustspiele von Molière und liess auch einige Landkarten mit türkischer Schrift zum Gebrauche der Schulen lithographiren.

Unmittelbar nach Aali Pascha's Tode wurde er von dem Grossvezir Mahmud Nedim Pascha anfangs zum Mauthdirector und bald darauf zu seinem Musteschar ernannt, in welcher letzteren Eigenschaft er die Functionen eines Ministers des Innern ausübte. Später bekleidete er noch (bis zum Ende des Jahres 1872) das Amt eines Unterrichts-Ministers. Aber sein schroffes Wesen, welches er nicht nur der Unredlichkeit und der Unwissenheit, sondern auch recht oft den besseren Elementen gegenüber geltend machte, verursachte ihm vielfache Feindschaft; er zog sich wieder in das Privatleben zurück.

Ein hervorragender Zug seines Charakters ist seine entschiedene Abneigung gegen Europäer und gegen alles was europäisch ist. Wenn sein Chauvinismus auch in sehr vielen Beziehungen gerechtfertigt ist, namentlich da, wo allerlei unsaubere Elemente aus der Fremde hierher strömen, um gleich Hyänen und Geiern das Land auszurauben, so verleitet er ihn doch auch zu vielen Ungerechtigkeiten. So z. B., behauptet er, in ganz Europa gebe es keinen einzigen Orientalisten. Er ist Autodidakt und in jeder Hinsicht ein selbstgemachter Mann; als solcher besitzt er alle guten, aber auch alle nachtheiligen Eigenschaften der Autodidakten. Es ist ihm durchaus nicht zu verübeln, dass er sich seines Werthes bewusst ist und in diesem Bewusstsein einen berechtigten Stolz hat: an Männern wie Ahmed Vefik Pascha ist die Türkei nicht sehr reich; aber die Leistungen der europäischen Wissenschaft sind ihm zum Theil unbekannt, zum Theil unverständlich. Er hat Recht, wenn er sich über die vielfachen Mängel und Irrthümer der türkischen Wörterbücher von Meninsky, Handjery, Bianchi, Zencker formalisirt; aber das Wörterbuch der türkischen Sprache, welches er selbst veröffentlicht hat, entspricht auch noch lange nicht den Forderungen, die man an ein gutes Lexikon zu stellen berechtigt ist. Nebenbei gesagt, ist er meines Wissens der einzige Türke, der sich durch gründliches Studium überzeugt hat, dass die Arbeiten eines Grotefend, Burnouf, Lassen, Westergaard, Rawlinson, Oppert, Hincks u. s. w. über die Keilinschriften, so wie die eines Champollion, Young, Maspero, Lauth, Ebers u. s. w. über die Hieroglyphen keine „*fable convenue*" der europäischen Gelehrten sind, sondern auf einer richtigen wissenschaftlichen Basis beruhen. Ich selbst war einst zugegen, als er sich mit Subhi Pascha über diese angeblichen „*fables convenues*" unterhielt und mit vollkommen logischer Schärfe auseinandersetzte, dass Grotefend's und Rawlinson's Entzifferungen, so weit sie die methodische Form betreffen, durchaus unanfechtbar sind, und dass man höchstens über einzelne Resultate anderer Meinung sein könnte.

Zur Vertretung der Türkei auf dem Orientalisten-Congresse in St. Petersburg 1876 war Ahmed Vefik Effendi delegirt, und präsidirte auf demselben der türkisch-tatarischen Section. Aus den täglichen Bülletins dieses Congresses geht jedoch nicht hervor, dass er irgend einen wissenschaftlichen Vortrag gehalten hat.

Jetzt ist er Präsident der am 18. März d. J. eröffneten Deputirtenkammer, und wenige Tage darauf erhielt er den Rang eines Vezirs, so dass er von der Zeit an den Paschatitel führt. Als die Abgeordneten ihm dazu gratulirten, sagte er: „Schon vier oder fünfmal wurde mir der Paschatitel angeboten, aber ich habe ihn immer abgelehnt; diesmal jedoch habe ich ihn angenommen, weil ich in der Verleihung desselben ein Zeichen der Hochachtung erblicke, welche Se. Majestät der Sultan dem constitutionellen Prinzip erweist." Uebrigens benimmt er sich in der Kammer mehr als Regierungs-Commissair, denn als Kammer-Präsident, aber er stösst hier auf einen unerwarteten Widerstand, denn es haben sich namentlich aus den Provinzen recht viele Abgeordnete eingefunden, welche Beweise von unabhängiger Gesinnung an den Tag legen und ihm das Leben mitunter recht sauer machen. Es finden zuweilen stürmische Auftritte statt, von denen freilich die amtlichen Berichte der Staatszeitung nichts melden und die man in einer Art „Landrathskammer" nicht erwartet hätte. Aber Ahmed Vefik Pascha's Carrière ist noch lange nicht abgeschlossen, und die öffentliche Meinung dürfte sich nicht sehr irren, wenn sie in ihm den Grossvezir der Zukunft oder wenigstens den zukünftigen Grossvezir erblickt.

2.

Münif Effendi.

Eine weit bescheidenere Existenz!. Auch er gehört eben so wenig wie Ahmed Vefik Pascha der geschlossenen Phalanx der Stambuler Effendi's an; er stammt aus Aintab in Syrien am Euphrat, wo er eine sorgfältige Erziehung genossen zu haben scheint. In Konstantinopel trat er in das Uebersetzungs-Bureau ein und war während der letzten Jahre des Sultans Abdul Medschid der türkischen Gesandtschaft in Berlin als Secretair und Dragoman beigegeben. Seinen Aufenthalt in Berlin benutzte er, um sich die deutsche Sprache in einem solchen Grade anzueignen, dass er Gedichte von H. Heine ins Persische übersetzte. Er lernte auch englisch und später neugriechisch.

Um 1859 kam er von Berlin zurück und trat wieder in das Uebersetzungs-Bureau ein; 1862 ward er Präsident der zweiten Kammer des Handelsgerichts. Auf diesem Posten hatte er das Unglück, durch die Verurtheilung irgend eines Favoriten das höchste Missfallen des Scheich ül Islam zu erregen; aber damals hatte man es noch nicht gelernt, sich über alle Gesetze hinwegzusetzen; höchstens verstand man es irgend einen Paragraphen so zu deuten, dass man ihn zur Entfernung eines missliebigen Beamten benutzen konnte. Ein Artikel des Handelsgesetzbuches verfügt, dass der Handelsrichter unabsetzbar ist, ausgenommen, wenn derselbe durch regelmässiges Urtheil eines Verbrechens überwiesen ist, oder wenn er freiwillig seine Abdankung einreicht oder wenn er zu einem höheren Amte befördert wird. Münif Effendi aber hatte keine Verbrechen begangen und die missliebige Sentenz war dem Gesetze völlig conform; seine Abdankung reichte er nicht ein, und so griff man zu dem dritten Ausweg, man suchte für ihn ein Amt, dessen Gehalt mehr betrug als der seines bisherigen Postens, dessen Inhaber jedoch die Unabsetzbarkeit durch kein Gesetz zugesichert war. Er ward erster Uebersetzer der hohen Pforte und nach wenigen Monaten wurde er von diesem Posten entfernt.

Da er nicht im Besitz eines unabhängigen Vermögens war, so benutzte er die unfreiwillige Musse zu verschiedenen litterarischen Arbeiten; er leitete die Redaction einer wissenschaftlichen Monatsschrift in türkischer

Sprache; er übersetzte einen Theil von Voltaire's *Entretiens et Dialogues philosophiques*. Unter den Türken gilt Voltaire noch jetzt nicht nur als ein Verächter jeder positiven Religion, sondern auch als ein grausenhafter Atheist; kein Türke liest ihn, wer möchte wohl irgend etwas von einem Autor lesen, der den Mahomet geschrieben hat und der in der *Histoire de Charles XII* und in der *Histoire de Pierre le Grand* den Türken so unangenehme Dinge sagt? Und Münif Effendi wagte es einige Schriften dieses Bösewichts zu übersetzen und zu veröffentlichen! In der soeben erwähnten wissenschaftlichen Monatsschrift hatte er sich noch einer andern Ketzerei schuldig gemacht; er schrieb einen Artikel, worin er die Regulirung und Erweiterung der krummen und engen Gassen Konstantinopels empfahl, ein Artikel, der ihm das Prädicat eines Deli, „eines Verrückten", eintrug, nachdem er schon lange als Dinsiz „Atheist" verschrieen war. Aber das Beispiel, welches kurz darauf Subhi Pascha (damals Subhi Bey) gab, indem er bei Gelegenheit eines grossen Brandes die Strassen der Brandstätte nach einem zweckmässigen Plane erweitern liess, und die Vortheile, welche die Eigenthümer aus dieser zweckmässigen praktischen Reform zogen, brachten einen Umschwung in der öffentlichen Meinung hervor; Münif Effendi wurde zum Präsidenten der Municipalität von Pera und Galata ausersehen. Nun aber widersetzten sich die Stambuler Effendis, denn der fragliche Posten gehört zu den fettesten Sinecuren, und Münif Effendi gehörte nicht zu ihrer Kaste. Er wurde also beseitigt unter dem Vorwande, dass ein Atheist ein solches Ehrenamt nicht bekleiden dürfe.

Münif Effendi erhielt bald darauf den Posten eines Musteschar im Polizei-Ministerium, wo er Gelegenheit hatte allerlei Missbräuche zu beseitigen, natürlich zum

Entsetzen der Stambuler Effendi's, die auch diesmal wieder mit richtigem Tacte die pietistische Saite anschlugen. Man hatte ermittelt, dass er die Correctur einer türkischen Uebersetzung des alten Testaments, die von den Missionairen zum Gebrauch der Armenier bestimmt war, übernommen hatte, und ob wahr oder unwahr, die Sache wurde gehörigen Orts, ja selbst im kaiserlichen Palast mit obligater Augenverdrehung berichtet; aber Mahmud Nedim Pascha stand noch nicht an der Spitze des Cabinets, und Münif Effendi blieb, der pietistischen Clique zum Trotze, auf seinem Posten.

Ueber seine Verhältnisse während des Hexensabbaths, der nach Aali Pascha's Tode eintrat, habe ich nichts in Erfahrung bringen können, da es platterdings unmöglich war, in dem Wirbel dieses Veitstanzes die Stellung eines jeden Einzelnen zu verfolgen. Im Jahre 1873 wurde Münif Effendi zum türkischen Gesandten am persischen Hofe ernannt, welchen Posten er bis zum Februar d. J. bekleidete, wo er zum Unterrichts-Minister ernannt wurde. Durch seine mannichfachen Kenntnisse, durch seine freien Ansichten und durch seinen unabhängigen Charakter eignet er sich in einem ganz vorzüglichen Grade zu diesem wichtigen Amte, und es wäre nur zu wünschen, dass die Intriguen der alttürkischen und jungtürkischen Fanatiker ihm nicht das Leben sauer machen und ihn aus einer Stellung verdrängen, in welcher er dem Lande von grossem Nutzen werden kann.

3.
Sawas Pascha.

Ein Grieche, seines Zeichens ein Arzt, der es durch allerlei Intriguen, namentlich durch Abnutzung der Beinkleider in der Kniegegend dahinbrachte, dass er um 1863 oder 1864 zum Polizeiarzt ernannt wurde. Im Sommer 1865 brach in Konstantinopel eine Cholera-Epidemie aus, welche in wenigen Tagen einen so mörderischen Charakter annahm, dass ein allgemeines *sauve qui peut* eintrat. Fast die ganze Regierungsmaschine stand still, weil die grosse Mehrzahl der Stambuler Effendi's nichts Eiligeres zu thun hatte, als ihre kostbare Haut in Sicherheit zu bringen. Zu den wenigen höhergestellten Beamten, welche pflichtgemäss auf ihrem Posten ausharrten, gehörte neben dem Grossvezir Fuad Pascha und dem Minister des Auswärtigen, Aali Pascha, auch der alte Mehemed Pascha, Polizeiminister, der einige Jahre später als beinahe hundertjähriger Greis starb. Fuad Pascha, im vollen Verständniss der Sachlage, ernannte eine Commission von Aerzten, welche mit fast dictatorischer Gewalt bekleidet und mit den erforderlichen Geldmitteln ausgerüstet, unter dem Präsidium des Polizeiministers für die Dauer der Epidemie in Permanenz blieb. Die Commission theilte die Stadt und das Weichbild in Districte ein, und ernannte für jeden District zwei freiwillige Aerzte, welche die Kranken ihres Bezirks zu behandeln und täglich ihre Rapporte einzusenden hatten. Ausserdem wurde Alles, was sich auf die Epidemie bezog, der Commission mitgetheilt, die in jener Zeit beinahe die einzige Behörde war, welche in Konstantinopel functionirte. Als Polizeiarzt war Sawas Pascha (oder vielmehr damals noch Dr. Sawas Effendi) Vicepräses der Commission.

Im September erlosch die Epidemie, welche in etwas mehr als zwei Monaten vielleicht 30,000 Menschen hinweggerafft hatte. In Erwägung der Verdienste, welche die Commission und die von ihr angestellten Aerzte, Pharmaceuten, Zöglinge der Medizinalschule, Krankenwärter u. s. w. sich um das öffentliche Wohl erworben hatten, wurde sie von Fuad Pascha aufgefordert, eine Liste derjenigen Personen aufzusetzen, welche nach Massgabe ihres Pflichteifers entweder mit Ordensdecorationen oder Verdienstmedaillen zu belohnen wären. Die Liste wurde aufgesetzt und Sawas Effendi zur Weiterbeförderung übergeben; was aber weiter aus dieser Liste geworden ist, hat man bis heute noch nicht ermitteln können; man weiss nur, dass eine Liste überreicht wurde, auf welcher ganz andere Namen standen; statt der Aerzte, Pharmaceuten, Krankenwärter, Studenten der Medizin, Leute, die während der Epidemie ihr Leben in die Schanze schlugen und auch zum Theil Opfer der Epidemie wurden, erhielten allerlei verdächtige Individuen Ordensdecorationen und Medaillen, z. B. Leute, die während der Dauer der Seuche nirgends gesehen worden sind, oder Burschen, die den Mitgliedern der Commission den Kaffee reichten oder eine Kohle zum Anzünden ihrer Cigarrette brachten. Dr. Sawas Effendi aber ward Arzt der persischen Gesandtschaft und war in dieser Eigenschaft Mitglied der internationalen ärztlichen Commission, welche im folgenden Jahre in Konstantinopel tagte.

Auf Empfehlung der Mad. Aristarchi bei Sir H. Bulwer erhielt Dr. Sawas Effendi 1867 den Posten eines Gouverneurs des Districtes Sfakia auf der Insel Kreta und hiess seitdem kraft eines Diploms des Sultans, Sawas Pascha. Kaum hier angekommen, entwickelte er ein ungewöhnliches Talent, um sich bei seinen Vorgesetzten beliebt zu machen und zugleich seine eigenen Interessen wahrzunehmen; Erpressungen aller Art waren an der Tagesordnung, und es hätte nicht viel gefehlt, dass ein neuer Aufstand der Sfakia ausgebrochen wäre.

Am 7. Juni 1874 ward Sawas Pascha Director des kaiserlichen Lyceums, welchen Posten er zwei und ein halbes Jahr bekleidete. In diese Zeit fällt auch die Stiftung der sogenannten „Universität von Konstantinopel", welche aber einstweilen nur eine einzige Facultät enthält, nämlich eine juristische mit zwei oder drei Professoren, jedoch den ganzen Beamtenapparat einer *Universitas litterarum*. Ein gewisser d'Holly, welcher vor 15 Jahren wegen eines Conflicts mit der Justiz aus Belgien ausgewandert war, ward Professor der römischen Institutionen; ein gewisser Janko Bithynos, von dem man früher nie etwas gehört hatte, ward „Kanzler der Universität"; ein Neffe Sawas Pascha's, ehemals Bedienter eines Handelsgeschäfts in Galata, ward Studiendirector, Oberinspector, Secretair des Directors und zuletzt Secretair der „Universität". Als Alumnen der Universiät wurden alle Böotier des Lyceums ausgewählt und über die verschiedenen Curse vertheilt. Es existirt nämlich auch eine Ingenieurclasse, als Repräsentant der philosophischen Facultät, obgleich auf den Kriegs- und Ingenieurschulen der Hauptstadt dieses Fach ganz ausgezeichnet besetzt ist. Die Professoren dieser „philosophischen Facultät" führen bittere Klagen über ihre Zuhörer, z. B., dass sie nicht einmal im Stande sind zwei Brüche zu addiren; dass einer Rom nach Aegypten verlegt, und dass von alter Geschichte niemand etwas weiss.

Der erste Director des Lyceums, der schon von mir erwähnte Herr Salve, sah sich aus wichtigen pädagogischen und moralischen Gründen genöthigt, den gleichfalls schon erwähnten Irländer Goold von seinem Lehramte zu entfernen. Sawas Pascha stellte ihn aber wieder an mit einem Gehalt von 12,000 Franken für 8 Stunden wöchentlich. Was man sich sonst über Sawas Pascha's Treiben auf dem Lyceum erzählt, hat zu sehr den Charakter der Fraubaserei, als dass ich mich hier darauf einlassen könnte. Thatsächlich ist nur, dass er im Anfang dieses Jahres zwischen Mehemed Rüschdi Pascha und Midhat Pascha intriguirte und ersterem versprach, den Sturz des letzteren herbeizuführen, während er letzterem, der damals Grossvezir war, den Hof machte, um dessen Geheimnisse auszuhorchen. Jetzt ist Sawas Pascha Statthalter des Archipelagus und der Insel Cypern, und hat, wie kürzlich die Zeitungen berichteten, eine Seeräuberbande eingefangen.

Als am 18. Januar d. J. die Conferenzvorschläge der Grossmächte in einer Generalversammlung an der hohen Pforte discutirt wurden, hielt Sawas Pascha einen Vortrag, in welchem er den Hauptaccent auf die Ehre des Landes legte, als Grund, die Conferenzvorschläge zurückzuweisen.

IV.
Ismail Pascha. — Damad Mahmud Dschelaleddin Pascha.

> Ad ea tempora, quibus nec vitia nostra, nec remedia pati possumus, perventum est.
> T. Livius. in prooemio.

Vor etwa 40 Jahren erschien von Dr. Urquhart unter dem Titel „*The Spirit of the East*" ein Werk, welches auch ins Deutsche und Französische übersetzt wurde. Es erregte ungemein viel Aufsehen, weil es mit den bisher über das Türkenthum allgemein herrschenden Ansichten in ganz entschiedenem Widerspruch war, und von den Türken sowohl in der Hauptstadt als in den Provinzen ein Bild entwarf, welches sie ungefähr als wahre Muster moralischer Sittenreinheit, Ehrbarkeit und Redlichkeit schilderte; der grösste Theil der den Türken zur Last gelegten Fehler wurde geradezu abgeläugnet und als arge Verläumdung behandelt; andere, deren Existenz nicht abzuläugnen war, wurden als fremdartiges, meistens von Griechen oder Europäern eingeimpftes Gift dargestellt, oder auch, wenn dies nicht möglich war, durch allerlei sophistische Raisonnements in eben so viele Tugenden umgewandelt. Um es nur gleich von vornherein abzumachen, bemerke ich, dass Urquhart in sehr vielen

Punkten Recht hat, und dass die Unwissenheit der meisten Reisenden, welche ohne alle Kenntniss der Landessprache sich ein Urtheil über Land und Leute erlauben, so wie Fanatismus und religiöse Vorurtheile anderer Beobachter im Laufe der Zeiten eine Masse Unwahrheiten über dieses Land in Umlauf gesetzt haben.

Im Ganzen und Grossen aber ist Urquhart's Buch, trotz aller Ansprüche auf Unfehlbarkeit, noch lange keine wahrheitsgetreue Darstellung. Urquhart war und ist zu sehr Parteimann, der noch dazu das Unglück hat, unter gewissen Hallucinationen und Monomanien zu leiden, z. B., dass Lord Palmerston im russischen Solde stand und ein Werkzeug der russischen Politik war. Urquhart ist noch jetzt in Thätigkeit und giebt seinen hiesigen Bekannten und Freunden theils auf brieflichem Wege, theils durch seine Akolythen, wie Mr. Butler Johnston, M. P., Ali Soavi Effendi, Director des hiesigen Lyceums, Capitain Saintclair, einen seit 14 Jahren im Balkan ansässigen schottischen Polen oder polnischen Schotten, Rathschläge, wie sie General Ignatieff nicht besser hätte ertheilen können, und welche besser unterblieben wären, weil sie geradezu zum Verderben des Reiches ausschlagen würden. Das ist indessen nicht meine Sache; ich habe hier nur mit seinem „*Spirit of the East*" zu thun, der nichts mehr und nichts weniger als eine Parteischrift ist.

Wahr ist es, und ich habe es selbst schon in den früheren Abschnitten gesagt, dass der Türke, welcher im Schweisse seines Angesichts sein Brot durch ehrliche Arbeit erwirbt, möge er in der Hauptstadt oder in der Provinz wohnen, ein ganz anderes Wesen ist, als der in der Fäulniss der Beamtenluft aufgewachsene Effendi. Die reizenden Schilderungen, welche Urquhart von dem häuslichen Leben der Türken entwirft, sind ohne Ausnahme jenen

Classen entnommen, was aber der Verfasser zu bemerken vergessen hat. Unglücklicherweise aber haben diese Leute gar keinen Einfluss auf die Staatsangelegenheiten; von den Beamten werden sie gerade so viel bedrückt, bestohlen und ausgesogen, wie die nichtmuhammedanischen Unterthanen, in manchen Stücken vielleicht noch ärger gemisshandelt. Wer aber, auf Urquhart's Schilderungen hin, sich versucht fühlen möchte, mit diesen Leuten auf längere Zeit eine genauere Verbindung anzuknüpfen, würde sehr bald bitter enttäuscht werden; gewisse, mit dem Islam innig verknüpfte Institutionen üben auch in diesen Kreisen ihren verderblichen Einfluss aus, so wie die fast absolute geistige und physische Bedürfnisslosigkeit dieser Leute rings um sie herum eine Oede erzeugt, welche dem Europäer unerträglich ist. Gegen geordnete Zustände herrscht auch in diesen Kreisen eine so entschiedene Abneigung, dass sie sich eher zur Auswanderung entschliessen, als sich einem geordneten Staatswesen für immer unterwerfen. Noch kürzlich meldete eine Correspondenz aus Kreta in einem amtlichen Organ der hiesigen Regierung, dass seit der Verleihung des organischen Statuts für Kreta die muhammedanische Bevölkerung der Insel von Jahr zu Jahr abnehme, d. h., die Leute wandern von dort nach denjenigen Provinzen aus, wo die öffentlichen Angelegenheiten von der Willkür der Statthalter abhängen.

Ich habe in dem vorhergehenden Abschnitt das türkische Erziehungs- und Unterrichtssystem geschildert; ich gedenke nunmehr zu zeigen, welchen Einfluss dieses System auf den Charakter der Bevölkerung ausübt, namentlich auf denjenigen Theil der Bevölkerung, welcher vermöge seiner Geburt den Anspruch auf das Aemtermonopol erhebt.

Um diesen Einfluss zu ermitteln genügt es nicht, **dass**

man sich einige Wochen im Lande umschaut, meistens nach vorgefassten europäischen Ansichten, in der Regel auch durch Vermittlung eines unwissenden Lohnbedienten (hier zu Lande „Dragoman" genannt) einige oberflächliche Erkundigungen einzieht; selbst ein jahrelanger Aufenthalt im Lande genügt nicht immer; man muss als Arzt, als Lehrer, als Rechtsanwalt oder in einer ähnlichen Eigenschaft Gelegenheit haben diese Leute nicht nur in Uniform zu sehen, sondern in das Innere ihrer Wohnungen zu dringen und sie im Negligé zu beobachten, was wieder selbstverständlich eine hinreichende Kenntniss ihrer Sprache erfordert; man muss Gelegenheit haben, den Verhandlungen über ihre Angelegenheiten und Verhältnisse vor den Gerichten, auf der Polizei, in den Präfecturen, in Kaffeehäusern, in Passagierdampfern, im Omnibus u. s. w. beizuwohnen; wer wird solche Dinge von einem flüchtigen Touristen verlangen?

Der Koran gestattet die **Polygamie**, d. h., er befiehlt sie nicht, er erlaubt sie nur, und zwar unter mancherlei Bedingungen; rechtmässig angetraute Frauen sind nur vier gestattet, denen der Ehemann einen standesmässigen Unterhalt sichern muss; die Zahl der Beischläferinnen ist unbeschränkt, aber auch diesen muss er einen anständigen Unterhalt gewährleisten; eine Sklavin, welche von ihrem Herrn schwanger wird, erlangt die Freiheit; die Nichterfüllung der ehelichen Pflichten, so wie der obigen Bedingungen, berechtigt die Frau zur Ehescheidungsklage. Ueberhaupt ist eine Ehescheidung leicht ausführbar; bei Kebsweibern ist sie so wie so unnöthig, wie sich von selbst versteht. Aber so wie überhaupt der Islam die Gütergemeinschaft der Eheleute nicht kennt, so ist speciell der Ehemann verpflichtet, bei der Auflösung der Ehe die Mitgift der Frau integral wieder auszuzahlen.

Die Schliessung der Ehe ist an kein bestimmtes Alter geknüpft; sehr oft werden schon Kinder in der Wiege mit einander versprochen; die Trauung findet häufig in einem Alter statt, wo das Kind des Europäers noch auf den Schulbänken sitzt, und von diesem Zeitpunkt an bis zur wirklichen Vollziehung der Ehe kennt man keine andere Schranke, als diejenige, welche etwa die Natur selbst durch Krankheit oder Abwesenheit des einen Theils herbeiführt. Aber in der Regel wird der Knabe durch seinen Lala (Neger) oder selbst durch seine Eltern noch vor der Schliessung einer wirklichen Ehe mit einer Sklavin versorgt, an welcher er seine Kräfte versuchen kann, während die Prostitution selbst denjenigen, welchen die äussere Lage den Unterhalt einer Ehefrau oder auch nur einer Beischläferin versagt hat, die Mittel darbietet, die Manneskraft schon in einem Alter zu erschöpfen, wo unsere jungen Leute erst anfangen, sich des Geschlechtsunterschiedes bewusst zu werden.

Von den Türkenfreunden, namentlich von denjenigen Europäern, welche auf türkische Reptilienfonds speculiren, wird hervorgehoben, dass die Polygamie factisch auch in Europa bestehe, im Islam aber durch das religiöse Gesetz reglementirt sei. Das letztere hat seine Richtigkeit, das erstere aber bekanntlich nicht. Die europäischen Gesetze kennen nur die Monogamie als legale Institution, die Polygamie nur als einen illegalen Zustand; die Beischläferin darf nicht das eheliche Domicil betreten; das uneheliche Kind hat keinerlei Erbrecht oder kann es höchstens dadurch erlangen, dass die Eltern später eine gesetzliche Ehe schliessen, oder dass der Vater das Kind adoptire. Diejenigen Schriftsteller, welche in Europa die sociale Frage behandeln, haben oft genug die Härten der europäischen Gesetze in dieser Beziehung zum Gegenstand ihrer Declamationen gemacht, und auf den ersten Anblick muss man ihnen unwillkürlich Recht geben; wer aber Gelegenheit hat, im Orient die unheilvollen Consequenzen der Polygamie in ihrem ganzen Umfange kennen zu lernen, empfindet sicherlich einen geheimen Schauder, wenn er erfährt, dass man eine Aenderung dieser Gesetze beantragt oder beabsichtigt. Allerdings ist das uneheliche Kind ein menschliches Wesen und hat als solches begründete Ansprüche auf den vollen Umfang der Menschenrechte, und diejenigen Gesetze, welche bis dahin in einzelnen Ländern davon Ausnahmen machten, sind auch wohl jetzt so ziemlich beseitigt. Aber den Bastard als Familienglied zu behandeln, würde Folgen nach sich ziehen, von denen man in Europa schwerlich eine Ahnung hat.

Es bedarf wohl keines Beweises, dass in wirthschaftlicher Beziehung die Polygamie ein schwerer Uebelstand ist. Der Unterhalt eines Harems — so nennt man nicht nur denjenigen Theil des Domicils, der dem weiblichen Theil der Insassen ausschliesslich reservirt ist, sondern auch die Gesammtheit dieser weiblichen Insassen selbst, Ehefrauen, Kebsweiber, Sklavinnen, Töchter, ohne Unterschied — ist selbstverständlich viel kostspieliger als eine europäische Haushaltung; er erfordert besondere Wohnungsräume, also grössere Häuser, besondere Dienerschaft, und als weitere Folge besondere Heizung, besondere Erleuchtung, meist auch besondere Küche, so wie für wohlhabendere Leute besondere Gärten, besondere Equipagen u. s. w. Nimmt man dazu noch die allgemeine Unkenntniss alles dessen, was man Oekonomie, Haushaltungswesen nennt, so begreift man leicht, dass unter gleichen Verhältnissen der christliche oder jüdische Hausvater viel wohlhabender ist als der türkische, ein Umstand, der in mehrfacher Beziehung auch auf die hygienischen, intellectuellen und moralischen Verhältnisse der verschiedenen Familien von grossem Einfluss ist.

Die Polygamie ist ferner die Hauptursache, dass die türkische Bevölkerung in rascher Abnahme sich befindet. So paradox der Satz auf den ersten Anblick erscheint, so selbstverständlich ist er bei näherer Betrachtung. Die Polygamie des Islam ist noch etwas anderes, als die vom europäischen Gesetz perhorrescirte Polygamie in Europa; letztere ist zugleich Polyandrie und Polygynäkie, und neutralisirt dadurch gewissermassen ihre physischen Folgen; die türkische Polygamie aber erfordert zu ihrer Verwirklichung die absolute Ehelosigkeit eines bedeutenden Theils der Bevölkerung. Denn nach dem bekannten statistischen Naturgesetze ist zwar die Zahl der männlichen und weiblichen Geburten nicht absolut gleich, aber doch so wenig von der Gleichheit entfernt, dass z. B. zwei Frauen auf einen Mann oder zwei Männer auf eine Frau als allgemeines Gesetz durchaus unmöglich ist; die nothwendige Folge ist also, dass jede Frau, die ein Polygam neben der ersten Frau hat, irgend einem andern heirathsfähigen Manne entzogen wird. Bisher wurde dieser Abgang in der Türkei, wie überhaupt in muhammedanischen Ländern, dadurch gedeckt, dass man das Fehlende durch Ankauf, durch Raub oder auf dem Wege der Kriegsbeute aus den benachbarten Ländern ersetzte; die Türkei z. B. in früheren Zeiten aus Georgien, aus dem Kaukasus, wo aber jetzt die russische Regierung diesen Handel untersagt hat. Da von Oesterreich, Italien oder Griechenland keine Rede sein kann, so bleiben für die Türkei nur noch die afrikanischen Negerländer offen, und in dieser Richtung ist das Geschäft auch noch im schwunghaftesten Betrieb, obgleich die öffentliche Presse, Gott mag wissen aus welchen Gründen, diese Thatsache in Abrede zu stellen sucht.

Aber eine türkische Frau oder Beischläferin ist ein so kostspieliges Möbel, dass selbst zum Unterhalt einer einzigen einem grossen Theil der Bevölkerung die Mittel fehlen, so dass ein beträchtlicher Bruchtheil der türkischen Nation in ehelosem Zustande lebt. Eigentlich sollte nun der beweibte Türke für den unbeweibten Theil der Bevölkerung die Pflicht übernehmen, dem Staate die erforderliche Anzahl Nachkommen zu präsentiren, damit keine Entvölkerung Platz greife, aber eine einfache Berechnung zeigt, dass dieser Pflicht kein Genüge geschieht. Denn soll keine Entvölkerung eintreten, so müsste jedes Ehepaar wenigstens vier Kinder erzeugen, da abgesehen von physischer Sterilität mehrerer Ehen doch auch eine Reserve für Todesfälle vor dem Eintritt des mannbaren Alters geschaffen werden muss; ein Mann also, der vier Frauen hat, ist dem Gemeinwesen sechszehn Kinder schuldig, weil er noch die Pflichten von drei unverheiratheten Männern übernimmt. Aber eine sehr oberflächliche Kenntniss der türkischen Verhältnisse genügt, um den Beweis zu liefern, dass es daran bei weitem fehlt. Man sehe sich nur den Gothaischen Almanach an; der Sultan Abdul Medschid hatte in seinem Harem etwa 500 Frauenzimmer, aber der Almanach giebt nur 13 Kinder desselben an; sein Bruder hatte ungefähr eben so viele Weiber, vielleicht nur halb so viele, aber nur fünf Kinder. Die Ursache ist leicht zu entdecken; wie vorhin bemerkt, wird der türkische Knabe schon sehr frühzeitig in den Vollgenuss der Mannesrechte eingesetzt, und ist daher in der Regel in dem Alter, wo für den Europäer diese physische Volljährigkeit in Ausübung gesetzt wird, schon vollständig erschöpft; sein Harem ist entweder absolut steril oder nur noch im Stande einige isolirte skrophulöse Cretins zu einem kümmerlichen Dasein zu produciren, und ich habe schon erwähnt, dass sich dadurch die auffallende Erscheinung in den türkischen Familien erklärt, dass höchstens ein oder zwei erstgeborne Kinder mit allen natürlichen Anlagen vorhanden sind, während alle später gebornen Kinder schon mit dem Kainszeichen des Cretinismus auf die Welt kommen und es auch nie verlieren.

Von andern unnatürlichen Passionen, die unter den Türken in vollem Schwange sind und von der Gesetzgebung gänzlich ignorirt werden, widerstrebt es mir hier zu schreiben; nur so viel bemerke ich, dass dieselben nicht wenig zur Entvölkerung des Landes beitragen.

Aber eine andere Sitte ist unter der Bevölkerung im Schwange, die ich hier ausführlicher besprechen muss, weil sie mehr als alles Andere die Bevölkerung einem raschen Absterben entgegen führt, und deren Entwicklung in letzter Instanz dem Koran zur Last fällt. Eben auf Grund dieser Erscheinung wird jeder denkende Arzt, welcher Gelegenheit hat in türkischen Harems Beobachtungen anzustellen, den Satz unterschreiben, dass der Islam eine culturfeindliche Religion ist*). Denn indem

---

*) Hier, wie im ganzen übrigen Werke, unterscheide ich sorgfältig zwischen Civilisation und Cultur; d. h. ich bin gewiss kein Feind der Civilisation und betrachte sie im Gegentheil als eine erste Stufe, um aus der Barbarei auszutreten; aber Civilisation ist noch lange keine Cultur, denn wenn eine Civilisation nicht im Stande ist das Innere des Menschen, seinen Charakter, zu veredeln und ihn für die höheren idealen Güter des Lebens empfänglich zu machen, so ist sie nichts weiter als eine „übertünchte Barbarei"; die wahre Cultur ist erst diejenige Stufe, von welcher der Dichter sagt:

didicisse fideliter artes
Emollit mores, nec sinit esse feros;

der Koran die Polygamie gestattete, selbst unter drückenden Bedingungen, musste der Islam alle aus der Polygamie entspringenden Uebelstände auf sich nehmen: dahin gehören in materieller Beziehung die nachtheiligen Einflüsse auf die Bevölkerungsverhältnisse, die Verwendung productiver Kräfte zu unproductiven Beschäftigungen, und in moralischer Beziehung die gegenseitige Eifersucht der Insassen eines Harems, die fehlerhafte Erziehung der Kinder, die Verwirrung der Familienverhältnisse.

Es ist in der weiblichen Natur begründet, dass ein Frauenzimmer alles aufbietet, um sich die Gunst des Hausherrn auf die Dauer zu sichern und ihre Nebenbuhlerinnen zu verdrängen, und so entsteht unglücklicherweise in den türkischen Harems die traurige Sitte des Abortirens. Zu einer strengen Bestrafung dieses Verbrechens konnten sich die Gesetzgeber islamitischer Staaten nicht verstehen, da der Koran darüber schweigt, und sie selbst dabei persönlich interessirt sind; sie hätten in ihren eigenen Harems Beispiele statuiren müssen, und zwar meistens an irgend einer Favoritin. Der türkische Straf-Codex enthält zwar Strafbestimmungen, die aber in ihrer Fassung so undeutlich sind, dass die Richter niemals genau ermitteln können, wer eigentlich zu bestrafen ist, abgesehen davon, dass die Privilegien des Harems der Criminaljustiz eines der wesentlichsten Hülfsmittel der Procedur, die Haussuchung, entweder ganz untersagen oder unter so zeitraubenden Formalitäten gestatten, dass ein Erfolg nicht denkbar ist. Was also in der christlichen Staatsgesellschaft nur als isolirtes Verbrechen vor-

---

sie macht den Menschen zu dem, was Aristophanes und die Hellenen καλοκάγαϑός nennen, und was der Engländer ungefähr mit dem Worte Gentleman ausdrückt.

kommt, das ist im Islam ein socialer Gebrauch, und das Abortiren hat unter der türkischen Bevölkerung eine so kolossale Ausdehnung gewonnen, dass die Regierung schon seit mehreren Jahren, aufgeschreckt über die verheerenden Folgen des Uebels, sich vergebens bemüht eine wirksame Abhülfe zu finden. Vor etwa acht oder zehn Jahren beschäftigte man sich sehr eingehend mit dieser Frage, und eine so weit als möglich genaue Untersuchung ergab, dass bloss in der Hauptstadt jährlich ungefähr **viertausend** Fälle vorkommen, und zwar ausschliesslich unter der türkischen Bevölkerung. Ein so grauenhaftes Verhältniss wurde damals für eine arge Uebertreibung erklärt; indessen wurde es durch eine Notiz, welche gegen Ende des Februar 1877 in der hiesigen türkischen Zeitung *Dscheridé-i Havadis* erschien, vollständig bestätigt. Der Schreiber des Artikels erklärte, dass bloss in dem von ihm bewohnten Quartier binnen 20 Tagen sechs Fälle constatirt wurden, darunter eine Frau, welche, nachdem sie vorher schon dreimal die Frucht abgetrieben hatte, jetzt bei dem vierten Mal selbst unterlag. Legt man vorstehende Zahl zum Grunde, so ergibt es für ein Quartier jährlich 100—110 Fälle, und da Konstantinopel mit dem Weichbild weit über 40 türkische Quartiere enthält, so zeigt sich, dass die Zahl von 4000 durchaus keine Uebertreibung war. Der Schreiber des Artikels fügt noch die Notiz hinzu, dass 95 Procent der Kinder und mehr als zwei Drittel der Mütter dieser Barbarei zum Opfer fallen. Ein anderes türkisches Blatt, das *Bassiret*, brachte im April 1875 über denselben Gegenstand einen kurzen Artikel, war aber naiv genug, als Gegenmittel Ermahnungen der Imame (Geistlichen) an die Frauen vorzuschlagen!

Wo ein Uebel einen solchen Umfang erreicht hat,

können nur radicale Mittel Hülfe bringen. Ich will nun zwar nicht bestreiten, dass solche radicale Mittel möglich sind, aber weit entfernt, auf solche zu denken, hat bisher die Regierung, die doch seit 50 Jahren manche wichtige reelle Reform ins Leben gerufen hat, in Betreff der Haremsverhältnisse noch gar nichts gethan; im Gegentheil, so oft einzelne Privatleute hie und da eine Emancipation versuchten, verschärfte sie die bestehenden Gesetze und Gebräuche; ja man kann sagen, alle Bemühungen, welche die seit 1826 auf einander folgenden Regierungen zur Einführung von Reformen in jedem Zweige der Gesetzgebung und Verwaltung angewendet haben, machten vor der Schwelle des Harems halt. Und wie ist es auch anders möglich, wenn noch im December des Jahres 1875 die Mutter des Sultans Abdul Aziz eine Verordnung erliess, in welcher sie allen Insassen des Palastes ein Gesetz einschärfte, welches in letzter Zeit ausser Gebrauch gekommen zu sein schien, nämlich, dass, so oft eine Bewohnerin des Palastes schwanger sei, dafür gesorgt werden müsse, dass sie abortire; gelinge die Operation nicht, so dürfe bei der Geburt des Kindes die Nabelschnur nicht unterbunden werden; diejenigen Kinder aber, welche jetzt im Palaste wären, dürften niemals zum Vorschein kommen.

Zur Ausführung dieser Barbarei existirt eine eigne Classe von Megären, welche hier unter dem Namen Kanlü ebe, „die blutige Hebamme", bekannt sind, und welche ihr schauerliches Gewerbe in den Palästen der Grossen ungescheut betreiben.

Was in der Hauptstadt schon seit uralten Zeiten ein socialer Gebrauch der türkischen Bevölkerung war, das hat sich in den letzten Jahren auch unter der ländlichen Bevölkerung, als Symptom des überhand nehmenden

Pauperismus gezeigt. Der christliche Landmann in Rumelien ist viel wohlhabender, als sein muhammedanischer Standesgenosse in Anatolien, weil ihm seine Frau eine Gehülfin ist, weil seine erwachsenen Kinder, durch keine Militair-Conscription der Heimath entrissen, die schweren Arbeiten verrichten, weil er auf seinem Patriarchat einen Schutz gegen ungebührliche Ausschreitungen der Behörden findet, und weil er im Allgemeinen ökonomischere Gewohnheiten hat, auch noch nicht von der modernen Gründerei beleckt ist, die sich seiner Ersparungen bemächtigen möchte; statt seine Oekonomien in schwindelhafte Operationen zu stecken, vergräbt er sie lieber in der Erde. Der türkische Landmann, selbst wenn er, wie es meistens der Fall ist, in Monogamie lebt, ist durch religiöse Vorschriften gebunden, so dass seine Frau nur selten bei den Feldarbeiten helfen kann; ist es doch noch im vorigen Jahre, unter der Regierung des jetzigen Sultans vorgekommen, dass ein Statthalter in Vorderasien den Frauen verbot, in Abwesenheit ihrer Männer, Brüder oder Söhne, welche gegen die Serben und Montenegriner kämpften, das Feld zu bebauen: in der Geschichte der christlichen Staaten wohl unerhört, dass ein Beamter die Arbeit untersagt. Dazu kommt, dass eine türkische Hochzeit den Betheiligten so schwere Ausgaben auferlegt, dass sie dadurch fast lebenslänglich verschuldet bleiben; dass die Conscription einen bedeutenden Bruchtheil der türkischen Bevölkerung absorbirt; dass die türkische Bevölkerung eine grosse Abneigung gegen die Vaccination hat, und dass überhaupt die hygienische Erziehung der Kinder fast unbekannt ist. Rechnet man nun noch dazu den Steuerdruck, der seit 20 Jahren immer stärker wird, und die ungesetzlichen Erpressungen der Steuereinnehmer, Steuerpächter und sonstigen Beamten, so erklärt sich hinlänglich das Auftauchen des Pauperismus in Anatolien, wo er bisher ganz unbekannt war, und als weitere Folge, dass die Gewohnheit des Abortirens nunmehr auch bei der ländlichen Bevölkerung, so weit sie dem Islam angehört, in Zunahme begriffen ist.

Die Thatsache, dass die türkische Bevölkerung in reissender Proportion abnimmt, ist zwar vielfältig in Abrede gestellt worden, aber leider ist sie durchaus nicht abzuläugnen; statt die vorstehenden Betrachtungen weiter auszuspinnen, lasse ich hier einen Türken reden, der vermöge seiner religiösen und politischen Richtung gar kein Interesse hatte, derartige Eingeständnisse zu machen. Im April 1875 brachte die türkische Zeitung *Bassiret*, Organ der alttürkischen Partei, mit stark chauvinistischer Färbung, einen bemerkenswerthen Artikel über die Abnahme der türkischen Bevölkerung im Reich: er ist ein wahrer Schmerzensschrei, und da die Thatsache der Entvölkerung bis jetzt abgeläugnet wurde und leicht abgeläugnet werden konnte, weil es keine Statistiken gibt, so ist es um so mehr angezeigt, von diesem Eingeständniss Act zu nehmen. Als dem Sultan Mahmud II. während des russisch-türkischen Kriegs 1806—1812 Friedensvorschläge gemacht wurden, die er mit seiner Würde für unverträglich hielt, antwortete er: „Rumelien allein stellt mir hinreichend Truppen, um sieben Königen Antwort zu geben." Heute sagt das *Bassiret*: „Die Abnahme der Bevölkerung ist zusehends, und hat bereits solche Proportionen erreicht, dass nicht nur die Wehrkraft und die Steuerkraft des Landes, sondern selbst der Credit des Staates im Auslande, ja sogar die Existenz selbst bedroht ist!" Die Ursachen der Entvölkerung werden nun aufgezählt und sind solche, welche fast ausschliesslich die türkische Nationalität treffen, nämlich 1) die Conscription,

welche ausschliesslich die Muhammedaner, also nur einen
Bruchtheil der Bevölkerung, angreift; 2) die Polygamie,
welche die Productivkraft der Jugend nicht nur frühzeitig
erschöpft, sondern auch nach einem einfachen Rechenexempel eine Menge Leute zum ehelosen Leben verdammt,
um so mehr, als die allgemeine Verarmung schon so weit
gekommen ist, dass die Arbeit des Mannes nicht mehr
zur Ernährung einer Familie ausreicht; 3) das Abtreiben
der Frucht; 4) der absolute Mangel einer Gesundheitspolizei, herbeigeführt einerseits durch die mangelhafte
Erziehung und die klägliche Unwissenheit der Bevölkerung, andererseits durch die traurige Beschaffenheit des
Beamtenstandes. Das *Bassiret* erzählt bei dieser Gelegenheit folgende charakteristische Thatsache: der verstorbene Grossvezir Aali Pascha hatte in Erfahrung gebracht, dass eine Menge in Europa unverkäuflicher Stoffe
und Chemikalien nach dem Orient in grossen Quantitäten
ausgeführt wurde. Die Medizinalbehörde stellte daher
bei der Mauth einen Arzt an, dessen Pflicht es war, alle
schädlichen Substanzen dieser Art zurückzuweisen. Als
aber im Jahr 1871 in der Staatsverwaltung die Parole
„Ersparung" ausgegeben wurde, fand man, dass der Gehalt dieses Arztes für den Staatsschatz eine unerschwingliche Last sei, er wurde also abgesetzt, und seitdem finden
alle Giftstoffe ungehinderten Eingang. Das *Bassiret* verschweigt noch die Hungersnoth, welche allein im ersten
Jahre bis zum Eingreifen der Staatshülfe und der Privatwohlthätigkeit in Anatolien gegen 150,000 Bewohner hinwegraffte, und das allgemeine Viehsterben, welches bei
dem absoluten Mangel an Thierärzten möglicherweise
gleichfalls auf Jahre lang seine Verheerungen ausdehnen
kann, und auch hier stimmen alle Berichte darin überein,
dass von den verschiedenen Nationalitäten die Türken

verhältnissmässig am allerhärtesten betroffen sind. Eisenbahnbeamte haben in Rumelien die Beobachtung gemacht, dass die türkischen Dörfer dort zusehends verschwinden, und dass überall die Bulgaren ihren Platz einnehmen und nunmehr bereits die serbische Grenze erreicht haben.

Es ist wohl kaum nöthig, zu bemerken, dass unter der *Jeunesse dorée* der Stambuler Effendis die Corruption einen sehr hohen Grad erreicht hat. Durch seine Geburt zu allen hohen Aemtern berechtigt, findet der junge Bey es selbstverständlich, dass das Studium eine ganz überflüssige Beschäftigung ist; dazu kommt noch das hier ganz allgemein und ausnahmslos herrschende Vorurtheil, dass es für den Sohn eines hohen Beamten eine Schande ist, Arzt, Advocat, Lehrer, Kaufmann, Bankier, Fabrikant, Seemann oder sonst irgend etwas Anderes zu werden als Staatsbeamter, wiewohl der gesunde Menschenverstand durchaus nicht begreifen kann, was denn diesen Berufsarten eigentlich Entehrendes anklebt. Für seine künftige Stellung als Beamter genügt es, nothdürftig lesen und schreiben zu lernen und sich die Manieren eines türkischen Aristokraten anzueignen. Hat er nun noch das Glück gehabt, einige Zeit in Paris als Zögling irgend einer Anstalt oder als Unterbeamter bei der dortigen türkischen Botschaft zuzubringen, so versäumt er es vor allen Dingen nicht, sich auch die Manieren der Pariser Viveurs anzueignen, an den öffentlichen Orten Konstantinopels mit einem Phaeton und in untadelhaftem Costüm zu prunken, sich allen denkbaren und undenkbaren Ausschweifungen zu überlassen, und Schulden zu einem Betrage zu machen, von dem man in Europa gar keine Vorstellung hat. Fälle, wo junge Leute Schulden bis zum Belaufe von mehreren Tausend Liren contrahirt haben, sind durchaus nicht ungewöhnlich; ein

Sohn des Tunisiers Mahmud Pascha und Schwiegersohn des ägyptischen Prinzen Mustafa Fazyl Pascha, hat seit seiner Rückkehr von Paris im Sommer 1870 bis jetzt, also binnen etwa sechs Jahren, Schulden bis zum Belauf von einer halben Million Franken contrahirt. Und wenn für diesen wenigstens noch der mildernde Umstand eintritt, dass sein Vater steinreich ist, so dass die Gläubiger früher oder später doch einmal befriedigt werden, so können Andere diese Entschuldigung nicht für sich in Anspruch nehmen, weil ihre Väter nicht so reich sind.

Der schon früher erwähnte Ahmed Bey, Bruder des Exgrossvezirs Mahmud Nedim Pascha, hat das Unglück, durch unheilbare Taubheit zu jedem Amte unfähig zu sein. Weit entfernt von dem kolossalen Reichthum seines Bruders, besitzt er nur ein mässiges Vermögen, wovon er noch einen bedeutenden Theil verwendet hat, um seinen Söhnen eine gute Erziehung zu geben, so weit es eben nach türkischen Begriffen möglich ist. Viele Freude hat er auch an ihnen nicht erlebt. Einer derselben, Nedschib Bey, zeichnete sich besonders dadurch aus, dass er beharrlich jede Ausbildung verschmähte, und seine Zeit entweder mit absolutem Nichtsthun oder mit allen denkbaren Ausschweifungen zubrachte. Als sein Oheim, Mahmud Pascha, zum zweiten Mal Grossvezir war (1875/76), wollte er dem Neffen ein Amt geben; dieser verlangte, nach Paris zur Botschaft geschickt zu werden; als er endlich seinen Willen durchgesetzt hatte und zum Attaché bei der Botschaft mit einem monatlichen Gehalt von 4000 Piastern ernannt war, beeilte er sich durchaus nicht, sich auf seinen Posten zu verfügen, unter dem Vorwande, dass er noch diese oder jene Angelegenheit hier zu erledigen hätte. Inzwischen machte er auf seinen Gehalt Schulden, deren Betrag er auf die *Banque Ottomane* in Paris trassirte; diese, von seiner Ernennung und von seinem Gehalte in Kenntniss gesetzt, zahlte und stellte der türkischen Staatskasse den Betrag in Rechnung. Da aber unser Bey gar keine Anstalt zur Abreise machte, so verweigerte das Finanzministerium die Zahlung, und er schuldet diesen Betrag noch immer. Sein Oheim forderte ihn auf abzureisen oder seine Entlassung einzureichen; keines von beiden geschah, und so wurde er abgesetzt. Jetzt treibt er sich noch immer umher und zwar selbstverständlich auf Kosten seines Vaters. Im verflossenen Winter gerieth sein Vater, in Folge der allgemeinen finanziellen Bedrängniss, in so drückende Verlegenheit, dass er zur Bestreitung der dringendsten Lebensbedürfnisse nichts weiter als einen Sehim, d. h. eine Art Leibrente hatte, die noch von uralten Staatsschulden herrührt; da in wenigen Tagen eine Zinszahlung von 6000 Piastern fällig war, gab er ihn Nedschib Bey, um denselben zu discontiren und ihm das Geld zu bringen. Nedschib Bey discontirte den Coupon für 4000 Piaster: statt aber das Geld nach Hause zu bringen, wo es an Kohlen, an Licht, an Oel, an Reiss, mit einem Wort an Allem fehlte, verjubelte er es in Pera und Galata in Spielhäusern, in Bordellen und andern Spelunken, und setzte seine Angehörigen noch in Unruhe, da sie nicht wussten, was aus ihm geworden war. Die Polizei wurde davon in Kenntniss gesetzt, und da diese ihre Leute besser kannte, so fand sie ihn auch bald in einem Bordell auf; das Geld aber war verjubelt.

Im Sommer 1873 war die Corruption unter der türkischen Jugend so weit gediehen, dass sich eine Bande unter dem Namen *Tussun* gebildet hatte, welche nicht auf Raub, Mord oder Diebstahl ausging, sondern sich der Knaben, Mädchen und Frauen auf offener Strasse bemächtigte, um sie zu entehren, so dass kein Mensch es wagte, seine Angehörigen auf die Strasse zu schicken. Dabei hatte sich die Bande so organisirt, dass selbst die Polizei ihrem Treiben gegenüber ohnmächtig war; an der Spitze der Tussun befand sich ein Individuum, dessen Vater ehemals Chef der kaiserlichen Garden, und dessen Schwiegervater Kriegsminister war. Es bedurfte erst ganz energischer Massregeln, um diesem Treiben ein Ende zu machen.

Die Tagespresse könnte in dieser Beziehung ausserordentlich viel Gutes wirken, wenn sie auf der Höhe ihrer Aufgabe wäre; in der That nimmt sie auch von Zeit zu Zeit Anläufe, um über die öffentliche Corruption ein ernstes Wort zu reden; aber zu einer radicalen Besprechung solcher Uebelstände kann sie sich nicht entschliessen; denn abgesehen davon, dass ein Theil der Uebelstände mit dem Islam selbst innig verwachsen ist, so dass die Tagespresse nicht daran rühren kann, verhindert der Hochmuth der Race und ihr Chauvinismus, ihre unverhüllte Feindschaft gegen jede europäische Cultur, dasjenige Mittel zu empfehlen, welches allein im Stande ist, Hülfe zu bringen: eine gute Erziehung und ein ernstlicher Schulunterricht. Wir lesen recht oft in den türkischen Zeitungen fulminante Artikel gegen die Prostitution, gegen die Tingeltangel, gegen die gemeinschaftliche Benutzung der Promenaden durch Männer und Frauen, aber der menschliche Organismus verlangt von Zeit zu Zeit eine Aufheiterung, wenn er nicht unter dem beständigen Druck der banausischen Arbeiten verkümmern soll, und fragt man die hiesige Tagespresse, welche anständige und erlaubte Erheiterungen dem hiesigen Publicum; gleichviel ob jung oder alt, reich oder arm, zu Gebote stehen, so hüllt sie sich in ein vornehmes Schweigen ein, weil sie für die Sache selbst durchaus kein Verständniss hat. Für den richtigen Türken gibt es keinen höheren Genuss, als den Keff, d. h. das absolute Nichtsthun, das stiere Hinbrüten auf irgend einem Teppich mit der Pfeife oder Cigarrette im Munde; höchstens gestattet er seinem Harem, seinen Kindern und seinem Gesinde, sich an den Unflätereien des Karagöz oder an den lasciven Tänzen der als Mädchen verkleideten Lotterbuben zu ergötzen. Irgend eine physische oder geistige Anstrengung zum Behuf der Erheiterung, z. B. Wettrennen, Ballspiel, Fechten, Lectüre, Vergnügungsreisen, gilt als Verrücktheit, und vornehmlich aus diesem Grunde hält er alle Europäer für verrückt. Das schon oft von mir citirte Blatt *Bassiret* enthielt einmal einen langen Artikel, in welchem sich der Schreiber darüber beschwerte, dass des Morgens zwischen 7 und 8 Uhr die mit Kohlen beladenen Kamele durch das beständige Läuten ihrer Schellen die lieben Effendi's in ihrem süssen Morgenschlaf stören! (Zur Erläuterung ist es nöthig, zu wissen, dass das Kamel keine Hufeisen hat, weil es keine Hufe, sondern nur Ballen hat, so dass also sein Schritt unhörbar ist; da aber den Pferden das Kamel antipathisch ist, so werden den Kamelen Schellen an den Hals oder am Sattel angehängt, durch deren Geläute ihre Anwesenheit schon auf weite Strecken hinaus angekündigt wird.)

Auch die Polizei ist durchgängig von diesen Vorurtheilen in ihrer Thätigkeit gehemmt. Indem sie die allgemeine Abneigung der türkischen Bevölkerung gegen jede anständige Erheiterung theilt, während sie von den unanständigen und unmoralischen Erlustigungen Abgaben erhebt, also deren Betrieb legalisirt, ist es mehr als einmal vorgekommen, dass sie in Geschäftsbetriebe eingriff, in denen niemand etwas Arges findet, z. B. Verwendung von Frauenzimmern in Verkaufsläden oder als Wäscherinnen, Blumenhändlerinnen, Sängerinnen; dem polizeilichen Rigorismus ist jedes weibliche Gesicht ein unausstehlicher Gräuel; dass nur zu oft die Thätigkeit eines Mädchens eine arme Mutter, einen verkrüppelten Vater oder verlassene Waisen ernährt, ist ihrem bornirten Rigorismus unbegreiflich, und es dürfte nicht zu viel gesagt sein, wenn ich behaupte, dass die hiesige Polizei — ihre eigentliche Bestimmung als öffentliche Sicherheitsbehörde vergessend und sich in eine Professur der asketischen Moral umwandelnd — manches arme Mädchen wider ihren Willen in die Arme der Prostitution getrieben hat. Aber Arbeit gilt bei diesen Herren als entehrend, und nun vollends Arbeit des weiblichen Geschlechts! Tugend und öffentliche Moral bilden dabei nur eine Maske, hinter welcher sich die widerwärtigste Heuchelei versteckt. Einige kleine Beispiele mögen dies erhärten.

Ich besuchte einst einen meiner Freunde. Es trat ein Chodscha (Schulmeister) ein, und hatte folgendes Anliegen: er habe seine erste Frau verstossen, und wolle jetzt eine andere heirathen; er wolle sich aber zuvor seiner beiden Söhne aus der ersten Ehe, von respective 12 und 15 Jahren, entledigen, und bat deshalb, dass dieselben ins Waisenhaus aufgenommen würden; er habe sie in die Medicinalschule schicken wollen, wo sie aber Aufnahme nicht gefunden hätten, weil sie nicht das erforderliche Attest hätten. (Dieses Attest soll nämlich bestätigen, dass der Eintritt suchende Zögling des Lesens und Schreibens kundig sei.) Er habe sie daher einstweilen bei einem Trompeter in die Lehre gegeben. Mein Freund entgegnete ihm: dass das Waisenhaus nur für arme Kinder ohne Vater und ohne Mutter gestiftet sei, und also nicht Kinder aufnehmen könne, deren Eltern leben; ebensowenig könne er sich für dieselben bei dem Vorstande der Medicinalschule verwenden, da seinen eigenen Angaben nach diese beiden Burschen, Söhne eines Schulmeisters, bis jetzt noch nicht einmal schreiben und lesen gelernt hätten. Auch finde er es unzweckmässig, die Knaben bei einem Trompeter in die Lehre zu geben, da dies ein Geschäft sei, welches nur sehr geringe Aussicht auf Erwerb darbiete. Er rathe ihm daher, sie lieber bei einem Korbmacher oder Töpfer in die Lehre zu thun. Damit war aber der Chodscha nicht einverstanden; es schicke sich nicht. „Ist denn das Geschäft eines Korbmachers oder Töpfers etwa ein unehrenhaftes?" fragte ihn jener, verlor die Geduld und jagte ihn fort.

Ein Jude, durch Spiel und andere Leidenschaften in Noth gerathen, verkaufte seine vierzehnjährige Tochter an eine Bordellwirthin für 15 Lire (270 Mark); die Wirthin liess einen Rabbiner kommen, welcher das Mädchen mit dem Diener des Etablissements verehelichte, wobei aber der Ehecontract jede Annäherung der neuen Ehegatten streng untersagte, worauf das Opfer für die Prostitution bestimmt wurde. Die Polizei von Galata liess nun sämmtliche dabei betheiligte Personen verhaften und ans Polizeiministerium zur Bestrafung abliefern. Dort aber wurden sie alle entlassen, weil sie erklärten, dass sie gegenseitig mit dem schmählichen Handel einverstanden waren. Nur der Rabbiner blieb in Haft wegen ungesetzlicher Amtsführung. Darauf kaufte ein Türke der Bordellwirthin das Mädchen um 20 Lire ab, um es für sein Harem zu verwenden.

So weit die Polygamie die Wurzel dieser Uebelstände bildet, ist an eine Besserung nicht zu denken, da diese bis jetzt als eins der herrlichsten Privilegien des Islam angesehen wird. Anders ist es mit derjenigen Art von

Corruption, welche durch das Aemtermonopol der Stambuler Effendi's erzeugt wird; denn dieses Unwesen existirt erst seit etwa funfzig Jahren.

Man denke sich einen hochgestellten Beamten, der mittels seines kolossalen Gehaltes im Stande ist, ein wohlgefülltes Harem zu besitzen; er hat auch einen verhältnissmässigen Kindersegen; er ist Vater von sechs bis acht Söhnen, nicht zu gedenken seiner Töchter. Da tritt nun an ihn die Sorge heran, für diese Söhne und für die Ehemänner seiner Töchter Aemter zu schaffen. Mit seinem Tode wird nur ein einziges Amt erledigt, also höchstens einer von seinen Söhnen versorgt; die übrigen müssen daher anderweit untergebracht werden; aber andere Pascha's befinden sich in gleicher Lage, und so ist es sehr natürlich, dass trotz aller äussern Höflichkeiten und Artigkeiten diese Leute unter sich einen unterirdischen Kampf auf Tod und Leben führen; jeder will seine Söhne und Schwiegersöhne in dem sichern Asyl der Staatskasse unterbringen, da sie zu andern Geschäften platterdings unfähig sind, und selbst wenn sie fähig wären, so würde es für sie eine Schande sein, im Schweisse ihres Angesichts durch redliche Arbeit ihr Brot zu verdienen: sie können und dürfen nur Staatsbeamte werden. Man kann sich daher denken, welche Unmasse von Intriguen aller Art ins Werk gesetzt werden muss, um zum Ziele zu gelangen. Zuweilen griff wohl der Staat ein, indem durch irgend ein überflüssiges Gesetz eine grosse Anzahl von unnützen Aemtern und Sinecuren geschaffen wurde; aber schon seit mehreren Jahren ist die Staatskasse nicht mehr in der Lage, die Zahl der Sinecuren *ad infinitum* zu vermehren, und so hat sich hier allmählich ein Beamtenproletariat ausgebildet, welches zu allen Tageszeiten in den Bureaux und in den Privatwohnungen der Minister und hohen Beamten herumlungert und durch seine Zudringlichkeit sogar in die Erledigung der Geschäfte störend eingreift. Denn wenn z. B. jemand bei einem Minister oder hohen Beamten ein Geschäft hat, so gilt es einerseits als unhöflich, die Supplicanten hinauszuweisen, während andererseits es doch für einen Geschäftsmann nicht angenehm ist, in Gegenwart dieses Gesindels seine Angelegenheit zu besprechen. Da übrigens nach hiesigen Begriffen der Bettel kein entehrendes Geschäft ist, so findet niemand etwas Ungeziemendes darin, dass sich der Sohn eines Grosswürdenträgers vor dem ersten besten Beamten auf die Knie wirft und *coram publico* den Zipfel seines Rockes küsst. Wer aber solche Mittel verschmäht, der darf sicher darauf rechnen, dass er nie ein Amt erhält; er gilt für einen Menschen ohne Lebensart, und Menschen ohne Lebensart kann man doch im Staatsdienst nicht gebrauchen.

Im Abgeordnetenhause des türkischen Parlaments tauchte kürzlich der Vorschlag auf, sämmtliche Beamtengehalte auf die Hälfte zu reduciren, aber die Majorität schien damit nicht einverstanden zu sein. Es wurde mit Recht hervorgehoben, dass der Staat um so schlechter bedient wird, je mehr er die Gehalte seiner Diener benagt; durch die Substituirung des Papiergeldes sei ohnehin schon der Gehalt auf die Hälfte reducirt, und auch diese Hälfte werde nicht einmal bezahlt. Dagegen empfehle es sich, die in Folge der soeben entwickelten Verhältnisse ungemein zahlreichen Sinecuren und unnützen Aemter gründlich zu beseitigen. Falls dieser Vorschlag angenommen wird, dürfte das Ausgabenbudget eine erhebliche Erleichterung finden, da man sich in Europa gar keine Vorstellung davon machen kann, welch eine Armee von unnützen Beamten sich um die Fleischtöpfe des Staatsdienstes sammeln. Beispielsweise führe ich nur hier an, dass wenn man mittels Postanweisung oder *in natura* eine geringfügige Summe von hier nach irgend einem Orte in der Provinz schicken will, man auf der Post mit 7, sage sieben verschiedenen Beamten zu thun hat und mindestens eine Stunde dabei verliert, während ich dasselbe Geschäft z. B. auf der hiesigen deutschen Postagentur mit einem einzigen Beamten binnen höchstens 5 — 10 Minuten abmache. Aehnliche Beispiele werden wir später noch bei allen andern Administrationen kennen lernen.

Es würde mir noch das Kapitel der Bestechungen bleiben; aber ich müsste ein Buch schreiben, zehnmal umfangreicher als das gegenwärtige, wenn ich diesen Gegenstand erschöpfen wollte. Es genüge daher die Bemerkung, dass dieses Unwesen hier ganz allgemein ist, und dass man ohne Bestechung selbst das kleinste Geschäft nicht erledigen kann. Es giebt sogar Gesetze, welche dieses Unwesen regeln; zur Zeit des Sultans Abdul Medschid wurde eine Verordnung erlassen, welche festsetzte, bis zu welchem Umfange ein Beamter Geschenke, wie viele Hühner, wie viele Eier, wie viel Jogurt er annehmen könne, ohne dem Strafgesetz über Bestechungen anheim zu fallen. Da nun aber selbst im kaiserlichen Palaste Geschenke von Bankiers, welche Anleihen abschliessen, von Fabrikanten, welche Gewehre oder Kanonen liefern u. s. w., nicht verschmäht werden, so sind alle diese Gesetze todte Buchstaben. Jedermann weiss, welche fabelhafte Summen der Vicekönig von Aegypten im Palaste und unter die Minister vertheilte, um die verschiedenen Fermane zu erlangen, die seine Stellung fast zu der eines unabhängigen Monarchen erhoben; ein Ferman verleiht ihm den Titel eines Khediv, ein anderer stösst die durch den Vertrag von 1840 stipulirte Erbfolge in der Statthalterschaft um; ein anderer hebt jede Beschränkung der ägyptischen Land- und Seemacht auf; ein anderer Ferman gestattet ihm, Handelsverträge mit auswärtigen Staaten abzuschliessen; ein anderer Ferman überträgt ihm die Hoheit über den Hafen Zeila am Eingange des Rothen Meeres; noch ein anderer Ferman gestattet ihm, das ägyptische Gerichtswesen gänzlich umzuwandeln, und alle diese Fermane mussten mit Hunderttausenden von Liren aufgewogen werden, von denen jedoch kein Para in die Staatskasse abgeliefert wurde. Auch äusserte sich einst der Khediv in seinem Harem über dieses schamlose Treiben auf eine drastische Weise: „Die türkischen Beamten sind Hunde, welche ihren Herrn von oben bis unten bep....." Es ist dies die türkische Uebersetzung eines Ausspruchs, welchen ein anderer Afrikaner vor zweitausend Jahren that: „*O urbem venalem et mature perituram si emtorem invenerit!*"

„Wo ein Aas ist, da sammeln sich die Adler." Wir haben schon gesehen, wie zwei Bankiers, B. Tubini und Merton in einem öffentlichen Processe dem Publicum ein erbauliches Schauspiel darboten, indem sie sich um die Theilung einer hübschen Bestechungssumme stritten. Als der Grossvezir Mahmud Nedim Pascha am 6. October 1875 den Staatsbankerott in Scene setzte, eilten von allen Seiten Schakale und Hyänen herbei, um wo möglich bei der Vertheilung der Trümmer der osmanischen Finanzen noch die letzten Knochen zu erhaschen. Es fanden mit den verschiedenen Gründern eine Menge Conferenzen statt, um ihre Vorschläge anzuhören. Schliesslich fand das Project der Herren Skuludi, P. Rose und Stanisforth den meisten Beifall. Es lief auf eine „Unification der Staatsschulden" hinaus; an und für sich begreift man nicht, in

wiefern eine Unification der Staatsschulden die Staatslasten
vermindern könne; der ganze Unterschied läuft doch nur
darauf hinaus, dass statt einer mehr oder weniger grossen
Anzahl von Anlehen mit verschiedenem Zinsfuss, verschiedenen Garantien und verschiedenen Bedingungen dieselben
addirt und in eine einzige Schuld verwandelt werden; aber
um eine Verringerung der Staatslasten war es ihnen ja
auch nicht zu thun; es sollte nur der Versuch gemacht
werden, bei dieser Addition noch ein tüchtiges Stück Geld
für sich herauszuschlagen. Beim Addiren fand man denn
auch richtig eine Summe, welche zwei Millionen Lire mehr
betrug, als es in Wirklichkeit der Fall war; von dieser
Summe sollte eine Million in den Palast wandern, eine
halbe Million in die Taschen des Grossvezirs, und eine
halbe Million sollte unter die Gründer vertheilt werden.
Der saubere Plan wurde dem Ministerrath vorgelegt, der
ihn auch genehmigte, allerdings nicht einstimmig, denn
mehrere Mitglieder des Cabinets weigerten sich, ihre Zustimmung zu einer solchen Operation zu geben; indessen
war schon die betreffende Ordonnanz vom Sultan unterzeichnet, und am Donnerstag, 11. Mai 1876, verfügten
sich die Herren Skuludi, Rose und Stanisforth auf die
Pforte, um die Bestätigungs-Urkunden auszutauschen. Als
sie aber dort erschienen, erfuhren sie, dass in Folge einer
Softabewegung das Cabinet gestürzt, und Mehemed Rüschdi
Pascha zum Grossvezir ernannt sei. Einige Tage später
kamen sie abermals, aber der Grossvezir bedeutete ihnen,
dass man für jetzt andere Dinge in den Kopf zu nehmen
habe, und dass man sich auf diese Sache nicht weiter
einlassen könne. Nun schlugen die Biedermänner Lärm,
und hatten den Muth sich bei dem englischen Generalconsul, dem verstorbenen Sir Philip Francis zu beschweren,
dass man ihnen ihren Antheil an der Beute verweigere.

Sir Philip, ein Ehrenmann im wahren Sinne des Wortes, erklärte ihnen, dass er sich mit einer so schmutzigen Sache nicht befassen könne, und jagte sie ohne viele Umstände fort.

1.
Ismail Pascha.

Ismail Pascha ist ein Chiote, der gleich dem jetzigen Grossvezir Edhem Pascha bei der Katastrophe von Chios den Türken in die Hände fiel und als Sklave in Smyrna verkauft wurde. Sein erster Herr soll ein Eseltreiber gewesen sein, der den Knaben in seinem Geschäfte verwendete. Später kam er zu einem Barbier, wo er durch seine Geschicklichkeit bei chirurgischen Operationen, namentlich bei der Beschneidung der türkischen Knaben, Aufmerksamkeit erregte. Letzterer Umstand veranlasste seine Uebersiedlung nach Konstantinopel, wo er das Glück hatte, die beiden Söhne des Sultans Mahmud II., Abdul Medschid und Abdul Aziz zu beschneiden. Sultan Mahmud schickte ihn darauf nach Paris, damit er dort Medicin studire, und nach seiner Rückkehr trat er in die Dienste des Palastes, zuerst als consultirender Arzt, und, von Rang zu Rang steigend, ward er endlich Hekim Baschi, d. h. Protomedicus, und in dieser Eigenschaft Chef des Medicinalwesens im türkischen Reiche. Auch bei dem Sultan Abdul Medschid blieb er fortwährend in Gunst.

Um diese Zeit regte sich in ihm etwas von seinem griechischen Blute; er legte sich eine Münzsammlung an, die er theils durch Ankäufe, theils durch Geschenke bald zu einem bedeutenden Umfang brachte.

Unglücklicherweise starb im Jahre 1847 im kaiserlichen Harem ein krankes Kind, welches er behandelt hatte; ob das Kind an den Folgen einer unheilbaren Krankheit oder bloss durch die verkehrte Behandlung starb, ist natürlich nicht zu ermitteln. Ismail Effendi verlor aber nun seinen Posten und wurde zum Statthalter von Janina ernannt, und da er dieses Amt ablehnte, so erhielt er den Posten eines Ministers des Handels, des Ackerbaus und der öffentlichen Arbeiten, ein Amt, welches damals zuerst errichtet wurde. In dieser neuen Stellung — er hiess von jetzt an Ismail Pascha — entwickelte er sein ganzes Talent, wovon er eine Probe in Trapezunt ablegte. Trapezunt war seit 1821, Dank den unklugen Massregeln der damaligen russischen Regierung, der Centralpunkt des ganzen Handels zwischen Persien und Europa geworden, und es war daher um so mehr geboten eine gute Strasse von Trapezunt über Erzerum nach Bajazid bis zur persischen Grenze zu führen. Für den Nutzen guter Wege fehlt dem Türken absolut jedes Verständniss; wohl aber begriff Ismail Pascha recht gut, dass bei diesem Anlass ein Stück Geld zu verdienen war. Er wurde also nach Trapezunt geschickt, um dort die neue Strasse in Angriff zu nehmen, zu welchem Zwecke ihm 12 Millionen Piaster mitgegeben wurden, die man aus den Fonds der Sophien-Moschee entnahm. Ismail Pascha that den ersten Spatenstich unter Pauken- und Posaunenschall; es wurde ein glänzendes Diner gegeben, zu welchem alle Honoratioren der Stadt, so wie die dort residirenden Consuln eingeladen waren. Die Arbeiten konnten nun beginnen, d. h. die Bewohner der Umgegend wurden zu Roboten aufgefordert und erhielten täglich ein Brod und 3 Piaster als Löhnung; es wurde auch richtig eine Strecke von der Länge eines Büchsenschusses bis zum Fusse des Boz dag fertig gemacht und dabei ist es bis jetzt geblieben. Ismail Pascha aber kehrte *quasi re bene gesta* zurück; wo die

12 Millionen Piaster geblieben sind, hat man bisher nicht erfahren können; sicher ist nur, dass die Verwaltung der Güter der Sophien-Moschee diese Summe noch jetzt reclamirt.

Wenige Jahre darauf sollte die Strasse vom Gemlek am Marmara-Meere bis nach Brussa, eine Strecke Wegs von 6 Stunden, inaugurirt werden. Ismail Pascha traf wieder mit einem fürstlichen Gefolge von 40—50 Personen auf einem Regierungsdampfer ein, und dieselben Festlichkeiten begonnen von neuem; 12 Jahre aber dauerte es, ehe die neue Strasse fertig war. Auch hier griff man zu Roboten, die um so drückender waren, da die Bewohner der ganzen Gegend vornehmlich von der Seidenindustrie leben; ein Mann also, der etwa eine Woche an dem Wegebau gearbeitet hatte, war auf mehrere Wochen für sein Geschäft unbrauchbar, da bekanntlich die Seidenindustrie zarte Hände erfordert. Die wenigen Arbeiten, welche im Sommer beendigt wurden, waren so liederlich ausgeführt, dass die ersten Regengüsse des Herbstes sie wieder ruinirten, so dass man im nächsten Frühjahr wieder von vorn anfangen musste; inzwischen waren während des Winters die Geräthe und die Zugochsen gestohlen; kurz, es war eine ganze Odyssee tragikomischer Ereignisse, und jetzt, nach kaum zehn Jahren, ist die Strasse in einem solchen Zustande, dass sie nur noch für Selbstmörder brauchbar ist.

Ismail Pascha ward inzwischen Statthalter von Smyrna, wo er das Glück hatte den berüchtigten Katyrdschi Janni, der seit einer Reihe von Jahren der Schrecken der Einwohner von Smyrna und der Umgegend war, einzufangen. Ueber seine sonstige Thätigkeit in Smyrna fehlen mir genauere Nachrichten.

Später ward er im Staatsrath verwendet, d. h. auf

Disposition gestellt, denn er hatte sich bereits einen so grossen Ruf durch seine Erpressungen erworben, dass die Regierung Bedenken trug ihm ein Amt anzuvertrauen. In Smyrna verkaufte er seine Münzsammlung, die er ebenfalls wie eine blosse Geldspeculation behandelte; er selbst verstand nichts davon, sondern liess sich die Münzen von Numismatikern bestimmen, und nach ihren Angaben musste sein *Kiaja* (Intendant) dieselben ordnen und den Katalog schreiben, während er selbst dabei seinen Tschibuk rauchte. In seiner Eigenschaft als Handelsminister schickte er in alle Provinzen einen Befehl, dass die alten Münzen nur an die Regierung d. h. an die überall von Ismail Pascha angestellten Agenten verkauft werden durften, wodurch aber ein sehr blühendes Geschäft in der Türkei mit einem Schlage vernichtet worden wäre, wenn die Behörden es für gut gefunden hätten, diesen Befehl auszuführen. Da derselbe aber in jeder Beziehung ungerecht und ungesetzlich war, so kümmerte sich niemand darum.

Im Jahre 1866 wurde Ismail Pascha zum Statthalter von Kreta ernannt; es war ein verhängnissvolles Ereigniss. Es hatte schon mehrere Jahre auf der Insel gegährt; unter der Verwaltung eines Menschen, dem seine Privatinteressen über alles gingen, war ein Ausbruch unvermeidlich. Um noch einen letzten Versuch zu machen, setzten die Bewohner eine Denkschrift auf, in welcher sie ihre Beschwerden ausführlich darlegten und eine Anzahl Wünsche formulirten, die im Grunde sehr bescheiden waren, namentlich im Verhältniss zu den Concessionen, welche die Pforte nach der Niederwerfung des Aufstandes zu bewilligen genöthigt war. Hätte die Pforte damals der Vernunft Gehör gegeben, und diese Wünsche, wenigstens die erheblicheren, bewilligt, so hätte sie sich jahrelanges

Blutvergiessen, kolossale Auslagen und manche auswärtige Verwicklung erspart. Aber Ismail Pascha liess die Delegirten, welche die Denkschrift überbrachten, mit Flintenschüssen empfangen; der kretische Aufstand brach in helle Flammen aus.

Die Geschichte des kretischen Aufstands gehört nicht hierher; es genüge die Bemerkung, dass Mustafa Naili Pascha, Omer Pascha (Lattas) und die türkische Panzerflotte den Aufstand nicht zu bewältigen vermochten, ja nicht einmal den griechischen Blokadebrecher, einen ausrangirten Dampfer der griechischen Handelsmarine (*Panhellenion*) erwischen konnten; dass erst zwei Ausländer, der Deutsche Gessler und der Engländer Hobart Pascha ihm ein Ende machten.

Ismail Pascha vegetirte nun einige Jahre im Staatsrath, bis er im October 1873 wieder zum Minister der öffentlichen Arbeiten ernannt wurde. Es hatten sich über die Verhältnisse der Eisenbahn von Skutari nach Izmid (Nikomedien) ungünstige Gerüchte verbreitet; sie war von dem jetzigen Grossvezir Edhem Pascha erbaut, als derselbe Minister der öffentlichen Arbeiten war. Man sagte, die Kosten hätten den Voranschlag um mehr als das Doppelte überschritten; dennoch sei die Bahn schlecht und unsolide, und auch der Betrieb lasse manches zu wünschen übrig, da er nicht einmal die Betriebskosten decke. Ismail Pascha wurde vom Sultan beauftragt die Sache zu untersuchen, und zu diesem Ende setzte er sich — natürlich mit einem fürstlichen Gefolge — auf die Bahn, fuhr nach Izmid und kehrte zurück, um mit Musse irgend einen Bericht aufsetzen zu lassen. Der Sultan jedoch liess seinen Minister der öffentlichen Arbeiten sogleich zu sich rufen und verlangte von ihm ausführliche Auskünfte über die betreffenden Verhältnisse. Aber, gerechter Gott! was verstand der Mann vom Eisenbahnwesen? Er wusste seinem kaiserlichen Herrn nichts zu sagen. Dieser schickte ihm also seine Absetzung zu und ernannte ihn zum Stattpräfecten. Die kaiserliche Ungnade hatte sich noch sehr milde ausgedrückt, aber Ismail wurde an der hohen Pforte während der Verlesung der bezüglichen Ordonnanz vom Schlage gerührt. Mehrere Tage lang fürchtete man für sein Leben, jedoch kam er noch durch; er ist noch jetzt am Leben, aber mit seiner öffentlichen Carrière ist es wohl für immer vorbei, und der Staat verliert auch sicher nichts daran.

2.

Damad Mahmud Dschelaleddin Pascha.

Mahmud Dschelaleddin Bey ist ein Sohn des Fethi Ahmed Pascha, Schwagers des Sultans Abdul Medschid, und vieljährigen Directors des Artillerie- und Festungswesens. Der Vater war ein Liebling des Sultans Abdul Medschid, dem er den Geschmack an starken geistigen Getränken beibrachte, und der sich an seinen plumpen Spässen amüsirte. Um ihn immer in seiner Nähe zu haben, verlieh ihm Abdul Medschid jenes Amt, dessen Sitz in der Kanonengiesserei *(Top-Hane)* in der Nähe des kaiserlichen Palastes war. Von seinem Sohne erfuhr man nicht eher etwas, als bis die Zeitungen im Jahr 1858 verkündigten, er sei zum Gemahl der Prinzessin Dschemile auserlesen; seitdem heisst er Mahmud Dschelaleddin Pascha, und um ihn von andern Mahmud Pascha's zu unterscheiden, bezeichnet man ihn mit Damad, d. h. „Eidam" (des Sultans nämlich). Er erhielt nun das Präsidium einer Section des Staatsraths, in welcher Stellung er mehrere Jahre zubrachte, ohne dass man irgend etwas Erhebliches über seine amtliche Wirksamkeit erfuhr. Dagegen erzählte man, dass er für den Vicekönig von Aegypten Spionierdienste leiste, wofür er eine Remuneration von 10,000 Liren erhielt. Auch für Russland soll er Spionage betrieben haben. Aber selbstverständlich lassen sich diese Anschuldigungen nicht beweisen.

Unter dem ersten Grossvezirat Mahmud Pascha's ward er am 15. Juni 1872 Handelsminister, auf welchem Posten er sich bis Ende Juli 1874 hielt, zunächst wohl deshalb, weil er von den Pflichten seines Amtes gar keine Idee hatte, sich also nicht in die Geschäfte desselben, so wie der dem Handelsministerium unterstehenden Handelsgerichte einmengte. Im Verlauf der Zeit jedoch erwarb er sich nothwendigerweise einige Kenntnisse von dem Geschäftsgange, und kaum war er sich derselben bewusst, als er es versuchte, dem Geschäftsgange Knüppel zwischen die Beine zu werfen. So z. B. verlegte er das Handelsgericht von Larnaka, dem Haupthafen der Insel Cypern, nach einem Dorfe mitten auf der Insel, Namens Nikosia, gerade, als wenn man das Handelsgericht für Hamburg nach irgend einem Dorfe in Mecklenburg verlegen wollte. Schlimmer noch als diese Verrücktheit war der Versuch, die bestehende Handelsgesetzgebung, welche nach europäischen Grundsätzen ausgearbeitet ist, auf den veralteten mittelalterlichen Zustand zurückzuführen. Dadurch aber kam er mit den fremden Gesandtschaften in Conflict, und namentlich hatte die russische Botschaft erklärt, sie würde die Competenz des Handelsgerichts nicht anerkennen, so lange Mahmud Pascha Handelsminister wäre. Es muss schon sehr arg gewesen sein, da die russische Botschaft in solchen Dingen immer sehr coulant war. Mahmud Pascha wurde also abgesetzt und in den Staatsrath zurückgeschickt.

Als Mahmud Nedim Pascha zum zweiten Mal Grossvezir ward, ernannte dieser ihn wieder (im October 1875) zum Handelsminister; aber noch kurz vor dem Sturze des Grossvezirs wurde er im April 1876 abgesetzt, weil er im Ministerrath (zusammen mit Namyk Pascha und Jussuf Pascha) gegen die vom Grossvezir mit einigen Gründern verabredete Unification der Staatsschulden gestimmt hatte. Einen Monat später bestieg Sultan Murad V. den Thron und ernannte Mahmud Pascha nochmals zum Handelsminister. Der jetzige Sultan aber, dessen Mutter zugleich die Mutter der Prinzessin Dschemile war, versetzte ihn nach Top-Hane, um gleich seinem Vater das Artillerie- und Festungswesen zu leiten.

Von dieser Zeit an bildet er mit Said Pascha, erstem Secretair des Sultans, und Nedschib Pascha, Director der kaiserlichen Musikcapelle, die Camarilla des Palastes, indem sie die physischen und psychischen Schwächen des gegenwärtigen Sultans geschickt ausbeuten, und alle jene reactionären Verfügungen veranlassen, welche von Zeit zu Zeit die freisinnigen Tendenzen der gegenwärtigen Regierung durchkreuzen.

Ueber Said Pascha's Antecedentien ist mir nichts Genaueres bekannt. Nedschib Bey war ehemals der Chef der Musik im Arsenal, und lieferte dem damaligen Marineminister, Halil Pascha (Schwiegersohn des Sultans Mahmud II.), Knaben für dessen Harem. Später ward er, als Nedschib Pascha, Director der Musikcapelle des kaiserlichen Palastes.

Damad Mahmud Pascha war das vornehmste Werkzeug des Sturzes Midhat Pascha's; auch war er es, der den Grafen Szechenyi, Organisator und Chef des hauptstädtischen Löschwesens, im December 1876 willkürlich absetzte, um seinen Posten irgend einem Günstling zu übergeben. Hier aber schritt der österreichische Botschafter Graf Zichy energisch ein, und die betreffende Ordonnanz wurde wieder rückgängig gemacht.

Man behauptet, dass der ausserordentliche Botschafter der Königin Victoria, Mr. Layard, mit allen Kräften an der Beseitigung der Hof-Camarilla, und namentlich des Damad Mahmud Pascha arbeitet, und er würde sich gewiss sehr verdient um das osmanische Reich machen, wenn es ihm gelänge den Mann zu beseitigen, der hier allgemein unter dem Namen des „Vice-Sultans" bekannt ist.

V.
Altturken — Jungturken.

Jussuf Dschemil Effendi. — Ali Soavi Effendi. —
Kemal Bey. — Zia Pascha.

Seit mehreren Jahren reden die europäischen Zeitungen von Altturken und Jungturken; im allgemeinen aber hat man in Europa keine klare Vorstellung von dem Wesen und den Zielen dieser beiden Parteien, indem man, durch anderweitige Analogien verführt, unter Altturken etwas Aehnliches versteht, wie etwa in Deutschland unter Junkerpartei, und unter Jungturken etwas Aehnliches, wie die *Giovine Italia* und Jung-Deutschland. Zum Theil sind allerdings diese Vorstellungen richtig, in der Hauptsache jedoch nicht zutreffend.

Die eigentliche Junkerpartei, die Reactionairen, Servilen oder wie man sie sonst bezeichnen will, sind mit den Janitscharen seit 1826 völlig beseitigt; es giebt allerdings noch Reste derselben, die es aber nie bis zu einer Parteibildung bringen konnten. Das letzte Aufflackern dieser Partei erlebten wir im October des vorigen Jahres.

Einer der hervorragendsten Männer dieser Classe ist Namyk Pascha, über welchen ich in einem der folgenden Abschnitte einige Notizen bringen werde.

Die sogenannte alttürkische Partei, weit entfernt die Wiederherstellung der alten Janitscharenwirthschaft mit allen ihren Auswüchsen anzustreben, verfolgt ganz andere Tendenzen. Sie möchte die alten patriarchalischen Verhältnisse des Orients in ihrer Reinheit wieder herstellen, respective so viel von denselben noch vorhanden ist, mit allen ihr zu Gebote stehenden Kräften aufrechterhalten. Dahin gehört z. B. alles, was sich auf die Stellung des weiblichen Geschlechts bezieht, und hier ist es ihnen bis jetzt gelungen, jede Modification zurückzuweisen. Um jedoch ihre Zwecke zu erreichen, muss vor allen Dingen das Reich jede Verwicklung mit dem Auslande vermeiden; ihrer Ansicht nach wäre es daher wünschenswerth, dass man mit dem Auslande den Verkehr so viel als möglich beschränkte. Als vornehmstes Mittel bezeichnen sie die Zufriedenstellung der christlichen Unterthanen des Reiches, weil sie aus Erfahrung wissen, dass jede Bedrückung der Christen sofort mit einer oder der andern europäischen Macht Verwicklungen hervorruft. Eins der hervorragendsten Mitglieder dieser alttürkischen Partei war der verstorbene Grossvezir Aáli Pascha, und die Denkschrift, welche er von Kreta aus der Pforte übersandte, und wovon in diesem Buche eine Uebersetzung gegeben ist (s. S. 75 f.), enthält die beste Darlegung ihrer Grundsätze, weshalb ich auf dieselbe verweise. Auch der Exgrossvezir Müterdschim Mehemed Rüschdi Pascha gehört zu den ehrenwerthesten Männern dieser Richtung, wie denn überhaupt, mit geringfügigen Ausnahmen, die Alttürken durchgängig Ehrenmänner im besten Sinne des Wortes sind.

1.

Jussuf Dschemil Effendi.

Er ist Kapukiaja, d. h. Vertreter des General-Gouverneurs von Aleppo, welchen Posten er seit vielen Jahren bekleidet, ohne sich, wie es scheint, jemals um irgend ein anderes Amt zu bemühen. Sein ganzes Vermögen besteht in einem Hause in Konstantinopel, welches im Jahre 1865 bei der grossen Feuersbrunst von Chodschapascha in Asche gelegt wurde und seitdem aus Mangel an Capital noch nicht wieder aufgebaut ist, und einer schönen Besitzung auf einem Berge neben dem Dorfe Anadolu Hissari am Bosporus; sein Gehalt ist geringfügig und seit der Einführung des Papiergeldes auf die Hälfte reducirt. Nichtsdestoweniger hält er sein Hauswesen in bester Ordnung; er hat seine Dienerschaft unter strenger Aufsicht, sorgt für pünktliche Auszahlung ihres Lohns, behandelt sie gut, gestattet ihnen aber keinerlei Ausschreitungen. Mit seiner einzigen Frau hat er einen Sohn und eine Tochter erzeugt, welche letztere längst gestorben ist; sein Sohn Aali Bey war lange Secretair des Gesundheitsrathes, ist jetzt Statthalter von Varna und gehört der *Jeune Turquie* an, hat übrigens von seinem Vater eine vortreffliche Erziehung erhalten. Er spricht fertig französisch, hat tüchtige Musikkenntnisse und ist im Umgange sehr liebenswürdig, besitzt aber nicht die soliden Grundsätze seines Vaters.

Jussuf Dschemil Effendi gehört nun zu derjenigen Classe von Leuten, welche man hier mit dem Namen „Alttürken" bezeichnet, weil ihnen das hohle Treiben der sogenannten Reformmänner zuwider ist. Mit den Jungtürken theilen die Alttürken den Widerwillen gegen Europa und dessen Cultur, hauptsächlich deswegen, weil sie hier nur die Caricatur der europäischen Civilisation kennen lernen; sie sind Feinde der Europäer, nicht weil diese Christen sind, sondern weil das Thun und Treiben der Europäer mit den hergebrachten Ideen der Türken im Widerspruch ist, und weil die Unmoralität der Mehrzahl der hiesigen Europäer sie anwidert.

Das Duell z. B. ist ihnen ganz unverständlich, weil ihnen der Begriff der persönlichen Ehre abgeht. Sie kennen nur die Ehre, welche der Sultan ihnen unter der Form eines „Rangs" oder einer Ordensdecoration verleiht; es findet niemand etwas Anstössiges darin, mit einem Menschen, der ein infames Gewerbe betreibt, mit einem notorischen Schuft zusammen zu essen, zu trinken, sich mit ihm gemeinschaftlich zu unterhalten; es gilt für keine Schande bei einer Lüge ertappt zu werden; es ist ihnen unverständlich, dass ein Mann selbst in eigner Person seine Ehre zu erwerben und zu wahren hat.

Nicht minder widerstrebt ihren Begriffen, dass der europäische Geschäftsmann einen so hohen Werth auf die Zeit legt. Dem Türken ist es ganz gleichgültig, ob er zur Abwicklung eines Geschäftes, das in einer halben Stunde erledigt werden kann, Tage, Wochen, ja selbst Monate und Jahre verwendet; er kann wochenlang in einem fremden Orte in einem Chan in völliger Unthätigkeit zubringen, weil er an dem Orte irgend ein vielleicht unbedeutendes Geschäft hat, das er in einem einzigen Tage abwickeln könnte. Die Hast, mit welcher der Europäer nach Erwerb, nach Gewinn jagt, erscheint ihm geradezu unmoralisch.

Aber der Europäer, der nach materiellem Erwerb und Gewinn jagt, hat wenigstens einen Zweck, den der Türke begreift, und der in seinen Augen diese Hast zwar nicht rechtfertigt, aber doch erklärt. Ganz und gar unverständlich aber ist es ihm, wenn ein Europäer ohne Aussicht auf Gewinn fremde unbekannte Länder aufsucht, Steine, Kräuter sammelt, altes werthloses Geld theuer bezahlt, tagelang in alten zerstörten Gebäuden herum wühlt. Ein solches Treiben ist in seinen Augen eine Verrücktheit. Wenn aber ein solcher Narr dabei sein Leben einbüsst, so hört für den Türken die Verrücktheit auf Verrücktheit zu sein und artet in verbrecherischen Wahnsinn aus. Schreiber dieser Zeilen hatte oft Gelegenheit mit Jussuf Dschemil Effendi so wie mit andern, sonst höchst ehrenwerthen Türken über diese verschiedenen Punkte sich zu unterhalten und ihnen den tieferen Grund dieser ihnen unbegreiflichen Erscheinungen zu erklären. Ich habe mich aber längst überzeugt, dass dies ein vergebliches Bemühen ist; sie kommen immer wieder auf ihre erste Ansicht zurück und verlassen ihren Standpunkt nicht. Man muss jedoch nicht glauben, dass dies Hartnäckigkeit oder Bornirtheit ist; es liegt vielmehr in der innersten Natur des Islam. Der Koran erhebt den Anspruch nicht nur die religiösen Meinungen und ethischen Verhältnisse, sondern überhaupt alle irgend nur denkbaren physischen, intellectuellen, bürgerlichen und politischen Verhältnisse zu regeln. Für den Muhammedaner gilt es daher als ausgemacht, dass alles, was er in der Umgebung seiner Glaubensgenossen sieht, eine directe Folge dieser religiösen Anordnungen ist, und wenn er bei Andersdenkenden etwas sieht, was diesen althergebrachten Gewohnheiten widerspricht, so fürchtet er darin irgend eine religiöse Ketzerei.

Die jungtürkische Partei hat sich vor etwa 12—15 Jahren gebildet, um der alttürkischen Partei, namentlich dem hervorragendsten Mitgliede derselben, dem Grossvezir Aali Pascha Opposition zu machen. Es waren lauter junge Leute von dem gewöhnlichen Schlage, die sich aber theils durch einen längeren oder kürzeren Aufenthalt in Paris, theils durch die Lectüre von flachen Werken der französischen Litteratur einige destructive Ideen angeeignet hatten. Es war die Periode der Anleihen und der masslosesten Verschwendung; die durch des Sultans Abdul Aziz Thronbesteigung geweckten Hoffnungen waren allmählich vernichtet worden; vornehmlich aber waren es die mehr als früher häufigen Anstellungen von Christen im Staatsdienst, welche den Ingrimm der Stambuler Effendis und der *Jeunesse dorée* reizten. Sie hegten eine unsägliche Verachtung gegen die Christen, und sie erhitzten sich zu einem überschwänglichen Chauvinismus durch periodische Zeitschriften und andere litterarische Erzeugnisse, die sie massenhaft veröffentlichten. Zu den hervorragendsten Mitgliedern gehörten Ali Soavi Effendi, Kemal Bey, Tevfik Bey (Journalist), Zia Bey (Mitglied des Staatsraths); Mehemed Bey (Neffe des Ex-Grossvezirs Mahmud Pascha), Ahmed Midhat Effendi (Journalist) u. s. w.

Im Sommer 1867 brach das erste Ungewitter über der *Jeune Turquie* aus. Die von ihr geleiteten Journale zeichneten sich durch eine masslose Sprache aus, besonders der von Ali Soavi Effendi redigirte *Muchbir*; vornehmlich aber war es eine Verschwörung, die sie behufs Herbeiführung einer Revolution eingeleitet hatten, welche die Katastrophe zum Ausbruche brachte. Die angeseheneren Mitglieder der Verbindung sollten durch Verleihung von Statthalterschaften an das Interesse der Regierung geknüpft, zugleich aber von der Hauptstadt entfernt werden. Ali Soavi Effendi erhielt einen Posten in Kleinasien, ich glaube in Tschangri; Zia Bey wurde zum Statthalter von Cypern ernannt. Aber sie trauten dem Frieden nicht und statt ihr Amt anzutreten zogen sie es vor, so schnell als möglich nach Paris zu entfliehen; die wenigen, welche dies versäumten, wurden verhaftet und nach verschiedenen Punkten exilirt.

Die meisten Mitglieder der Verbindung führten in Paris ein kümmerliches Leben. Der ägyptische Prinz Mustafa Fazyl Pascha, der sich damals auch in Paris befand, weil er gegen den Ferman, der ihn seiner Erbfolgerechte in Aegypten beraubte, Protest eingelegt hatte, wird ihnen wohl von Zeit zu Zeit haben Unterstützungen zufliessen lassen; er war ebenfalls exilirt, gehörte jedoch durchaus nicht zu den Jungtürken. Am rührigsten war Ali Soavi Effendi, der in Paris und London seinen Muchbir fortsetzte und in Tausenden von Exemplaren nach der Türkei einschmuggeln liess.

Nach dem Tode ihres erklärten Feindes Aali Pascha wurden die freiwilligen und unfreiwilligen Exulanten durch den Grossvezir Mahmud Nedim Pascha amnestirt, und so kehrten alle, mit Ausnahme Ali Soavi Effendi's zurück. Mehemed Bey, der Neffe des Grossvezirs, genoss nicht mehr lange die heimatliche Luft; er starb an den Folgen der Trunkfälligkeit, der er sich schon vor seinem Exil ergeben hatte. Zia Bey wurde von dem Grossvezir als Geheimrath verwendet, denn Mahmud Pascha besass durchaus nicht diejenigen staatsmännischen Kenntnisse, welche auf seinem Posten erforderlich sind; als Verschwörer aber konnte Zia Bey nicht gut ein öffentliches Amt bekleiden, und so verwendete ihn der Grossvezir in seinem Privatcabinet.

Die meisten übrigen Mitglieder der Jungen Türkei verlegten sich wieder auf die Journalistik; vor allen ragte Kemal Bey hervor, welcher unter dem Titel *Ibret* „Muster" eine Zeitung herausgab und mit vielem Geschick redigirte. Auch verfasste er noch andere Schriften, von denen eine, das Drama „Silistria oder das Vaterland", seiner Partei wieder verhängnissvoll werden sollte. Es wurde im April 1873 auf dem türkischen Theater in Konstantinopel aufgeführt und zwar mit so grossem Beifall, dass eine zweite Vorstellung angesagt wurde. Eine ungeheure Menschenmenge rüstete sich für den Abend, und es hätte wahrscheinlich blutige Auftritte gegeben, wenn die Polizei nicht energisch eingeschritten wäre. Die vornehmsten Mitglieder der *Jeune Turquie*, Kemal Bey, Tevfik Bey, Ahmed Midhat Effendi u. s. w. wurden noch denselben Abend verhaftet und theils nach Rhodus, theils nach Cypern ins Exil geschickt, und damit war die Sache auf einige Jahre erledigt. Unter dem gegenwärtigen Sultan wurden sie voriges Jahr amnestirt und sie kehrten wieder hierher zurück. Aber ihr Gegner war besiegt; Aali Pascha war todt; Sultan Abdul Aziz todt; das Willkürregiment beseitigt; eine Constitution verliehen; ihre Opposition war also gegenstandslos geworden. Sie sind fortan nur noch auf das Feld des Chauvinismus verwiesen, wo sie jedoch nur dann auf einigen Erfolg rechnen dürfen, wenn der gegenwärtige Krieg glorreich für die Türken ausfällt; ihr Fanatismus gegen das christliche Element aber stösst nicht nur im Lande selbst, sondern auch in Europa auf allzu grossen Widerstand, und es ist daher vollkommen correct, wenn die Regierung gegen diese Tendenzen ernstlich auftritt.

2.
Ali Soavi Effendi.

Ali Soavi Effendi gehört nicht der Classe der Stambuler Effendi's an; er stammt aus der Provinz und kam vor etwa 12 Jahren nach Konstantinopel als Chodscha (Lehrer) mit einem mächtigen Turban bekleidet. Gleichwie in Europa und Amerika es in neuerer Zeit Mode geworden ist, über alle denkbaren Gegenstände in öffentlichen populären Vorträgen zu sprechen, war es von jeher im Orient Sitte, während des Fastenmonds Ramazan in den Moscheen öffentliche Vorträge, meistens religiösen Inhalts, Erklärungen des Koran, moralische und asketische Ermahnungen zu halten. Ali Soavi Effendi debütirte damals in Konstantinopel und erregte sehr bald allgemeine Aufmerksamkeit, indem er ein ungewöhnliches Wissen mit einer hinreissenden Beredtsamkeit verband. Es lag in seinem Auftreten etwas von dem Wesen eines Pierre l'Hermite, Savonarola, Huss und Mazzini. Der Beifall, den seine Vorträge fanden, veranlasste ihn, sich in Konstantinopel niederzulassen und eine Zeitschrift unter dem Titel *Muchbir* („der Correspondent") herauszugeben. In diesem Blatte machte er dem damaligen Grossvezir Aali Pascha eine heftige Opposition, und bekämpfte mit allen Waffen des Wortes das Willkürregiment eines Einzelnen; er bestand schon damals auf Verleihung einer Constitution, ohne das Wort auszusprechen, aber indem er fort und fort darauf hinarbeitete, dass nach den Grundsätzen des Islam die öffentlichen Angelegenheiten durch gemeinschaftliche Berathung geleitet werden müssten. Aber eben weil diese gemeinsame Berathung ein Grundsatz des Islam sei, war es selbstverständlich, dass Nichtmuhammedaner davon auszuschliessen wären; diese hätten bloss zu arbeiten und zu gehorchen und sich durchaus nicht um Staatsgeschäfte zu bekümmern.

Wie schon vorhin bemerkt, entschloss sich Ali Soavi Effendi im Frühjahr 1867 zum freiwilligen Exil. In Paris und London setzte er seinen *Muchbir* fort, der in Tausenden von Exemplaren eingeschmuggelt wurde. Vergebens fahndete die Polizei auf die verhängnissvollen Blätter. Auf die Denunciation, dass ein hiesiger europäischer Buchhändler die Vermittlung übernommen habe, wurde dessen Geschäftslocal von Polizeiagenten Tag und Nacht bewacht, und alle dort ein- und ausgehenden Personen notirt; man fand nichts. Bei den Mauthstätten wurden besondere Wächter angestellt, die bloss auf die eingehenden Drucksachen vigiliren sollten; es war eben so unnütz. Einzelne Artikel des Muchbir wurden ins Französische und Englische übersetzt, solche nämlich, welche auf das europäische Publicum berechnet waren. Andere Artikel aber, z. B. solche, in denen bewiesen wurde, dass das Zeugniss der Christen vor den türkischen Gerichten unzulässig sei, wurden nicht übersetzt, wie sich von selbst versteht.

In England kam Ali Soavi Effendi mit Mr. Urquhart und dessen Anhängern in Verbindung; auch heirathete er dort eine reiche Engländerin, so dass er von jetzt an eine völlig unabhängige Existenz hatte. Diese Verbindungen aber bewirkten auch einen Umschwung in seinen Ansichten. Er sagte sich von den Jungtürken los und gehört von jetzt an weder zu den Jungtürken noch zu den Alttürken, sondern zu der Schule Urquharts. Von der Amnestie, welche der Ex-Grossvezir Mahmud Nedim Pascha der *Jeune Turquie* bewilligte, machte er keinen Gebrauch Dagegen schrieb er schon im Jahre 1875 eine Schrif. über die Angelegenheiten der Herzegowina und 1876 eine andere über Bulgarien, worin er sich ganz und gar auf den Standpunkt der Regierung stellte. Sein Hass gegen Europa nahm womöglich immer mehr zu und gewann in der letzten Zeit sogar einen krankhaften Charakter. So z. B. schrieb er von London aus in der türkischen Zeitung *Vakyt*, dem Organ des damaligen Grossvezirs Mehemed Rüschdi Pascha, einen heftigen Artikel, worin er behauptete, dass in England und überhaupt in Europa keine öffentliche Meinung existire, und dass es in Europa wie überhaupt in der ganzen Welt nur einen einzigen Staat gebe, nämlich das osmanische Reich.

Im Herbst 1876 entschloss sich Ali Soavi Effendi zur Rückkehr nach Konstantinopel. Der Sultan Abdul Hamid ernannte ihn zum Hofmeister seiner Söhne und der übrigen kaiserlichen Prinzen, und da dieses Amt eine reine Sinecure war, wurde er im Januar dieses Jahres zum Director des kaiserlichen Lyceums und der damit verbundenen „Universität" ernannt, welchen Posten er noch jetzt bekleidet. Nunmehr hat auch seine Frau sich veranlasst gesehen, zum Islam überzutreten und bei ihren Ausgängen sich einen Schleier anzulegen.

Eine seiner letzten Kundgebungen erschien zur Zeit der Conferenzen in der erwähnten Zeitung *Vakyt*, und suchte nachzuweisen, dass die Behauptung des Fürsten Gortschakoff, der Hatti Humajun von 1856 sei ein todter Buchstabe geblieben, eine Unwahrheit sei; die türkische Regierung habe den Hatti Humajun nicht nur vollständig ausgeführt, sondern habe sogar über denselben hinaus Reformen ins Leben gerufen. Aber nicht bloss Fürst Gortschakoff hat behauptet, dass der Hatti Humajun ein todter Buchstabe geblieben ist: auch die Grossvezire Mahmud Nedim Pascha, Mehemed Rüschdi Pascha, Midhat Pascha, Edhem Pascha, sowie der Minister des Auswärtigen Safvet Pascha haben dasselbe in officiellen Schriftstücken eingestanden; ja noch mehr, der jetzige Sultan Abdul Hamid hat in der Proclamation, womit er seine Thronbesteigung verkündigt, ein ausführliches Geständniss darüber gemacht. Nach Ali Soavi Effendi's Behauptung also wären alle diese Leute, und namentlich der Sultan selbst Lügner. Aber, wie gesagt, unser Effendi hat sich jetzt gänzlich zur Urquhart'schen Schule bekehrt, welche als obersten Grundsatz aufstellt, dass die Türkei ihren gefährlichsten Feind, welcher „Reform" heisse, im Innern habe; die Türkei müsse mit diesem Feinde entschieden brechen: Rathschläge, wie sie General Ignatieff nicht besser hätte ertheilen können, und welche in Petersburg auf einen ungetheilten Beifall rechnen dürfen.

In vino veritas. Ali Soavi Effendi trinkt als orthodoxer Muselman keinen Wein und hat durch zehnjährigen Aufenthalt in England und Frankreich gelernt sich dem grossen Publicum gegenüber jederzeit einer massvollen Sprache zu bedienen. Aber der Hauptmann Saintclair, der seit vielen Jahren im Balkan ansässig ist und diesen Winter in Konstantinopel war, um in der türkischen Armee ein Commando zu erhalten, war beständig mit Ali Soavi Effendi zusammen, und wenn ihm der Wein etwas zu Kopf gestiegen war, sprach er sich mit dankenswerther Offenheit aus: „Griechen, Bulgaren, Serben und alle übrigen Raja sind nichts weiter als Canaille; die einzig zweckmässige Behandlung derselben ist, sie jedesmal erst mit der Hetzpeitsche tüchtig durchzuprügeln und alsdann sie zur Arbeit zu schicken: das ist die beste Constitution. Und wenn dann die *crapule d'Europe* (d. h. die europäischen Mächte) mit ihren Rathschlägen angestiegen kommen, so wirft man sie zur Thür hinaus." — Wahrlich, wer für dieses Land und dessen Bewohner noch irgend Interesse hat, wird es tief bedauern, dass solche Reden nicht nur in Kaffeehäusern, sondern auch in den Häusern achtbarer Türken geführt werden.

3.

Kemal Bey.

Kemal Bey ist der Sohn eines noch jetzt am Leben befindlichen Staatsbeamten, der ihm eine sehr sorgfältige Erziehung geben liess. Schon frühzeitig legte der junge Kemal Bey Proben eines unter den jungen Stambulinern seltenen Talentes ab, indem er mit ungemeiner Leichtigkeit die Feder führt, auch das Französische mit grosser Fertigkeit spricht. Er ist jedenfalls das hervorragendste Mitglied der „Jungen Türkei", deren Schicksale er vollständig theilte. Vor der ersten Katastrophe 1867 war er mit Ali Soavi Effendi und den übrigen Mitgliedern der Partei fest verbunden und lieferte mehrere bemerkenswerthe Artikel in den *Muchbir*. Nach der Amnestie 1872 redigirte er eine Zeitlang ein von ihm begründetes Journal unter dem Titel *Ibrét*, welches die revolutionairen Tendenzen der Partei bis in ihre äussersten Consequenzen vertrat, indem es z. B. selbst die Pariser Commune von 1871 vertheidigte. Sein Chauvinismus gegen alles europäische Wesen war harmlos, da derselbe sich durch seine Extravaganzen von selbst zur Caricatur umwandelte. Verschwiegen darf übrigens nicht werden, dass er in dem *Ibret* eine sehr wichtige Reform anstrebte, die aber leider nicht den Beifall seiner Gesinnungsgenossen gefunden zu haben scheint, nämlich eine Reform des türkischen Styls.

Um dies zu verstehen, muss man wissen, dass die türkische Sprache, deren Ursitz in den Ebenen nördlich von Persien, d. h. im sogenannten Türkistan, in den Gebieten von Chiwa, Buchara, Samarkand, Chokand, Jarkend u. s. w. ist, die Sprache eines Nomadenvolkes darstellt: sie hat einen wunderbaren Reichthum an Formen, ist dagegen desto ärmer an Ausdrücken für alle abstracten

Begriffe. Statt nun aber wie die alten Hellenen und Araber den Formenreichthum ihrer Sprache auszubeuten, um für neue Ideen Ausdrücke zu schaffen, fanden die Litteraten türkischer Nationalität es bequemer, alle derartigen Ausdrücke ohne weiteres aus der arabischen oder persischen Sprache zu entlehnen, und dieses System hat nach und nach so sehr überhand genommen, dass selbst Ausdrücke für concrete Gegenstände, für die allergewöhnlichsten Bedürfnisse des täglichen Lebens, die also auch in der türkischen Sprache gerade so gut wie in jeder andern Sprache vorhanden sind, verschmäht und durch arabische oder persische Wörter ersetzt werden. Ein von hiesigen Effendi's abgefasstes Schriftstück, es mag nun betreffen, was es wolle, macht auf einen unverdorbenen Geschmack geradezu den Eindruck einer Harlekinsjacke; aber nach türkischen Begriffen gilt es als Beweis der Unwissenheit, wenn jemand sich anders ausdrücken wollte, als in diesem makkaronischen Styl. Einen komischen Eindruck macht es immer, wenn Litteraten und Zeitungsschreiber in ihren Schriften und Deputirte in den Abgeordnetenkammern in ihren Reden von „Vaterland", von „Patriotismus" den Mund vollnehmen, dabei aber gegen ihre Muttersprache eine unsägliche Verachtung an den Tag legen, die Ausdrücke „Vaterland", „Vaterlandsliebe" durch Fremdwörter dargestellt werden, und dieses angebliche „Vaterland" bis jetzt noch nicht einmal einen Eigennamen hat*).

---

*) Die Europäer bedienen sich des Namens „Türkei" oder „Osmanisches Reich"; letzterer Name hat den Uebelstand, dass er für den Fall eines Dynastiewechsels nicht mehr anwendbar ist. Die neue türkische Constitution hat ihn indessen adoptirt; es heisst dort: *Devlet-i Osmanié* und im französischen Text:

Eine natürliche Folge dieser massenhaften Anhäufung arabischer und persischer Fremdwörter ist, dass die türkischen Litteraten, statt die Nation zu belehren, zwischen sich und der Nation eine unübersteigliche Scheidewand errichten. Jeder türkische Litterat, möge er noch so unbedeutend sein wie er wolle, denkt mit Horaz: *Odi profanum vulgus et arceo*. Kemal Bey aber führte in seinem *Ibret* einen Styl ein, der zwar nicht das Idiom der türkischen Bauern in Kleinasien oder wohl gar in den Steppen von Transoxana darstellte, aber doch auch von dem Jargon der Stambuler Effendi's himmelweit verschieden war; es war einfach die Sprache der gebildeten Türken in ihrem täglichen Verkehr, und es ist daher sehr zu beklagen, dass diese Initiative keine weiteren Nachfolger fand.

Dazu kam, dass höchsten Orts der *Ibret* sehr missliebig angesehen wurde. Er erhielt wiederholte Verwarnungen, wurde zeitweilig suspendirt, aber Kemal Bey liess sich nicht irre machen, und so entschloss man sich endlich seiner schriftstellerischen Thätigkeit dadurch ein Ende zu bereiten, dass man ihn zum Statthalter des Districtes Gallipoli am Hellespont ernannte. In dieser Stellung aber hatte er wieder das Unglück das Missfallen aller richtigen Türken, gleichviel ob Alttürken oder Jungtürken, zu erregen. Zunächst liess er sich nicht auf die breitgetretene Bahn der türkischen Provinzialbeamten verlocken; Bestechungen war er unzugänglich; Erpres-

---

„*L'Empire Ottoman.*" Bis dahin sagte man bloss *Devlet-i Alié*, „der hohe Staat", welcher Benennung ein gewisser Hochmuth zu Grunde liegt, der sich bei Ali Soavi Effendi dahin ausspricht, dass die Türkei der einzige „Staat" in der Welt ist, im Munde des Volks aber, dass die europäischen Monarchen nur Vasallen des Sultans sind.

sungen waren nicht nach seinem Geschmack; sein rasches, energisches Wesen, welches sich schon in seiner raschen Sprache bekundet, gleichviel ob er türkisch oder französisch spricht, war den pracrastinatorischen Gewohnheiten seiner Unterbeamten ein unausstehlicher Gräuel. Als er aber endlich sich beifallen liess, die Strassenhunde von Gallipoli aufgreifen zu lassen und nach dem gegenüberliegenden Lampsakus zu exiliren, da war das Mass seiner Sünden voll: „die Opfer seiner Ruchlosigkeit schreien zum Himmel" hiess es. Ob er abgesetzt wurde, oder ob er aus eigenem Antriebe seine Entlassung einreichte, ist mir nicht bekannt; er kehrte nach Konstantinopel zurück und nahm seine litterarische Thätigkeit, besonders seinen *Ibret*, wieder auf.

Er schrieb damals ein Drama „Silistria oder das Vaterland". Die Scene spielt im Jahre 1854, wo die Russen unter General Schilder vergebens die Festung Silistria berannten; historisch ist aber nichts weiter in diesem Drama; nichts von der Unfähigkeit des Generals Schilder, nichts von dem aufopfernden Heldenmuth des türkischen Commandanten Mussa Pascha, nichts von der durch den Deutschen Grach so genial geleiteten Vertheidigung; der Stoff des Dramas ist reine Phantasie; auch eine Liebesgeschichte kommt vor, die wohl ebenso gut hätte wegbleiben können. Die Hauptsache ist, dass durch dieses Drama der türkischen Nation der Begriff „Vaterland" und der demselben entsprechende arabische Ausdruck *Vatan* zum Bewusstsein kam, da ihnen bis dahin das Verständniss dafür abging. Augenscheinlich war das Stück unter dem Eindruck der Ereignisse des deutsch-französischen Krieges 1870/71 geschrieben (Kemal Bey war während der Dauer desselben in Paris) und in Betreff des Styls und der Sprache herrschen hier, wie in allen übrigen litterarischen Producten Kemal Bey's, dieselben Grundsätze, wie im *Ibret*. Eben dieser Ursache ist es auch zuzuschreiben, dass das Stück auf der Bühne trotz seiner sonstigen Mängel einen so durchschlagenden Erfolg hatte, so dass die damaligen Machthaber es für angezeigt hielten, die Wiederholungen desselben zu verhindern, indem sie den Verfasser so wie die übrigen Mitglieder der *Jeune Turquie* noch denselben Abend verhaften liessen und nach Rhodus und Cypern verbannten.

Kemal Bey hat noch einige andere Schauspiele, so wie historische und belletristische Arbeiten veröffentlicht. Im Jahre 1875 erschien ein Schauspiel *Gül Nihal* „Rosenstock", zwar anonym, aber unstreitig von ihm. Das Drama wurde in den öffentlichen Blättern angezeigt, öffentlich verkauft und allgemein gelesen; das Unterrichts-Ministerium aber, ohne dessen Genehmigung in der Türkei nichts gedruckt werden darf, und das Pressbureau, welches seit mehreren Jahren die hiesige periodische Presse bis aufs Blut peinigte, müssen doch damals geschlafen haben, denn *Gül Nihal* war nichts mehr und nichts weniger als eine Satyre auf die Erbfolgestreitigkeiten zwischen Sultan Abdul Aziz und seinem Neffen Sultan Murad V. (damals Murad Effendi).

Von Sultan Abdul Hamid wurde Kemal Bey mit seinen übrigen Schicksalsgenossen amnestirt und sogar in den kaiserlichen Palast berufen, um dort eine Art Zeitungsbureau zu errichten und zugleich wichtige wissenschaftliche Werke aus verschiedenen europäischen Sprachen zu übersetzen. Aber der gleichzeitig zum Prinzenhofmeister ernannte Ali Soavi Effendi duldete diese Leute nicht neben sich, sodass die Ernennung schon am folgenden Tage wieder rückgängig gemacht wurde. In den

Augen Ali Soavi Effendi's ist Europa nichts weiter als ein grosser Viehstall.

Als Midhat Pascha im December 1876 Grossvezir ward, ernannte derselbe Kemal Bey zum Staatsrath und bediente sich der ungewöhnlichen Talente des Bey zu zahlreichen Ausarbeitungen. So wurde Kemal Bey in das Schicksal Midhat Pascha's verflochten, und er befindet sich seit dessen Sturze in Haft unter der Anklage des Hochverraths. Für die hiesige Justizverwaltung ist es charakteristisch, dass das Criminalgericht erster Instanz den Angeklagten auf eine blosse schriftliche Denunciation verurtheilte, ohne einmal den angeblichen Urheber der Denunciation vorzufordern, ja ohne einmal darüber Auskunft geben zu können, auf welchem Wege das betreffende Actenstück in die Hände des Gerichts gekommen war. Angeblich soll ein gewisser Hikmet Bey, Enkel Fuad Pascha's, diese Denunciation gemacht haben. Als nun Kemal Bey gegen diese unerhörte Procedur Appell einlegte, stellte es sich heraus, dass Hikmet Bey von der ganzen Sache gar nichts wusste, dass er niemals mit Kemal Bey in Berührung gekommen war, und dass das Siegel, welches statt der Unterschrift unter der Denunciation abgedruckt war, eine Fälschung war. Das Appellationsgericht hatte auch bald ermittelt, wer die Fälschung begangen, und welcher Graveur das falsche Siegel gestochen hatte. Das Urtheil wurde also selbstverständlich umgestossen, und die Sache als keineswegs bis zur Spruchreife untersucht, von neuem an die erste Instanz zurückverwiesen.

Vor einigen Tagen erst, kurz nach der Verkündigung des Belagerungszustandes in Konstantinopel, hiess es, Kemal Bey sei exilirt, was aber nicht der Fall ist. Noch in diesem Augenblicke vielmehr befindet er sich in

Untersuchungshaft. Neben jener Denunciation, dem Werk eines Derwisch, figuriren ein gewisser Altindschi und ein gewisser Kunduri als seine Ankläger; dieselben waren vor mehreren Jahren in eine Verschwörung gegen Sultan Abdul Aziz verflochten; von ersterem, Altindschi, weiss man nicht einmal recht, ob er ein Christ oder ein Muhammedaner ist; ursprünglich Grieche, soll er zu irgend einer Zeit zum Islam übergetreten sein, was er aber jetzt ableugnet.

4.
Zia Pascha.

Zia Bey ist ein naher Verwandter des Ex-Grossvezirs Mahmud Nedim Pascha und gehört ebenfalls zu den hervorragenden Mitgliedern der *Jeune Turquie*.

Im Jahr 1859, also noch zur Zeit des Sultans Abdul Medschid, erschien unter dem Titel Andalus Tarichi „Geschichte von Spanien" eine Geschichte der arabischen Herrschaft auf der iberischen Halbinsel. Der Verfasser hatte sich nicht genannt, und da das Buch durch seine masslose Sprache Aufsehen erregte, so forschte man nach dem Autor. Es scheint, dass es unter den Türken selbst ein öffentliches Geheimniss war, aber den Christen, die sich darnach erkundigten, gab man Antworten, welche nothwendig irre leiten mussten. So hiess es, Edhem Pascha (der jetzige Grossvezir) habe es verfasst, was jedoch ganz entschieden unrichtig ist; dann sollten es nicht einer, sondern mehrere Verfasser ausgearbeitet haben, was aber auch nicht denkbar ist; die sorgfältigsten Erkundigungen führten auf Zia Bey hin, der sich auch sonst durch seine feindselige Gesinnung gegen Europa und gegen das Christenthum bemerklich machte. In dem erwähnten Buche aber stiess man auf eine Sprache, wie man sie wenigstens seit 50 Jahren nicht mehr in der

besseren Gesellschaft, sowie in den Erzeugnissen der
türkischen Litteratur gewohnt war; der von Sultan Abdul
Medschid verpönte Ausdruck Kiafir (Gjaur) zur Bezeichnung der Nicht-Muhammedaner war hier wieder verschwenderisch angebracht; es war eine grossartige Anklage-
schrift gegen das christliche Europa und namentlich gegen
Spanien. Dabei verschmähte der Autor nicht zum Beleg
seiner Behauptung Fälschungen vorzunehmen; so z. B.
benutzte er den Umstand, dass im Arabischen Spanien
Andalus heisst, zu unzutreffenden Parallelen, indem er
die Bevölkerung des ganzen Spaniens zur Zeit der arabischen Herrschaft mit der heutigen Bevölkerung nicht
des ganzen Spaniens, sondern der Provinz Andalucia
nach den Angaben des Gothaischen Almanachs verglich.
Die Wirklichkeit ist schon schlimm genug, und man begreift daher nicht, weshalb der Autor noch zu Fälschungen
griff. Sultan Abdul Medschid verbot das Buch und liess
sämmtliche Exemplare desselben, soweit sie noch nicht
verkauft waren, bei den Buchhändlern confisciren. Ich
glaube, Sultan Abdul Medschid that daran Unrecht. Mehr
als irgend eine andere Geschichte verdient die Geschichte
Spaniens überall, und besonders in der Türkei studirt zu
werden, da sie so recht geeignet ist zu zeigen, wie „die
Sünden der Väter an den Kindern bis ins dritte und
vierte Glied gerächt werden", und wie die Nationen soli-
darisch verantwortlich sind für alles, was ihre legalen
Vertreter thun oder unterlassen. Dass die Spanier die
Unabhängigkeit ihres Vaterlandes wieder herzustellen
suchten, wird ihnen niemand verübeln, aber in den Augen
Zia Bey's war dies ein unverzeihliches Verbrechen. Nun
folgt aber in der Geschichte Spaniens eine beispiellose
Reihe von schlechten oder unfähigen Monarchen, welche
mit ihren Gross-Inquisitoren und ihren Helfershelfern

drei Jahrhunderte lang Hochverrath an der Menschheit
verübten, wofür das Land noch jetzt, und wahrscheinlich
noch auf lange Zeit hinaus, zu leiden hat. Statt also ein
solches Buch zu verbieten, müsste es so viel wie möglich
verbreitet werden, denn auch das türkische Reich hat in
den sechs Jahrhunderten seiner Existenz manche Sünde
auf sich geladen, und wir haben gesehen, was die Regierung
des Sultans Abdul Aziz, die nicht einmal volle
15 Jahre gedauert hat, im Stande war zu bewirken.

Sultan Abdul Aziz liess die „Geschichte von Spanien"
wieder freigeben; die Auflage wurde von ihrem Sequester
erlöst und es ist auch noch ein zweiter Band erschienen.
Zia Bey wurde bald darauf zum Statthalter von Amasia
ernannt, wo er eine Reihe von Massregeln traf, die ganz
im Sinn und Geist der Jungtürken waren, aber bei der
übrigen Bevölkerung grosses Missfallen erregten, z. B.
seine Verordnungen über die Reinlichkeit der Strassen
und öffentlichen Plätze: wo hat man jemals erlebt, dass
sich ein Statthalter um solche Dinge bekümmert? Er bekümmert?
Er bestand auf pünklicher Anwesenheit der
Beamten in ihren Bureaux, auf rascher Erledigung der
Geschäfte: was fällt denn dem Manne ein? — Nur nicht
hitzig; Zia Bey ist zwar ein Jungtürke, aber doch immer
ein Türke. Amasia gehört zu den gewerbreichsten Städten
Kleinasiens; seine Seidenindustrie muss schon sehr alt sein,
da bereits Marco Polo derselben erwähnt, zwar nicht ausdrücklich
für die Stadt Amasia (die er nicht nennt), aber
doch für die Umgegend. Ein Handlungshaus in Freiburg
in Baden besitzt dort eine grosse Fabrik, in welcher
Hunderte von Kindern beider Geschlechter und ohne
Unterschied des Glaubens beschäftigt sind die Seide von
den Cocons abzuspinnen, zu welcher Operation sich gerade
die zarte Hand des Kindes ganz vorzüglich eignet. Zia

Bey besuchte diese Fabrik, und der Anblick so vieler Mädchen, die mit fröhlichem Gesange ihre Arbeit verrichteten, war für seinen türkischen Rigorismus ein unausstehlicher Gräuel. Er befahl, dass die türkischen Mädchen auf der Stelle die Fabrik verlassen sollten! ohne zu bedenken, dass ihrer Hände Arbeit vielleicht manchen verarmten Vater, manche alte Mutter, manche jüngeren Geschwister ernährt; dass die Eltern dieser Mädchen, die doch mindestens eben so gute Muhammedaner waren wie Zia Bey, durchaus nichts Anstössiges darin fanden; dass hier zu Lande das Capital durch rücksichtslose Ausbeutung der Arbeitskraft noch kein Fabrik-Proletariat erzeugt, und dass überall die redliche Arbeit den Menschen mehr adelt, mehr bessert, als alle asketische Hypokrisie: kurz, Zia Bey verbot die Arbeit und legitimirte sich dadurch wieder als richtigen Türken. Bald darauf ward er Mitglied des Staatsraths, in welcher Stellung er natürlich nicht viel zu thun hatte. Er betheiligte sich also bei den Zusammenkünften der Jungtürken, und als man ihn in Betracht seiner Geburt und seiner bisherigen Wirksamkeit zum Statthalter von Cypern ernannte, zog er es vor, sich freiwillig nach Paris zu exiliren, angeblich weil die Statthalterschaft von Cypern für ihn, Zia Bey, nicht bedeutend genug war. Da er sich auch persönlicher Beleidigungen des Sultans schuldig gemacht hatte, so benutzte Aali Pascha, gegen den sich doch vorzugsweise das Treiben der Jungtürken richtete, diesen Umstand mit vieler Geschicklichkeit, um sich von dem Verdachte zu reinigen, dass seine Strenge gegen das Jungtürkenthum von persönlichen Motiven eingegeben sei.

Nach Aali Pascha's Tode kehrte Zia Bey gleich den übrigen Amnestirten nach Konstantinopel zurück und war zunächst im Privatcabinet des Grossvezirs Mahmud

Nedim Pascha thätig, wurde auch bald darauf wieder in seinem früheren Posten als Mitglied des Staatsraths bestätigt. Die im April 1873 unter dem Grossvezirat Essad Pascha's ausgebrochene Katastrophe traf auch Zia Bey, der mit einer Pension von 5000 Piastern monatlich aus dem Staatsrath entfernt wurde. Unter dem Sultan Abdul Hamid ward er Unterstaatssecretair im Unterrichts-Ministerium, und bald darauf (Ende 1876) General-Gouverneur von Syrien mit Vezirsrang, so dass er seitdem Zia Pascha heisst. Es hätte nicht viel gefehlt, dass er bei diesem Anlass wieder in Ungnade gefallen wäre; auf seiner Reise nach Syrien stieg er in Smyrna ans Land, besichtigte die dortigen türkischen Schulen, und hielt in einer derselben eine Rede, in welcher er den Zöglingen der Anstalt demonstrirte, dass der Sultan der erste Beamte der Nation sei: nicht mehr und nicht weniger. Gefällige Correspondenten beeilten sich, diese Aeusserung brühwarm nach Konstantinopel zu berichten, aber Midhat Pascha war noch Grossvezir, und Zia Pascha beeilte sich seine Reise fortzusetzen. Ueber seine Wirksamkeit in Syrien hat man noch nichts Besonderes erfahren können, wahrscheinlich weil er klüglicherweise es vermeidet, durch auffallende Massregeln Aufsehen zu erregen und an seine revolutionäre Rede in Smyrna zu erinnern.

Es ist in diesem Abschnitt mehrmals des türkischen Chauvinismus erwähnt worden; im Grunde ist Chauvinismus etwas sehr Natürliches, das wusste schon Herodot*). Der gemeine Türke bildet sich ein, dass die europäischen Monarchen nur Vasallen des Sultans sind, indem sie von

---

*) Herodot, Lib. III, Cap. 18.

ihm mit ihren Thronen belehnt werden. Als im Krimkriege englische, französische und sardinische Truppen gemeinschaftlich an der Seite der Türken gegen die Russen kämpften, waren die Türken fest überzeugt, dass dieselben auf Befehl des Sultans ihre pflichtschuldigen Contingente zur Verfügung der Pforte gestellt hätten. Der gebildete Alttürke hat so gut seinen Chauvinismus, wie der Jungtürke und wie der gemeine Türke, aber er besitzt zu viel Lebensart, als dass er in Gegenwart von Europäern sich solche Aeusserungen erlaubt. Auch waren die beständigen Geldverlegenheiten der Pforte, welche zu wiederholten Anleihen an den europäischen Börsen nöthigten, nicht darnach angethan, sich Europa gegenüber hochmüthig in die Brust zu werfen, und der traurige Anblick, welchen das türkische Reich während der Amtsführung des Grossvezirs Mahmud Nedim Pascha !darbot, musste jede chauvinistische Aeusserung unterdrücken. Kaum hatte man angefangen sich etwas von dieser Calamität zu erholen, als auch der Chauvinismus in der jungtürkischen und alttürkischen Presse wieder sein Haupt erhob, und es dürfte angezeigt sein, dem Leser zur Abwechslung einige drastische Proben vorzulegen.

Im April 1873 erfuhr man, dass die niederländische Regierung dem Radscha von Atschin Krieg erklärt hätte, Von der Existenz eines Reiches Atschin hatte bis dahin kein Stambuler Effendi etwas vernommen; um so mehr war man erstaunt auf einmal zu erfahren, dass der Radscha von Atschin behauptete, nicht nur ein orthodoxer Muselman, sondern auch, in Folge eines vor mehr als 300 Jahren abgeschlossenen Vertrags, ein loyaler Vasall der osmanischen Sultane zu sein; auch erschien bald darauf ein Abgeordneter des Radscha in Konstantinopel, um die Hülfe des Sultans in Anspruch zu nehmen. Nun fingen unsere Effendi's Feuer und meinten, ganz Europa müsse Holland deshalb den Krieg erklären. Das *Bassiret* verkündigte in seiner Nummer vom 9. Juli mit grossem Jubel, dass die Pforte nächstens 8 Kriegsschiffe in die Gewässer von Sumatra senden werde, um die Atschinesen zu schützen und die Holländer zu züchtigen, und schon träumte die türkische Presse von der Errichtung eines indischen Inselreichs mit Sumatra, Java, Borneo u. s. w. unter dem glorreichen Banner des Sultans Abdul Aziz. Ein wahres *enfant terrible* von Indiscretion! Wer hängt denn solches an die grosse Glocke? Zunächst handelte es sich nicht um 8 Kriegsschiffe, sondern nur um eine einzige Fregatte Muchbiri Surur; aber auch eine einzige Fregatte wäre hinreichend gewesen, den holländischen Gesandten zu veranlassen, seine Pässe zu fordern. In aller Eile wurde also das *Bassiret* auf unbestimmte Zeit suspendirt, seine Nachricht dementirt; der Muchbiri Surur habe nur den Auftrag, nach Bassra abzugehen.

Durch diese Lection noch nicht genug gewitzigt, brachte dasselbe Blatt im October 1873 einen Artikel, der wo möglich noch unverschämter war. Es handelte sich um die Niederlage des muhammedanischen Panthai in China und die scheusslichen Grausamkeiten, welche die chinesischen Truppen bei der Einnahme der Stadt Talifu ausgeübt hatten. Der Journalist hatte irgendwo gelesen, dass einzelne Abenteurer aus Europa in chinesische Dienste getreten waren; daraus folgerte er nun, dass die chinesischen Soldaten in Junnan von europäischen Offizieren angeführt wurden, dass die Grausamkeiten von Talifu und Mumein auf Geheiss der Europäer aus Hass gegen den Islam verübt sind, dass also die europäischen Mächte für diese Unthaten verantwortlich sind, und dass zur Sühne dieser Verbrechen das vereinigte Europa dem

Kaiser von China Krieg erklären und sein ganzes Reich erobern und unter sich vertheilen müsse. Es ist schon eine sonderbare Logik, dass Europa für jeden verlaufenen Abenteurer in China oder Patagonien verantwortlich sein soll; noch sonderbarer aber ist, dass nicht der Sultan des osmanischen Reiches, als geistiges Oberhaupt des Islam, sondern das christliche Europa das Blut der in Talifu ermordeten Muhammedaner rächen soll; eine Zumuthung, die offenbar ihren Grund in der Idee hat, dass die europäischen Monarchen ihre Throne von Sultans Gnaden inne haben, und dass sie nichts weiter als Vasallen des Sultans sind.

Wenige Tage darauf überbot sich das *Bassiret* in einem Artikel, der an Lächerlichkeit seines gleichen suchte. Es enthielt einen Aufruf zu einer Art Kreuzzug des Islam gegen die europäischen Mächte, indem es zur Bildung einer Propaganda aufforderte, ungefähr wie der Panslavismus oder der Jesuiten-Orden; demgemäss sollen überall Beiträge eingesammelt werden, um aus der Casse Agenten zu besolden, welche die unter fremder Herrschaft stehenden Muhammedaner zum Aufstand reizen sollen; namentlich sind Algier, Indien, Java und Sumatra, Krim und Kaukasus genannt. Während also England und Frankreich 1854 — 1856 ihr Blut vergossen haben, um die Türkei gegen Russlands Anmassungen zu vertheidigen und noch immer gewaltige Anstrengungen machen, um das hinfällige Reich aufrecht zu erhalten, predigen die Türken hier in Konstantinopel öffentlich unter den Augen der Diplomaten den Aufstand in Algier und Indien! Binnen Jahresfrist hofft man so viel Geld beisammen zu haben, um die Agenten aussenden zu können; Sumatra, Java und Borneo sollen ein eigner muhammedanischer Staat werden; auf das britische Indien ist es natürlich in erster Linie abgesehen; auch mit Italien soll von Tunis aus angebunden werden; kurz, Karnickel hat gewaltige Courage, und möchte je eher je lieber mit dem vereinigten Europa anbinden.

Für solche Ergüsse ist natürlich die Regierung nicht verantwortlich; man darf jedoch nicht übersehen, dass das *Bassiret* von allen türkischen Blättern am meisten gelesen wird, weil es mehr als irgend ein anderes Blatt der getreue Spiegel der in der türkischen Nation herrschenden Ideen ist. Anders gestaltet sich die Sache, wenn ein amtliches Blatt seine Spalten zu solchen Ungebührlichkeiten hergiebt; ich lasse deshalb hier eins der glorreichsten Beispiele des Chauvinismus, wie er in den auf Bildung Anspruch machenden Kreisen herrscht, nachfolgen.

Unter dem Titel *Dscheridé-i-Tibbié-i-Askerié* (militairärztliche Zeitschrift) erscheint in Konstantinopel monatlich eine Zeitschrift, deren Titel hinlänglich ihren Zweck anzeigt: sie enthält Statistiken über die Militairhospitäler, Abhandlungen über einzelne besondere Krankheiten u. s. w. Es ist nun schon bezeichnend für den Geist, der in diesem Blatte herrscht, dass sie die seit dem Krimkriege hier existirende *Société Impériale de Médécine* und die von ihr seit derselben Zeit herausgegebene Monatsschrift *Gazette Médicale d'Orient* gänzlich ignorirt, obgleich diese Gesellschaft einen officiellen Charakter hat und sehr häufig von der Regierung in ärztlichen Angelegenheiten consultirt wird. Dagegen lesen wir in Nr. 11 und 12 der genannten türkischen Zeitung (Januar und Februar 1873), und zwar an der Spitze des Blattes, einen Aufsatz unter dem Titel „Ueber die wichtigsten medicinischen und hygienischen Entdeckungen", aus welchem ich einige Stellen übersetzen werde.

Im Eingang bemerkt der Verfasser, dass die Aerzte über die normale Dauer des menschlichen Lebens nicht einig sind; während Flourens sie auf 100 Jahre ansetzt, seien die meisten Aerzte geneigt, sie nur auf 70 und, wenns hochkommt, auf 80 anzusetzen. Dann fährt er fort: dass ein gewisser Janère (er meint vermuthlich Dr. Ed. Jenner), geboren in Berkeley im Jahre 1749, in seinem zwanzigsten Jahre, d. h. im Jahre 1776, angeblich die Kuhpockenimpfung entdeckt und dadurch die Dauer des menschlichen Lebens um acht bis zehn Jahre verlängert habe; dass das Parlament ihm für diese herrliche Entdeckung eine Prämie von 20,000 Pfd. Sterl. bewilligt habe. Das Weitere übersetze ich wörtlich (versteht sich von selbst, so weit überhaupt eine wörtliche Uebersetzung aus einem bombastischen türkischen Text in lesbares Deutsch möglich ist).

„Es ist nun aber sehr betrübend und beklagenswerth dass der dem Janère zugeschriebene Ruhm der Entdeckung der Vaccination ihrem wirklichen Entdecker und Erfinder geraubt ist, so dass selbst die jetzigen Aerzte desselben gar nicht gedenken. Ich will also mit kräftigen entscheidenden Gründen und mit logischen überzeugenden Beweisen darthun, wer der wahre Entdecker ist.

„Der wahre Entdecker der Pockenimpfung ist Seidi Abu Bekr Mohammed ben Zakaria el Razi, geboren im Jahre Christi 850 in der Stadt Rai in Chorassan. Bis zu seinem dreissigsten Jahre war er Musikant in den Kaffehäusern; dann aber empfing er durch die Gnade und Barmherzigkeit Gottes von den Leuchten der Wissenschaft und der Erkenntniss auf den medicinischen Universitäten von Damaskus, Kairo, Córdoba, Granada u. s. w. das Licht der Vollkommenheit, und erwarb sich von den ausgezeichneten Gelehrten und geschickten Aerzten seiner Zeit die intellectuellen Wissenschaften, und ward einer, von den berühmtesten Gelehrten und Aerzten des Mittelalters, wo das Volk des Islam den höchsten Grad der Cultur erreichte, so dass nicht nur damals, sondern auch noch jetzt die berühmtesten Aerzte und Gelehrten seine grossartigen Entdeckungen und seine zahlreichen Werke bewundern. Er ist der Verfasser eines in der ganzen Welt populairen Werkes über die Blattern und Masern; er ist der Verfasser einer Art Encyklopädie der medicinischen Wissenschaften unter dem Titel: „*El Hawy*," gewissermassen einer universellen Mustersammlung der tiefsinnigsten philosophischen und wissenschaftlichen Fragen. Gottes Barmherzigkeit sei über ihm! Auf allen medicinischen Universitäten des Mittelalters, besonders in Montpellier in Frankreich und in Salerno in Italien, wurde diese Encyklopädie nebst dem Kanon des Ibn Sina ins Lateinische übersetzt. Viele Generationen und Jahrhunderte hindurch stand dieses Buch bei Lehrern und Schülern im höchsten Ansehen behufs des Studiums der Arzneikunst und ward den Büchern aller andern vorgezogen; bei den französischen Aerzten jener Zeit war er unter dem Namen Observateur berühmt. Im J. 922 (oder 923, der Druck ist nicht recht deutlich) ging er zur Barmherzigkeit Gottes ein. Ueber die Pockenimpfung hat er ein sehr geschätztes und beliebtes Buch geschrieben, welches Laurent Valla und Plaisance im J. 1498 ins Lateinische und Poitiers in J. 1556 ins Französische übersetzten; 1768 wurde es abermals von G. G. Raulet sehr sorgfältig ins Französische übersetzt; das Buch ist also in arabischer, lateinischer und französischer Sprache in der ganzen Welt verbreitet. Unterliegt es daher noch irgend einem Zweifel, dass der wahre Entdecker der Pockenimpfung dieser Razi ist, welcher zehn Jahrhunderte vor der Geburt des besagten Janère gestorben, und dessen Buch über die Pockenimpfung in der ganzen Welt verbreitet ist?"

Quod erat demonstrandum. Was denn?

In Europa wussten wir längst, dass Razi einer der ausgezeichnetsten arabischen Aerzte war; sein Buch über die Pocken und Masern ist vielfach übersetzt und gedruckt; bloss bis zum Jahr 1800 giebt es 35 in Europa gedruckte Ausgaben in 35 Uebersetzungen (1 griechische aus der Zeit des Constantin Dukas etwa 1060, 22 lateinische, 3 französische, 8 englische und 1 deutsche). Die neueste Ausgabe ist von Dr. W. A. Greenhill, London 1848, und enthält 1) *Treatise on the Small-Pox and Measles;* 2) *Liber ad Almansorem;* 3) *Divisio Morborum;* 4) *Liber Continens* (El Hauy); 5) Anmerkungen und Erläuterungen, 6) arabischen und englischen Index mit Zusätzen und Verbesserungen. Dass aber unser Journalist das wohlbekannte Buch über die Pocken und Masern im Handumdrehen in ein Buch über die Pockenimpfung verwandelt, ist charakteristisch für die türkische Logik; denn bekanntlich steht in dem ganzen Werke des Razi kein Wort von Pockenimpfung und noch viel weniger von der Vaccination. Unser Journalist scheint sogar Pockenimpfung und Vaccination für dasselbe zu halten, während doch ein himmelweiter Unterschied zwischen beiden Operationen besteht. Dass aber Brahmanen, Chinesen und selbst Tscherkessen und Neger vom Senegal die Pockenimpfung viel früher kannten als „die grossen Welterleuchter", „die unsterblichen Araber", davon scheint er gar keine Ahnung zu haben. Doch wollen wir ihm dies nicht gross anrechnen; als orthodoxer Muselmann ist er nicht verpflichtet zu wissen, was Brahmanen, Chinesen und sonstiges ungläubiges Heidengesindel treiben. Wohl aber wundert man sich darüber, dass er die Stadt Rai nach Chorassan versetzt, dass er seinen Helden Razi zum Musikanten in Kaffeehäusern macht, dass er also nicht einmal weiss, dass noch wenigstens sechs Jahrhunderte nach Razi's Tode der Kaffee nicht bekannt war, es also auch keine Kaffeehäuser gab.

Es fällt mir nicht im entferntesten ein, an dem Ruhme Razi's zu rütteln; im Gegentheil, ich hege die grösste Hochachtung vor diesem Mann: es geht aber aus dem ganzen Aufsatz unsers Journalisten unstreitig hervor, dass er die Werke des Razi gar nicht kennt, niemals gelesen hat, wahrscheinlich weil er weder Arabisch kann, noch irgendeine der Sprachen, in welche die Werke Razi's übersetzt sind. Dass er weder Razi, noch Ibn Sina (Avicenna), noch irgendeinen andern arabischen Arzt gelesen hat, werden wir im Laufe dieses Artikels beweisen. Jetzt noch einige Proben von dem wahnsinnigen Hochmuth unsers Autors.

„Wer kann es läugnen, dass die ausgezeichneten Leuchten der Wissenschaften und Künste an den ärztlichen Universitäten von Bagdad, Bochara, Samarkand, Damaskus, Kairo, Córdoba, Granada, Sevilla den europäischen Medicinalschulen ein Licht angezündet haben, um die Finsterniss zu erleuchten?

„Und ist nicht das Buch El Haui in 30 grossen Bänden" (in Dr. Greenhills Ausgabe S. 97—133, also auf 37 Seiten) „ausser mehr als hundert Bänden über die Arzneikunst von demselben Verfasser vorhanden?

„Kann man läugnen, dass die europäischen Aerzte nach ihrem eigenen Eingeständniss die meisten medicinischen Fragen aus dem besagten Buch entlehnt haben?

„Während also die heutzutage in der ganzen Welt gebräuchliche (!!!) Pockenimpfung von dem erwähnten Abu Bekr Razi vor 988 Jahren, also vor ungefähr zehn Jahrhunderten, probirt und in seinem Buche beschrieben ist, was auch die Europäer selbst in ihren medicinischen

Wörterbüchern bestätigen, verlohnt es sich der Mühe auch nur anzuhören, wenn einige Europäer behaupten: das haben wir vor 100 Jahren erfunden?"

Statt in dieser Weise auf vier Seiten das Journal mit masslosen Invectiven anzufüllen, wäre es jedenfalls dem Ernst und der Würde der Wissenschaft viel angemessener gewesen, wenn er aus irgend einer Ausgabe des Razi, allenfalls im arabischen Urtext und mit Hinzufügung einer lateinischen oder französischen Uebersetzung, nebst Angabe der Seitenzahl, die Stelle wortgetreu copirt hätte, wo seiner Behauptung zufolge Razi die Vaccination beschreibt. Das wäre viel logischer und überzeugender gewesen; aber aus sehr triftigen Gründen hat er sich sorgfältig gehütet, dieses Verfahren einzuschlagen. Hören wir etwas weiter.

„Was sollen wir zu dem Kanon des Ibn Sina (Avicenna) sagen, der in Venedig gedruckt und in fast alle europäischen Sprachen übersetzt ist? Sehen wir nicht in den medicinischen Zeitschriften, welche jeden Tag in Europa herausgegeben werden, dass noch heutzutage die europäischen Aerzte behufs der Auflösung schwieriger Fragen in ihren wissenschaftlichen Vereinen diesen Kanon zu Rathe ziehen und dadurch die Schwierigkeiten beseitigen, und dass sie fast alle ihre Ansichten mit den Aussprüchen dieses Kanon belegen?"

Der Himmel mag wissen welche medicinischen Zeitschriften unser Autor meint; hätte er doch nur eine einzige namhaft gemacht und einige Stellen daraus citirt; mir ist manche Zeitschrift dieser Art durch die Hände gegangen, ich erinnere mich aber nie etwas Aehnliches in ihnen gesehen zu haben. Der ganze Passus ist nichts weiter als eine ganz unverschämte Aufschneiderei und lediglich für ein ganz unwissendes türkisches Publicum berechnet; eben dasselbe ist mit dem folgenden Passus der Fall.

„Lesen wir nicht in den Büchern der Europäer, dass sie selbst eingestehen und zugeben, dass der Same der physikalischen Wissenschaften, welchen Ibn Sina in Asien gepflanzt hat, sich über Europa verbreitete, und dass die Europäer bis jetzt noch nicht im Stande sind den Schatz morgenländischer Weisheit zu entdecken und zu Tage zu fördern?"

Da begeht also jedenfalls die türkische Regierung eine ausserordentliche Thorheit mit grossen Kosten europäische Professoren an ihrer Medicinalschule und europäische Aerzte und Chirurgen in ihren Militair- und Marine-Hospitälern zu verwenden. Warum wirft man in der Türkei nicht den ganzen Plunder europäischer Unwissenheit fort, um statt dessen den Hauy des Razi und den Kanon des Ibn Sina in Anwendung zu bringen? Die Regierung muss doch wohl einige Ursachen haben, weshalb sie es nicht thut.

Nach einem Erguss über die Uebersetzungen, welche der Chalife Mamun von den Werken der griechischen Aerzte mit grossen Kosten veranstalten liess, geht unser Autor zu dem dritten im Bund über, dem Chirurgen Abul Kassim, wie folgt:

„Der im zehnten Jahrhundert in dem Dorfe Zahara in der Nähe von Córdoba in Andalusien geborne Abul Kassim, der unter den Lichtern der arabischen Universitäten dem Bukrat (Hippokrates), dem Tschalinus (Galenus), dem Razi ebenbürtig, und in der Chirurgie dem Sels (Celsus) und Pol d'Egine (Paulus Aegineta) überlegen ist, hat in einem unvergleichlichen Werke unter dem Titel El Tarif (Bekanntmachung) in 32 Abhandlungen die Grundsätze der Chirurgie vorgetragen, und dieses Werk hatte mehrere Jahrhunderte in allen bekannten Erdtheilen unter den Chirurgen dasselbe Ansehen und dieselbe Autorität wie der Kanon und der Hauy. Die meisten in der Chirurgie angewendeten Instrumente hat Abul Kassim beschrieben und gezeichnet, und noch jetzt wird seiner mit Lobeserhebungen in den Schriften der besten Aerzte gedacht".

Um die unzweifelhaften Verdienste des Abul Kassim hervorzuheben, ist es jedenfalls überflüssig, dessen Vorgänger Hippokrates, Galenus, Paulus Aegineta u. s. w. herabzusetzen; was er aber noch weiter über Abul Kassim schreibt, ist wieder lediglich für unwissende und abergläubische Türken berechnet; unser Journalist spricht nämlich über die von Abul Kassim beschriebene Ameisennaht der Darmwunden, und charakterisirt sie als „eine der grössten chirurgischen Entdeckungen"; wenigstens glaube ich, dass er in seinem kauderwälschen Türkisch dies hat sagen wollen, denn in der Handhabung seiner Muttersprache ist er ebenso unwissend wie in der Wissenschaft, deren Geheimnisse er den Europäern aufzudecken sich anmasst. So z. B. nennt er eine „Erfindung" *keschf*, was aber im correcten Türkisch „Entdeckung" bedeutet; für „Erfindung" hat man die türkischen Ausdrücke „*ihdath*" oder „*ichtirá;*" selbst für „Chirurgie" gebraucht er mitunter ganz sonderbare Wörter. Dass die angebliche Ameise und die durch ihren Biss hervorgebrachte Ameisennaht eine Fabel ist, wie man schon seit 300 Jahren weiss, davon scheint unser Fanatiker gar keine Ahnung zu haben, obgleich er den Mund darüber sehr voll nimmt. Je voller er aber den Mund nimmt, desto leerer zeigt sich sein Gehirn; Thatsache ist, dass er den Abul Kassim gar nicht gelesen hat, ebensowenig wie den Razi, sonst würde er folgende Stelle nicht geschrieben haben:

„Gleich wie diese wichtige chirurgische Entdeckung" (er meint den Schwindel der Ameisennaht) „von allen Aerzten und Chirurgen des Mittelalters befolgt wurde, so ist sie noch jetzt in einigen Gegenden von Arabistan, besonders in Algier, bei den Chirurgen gebräuchlich. Der berühmte Arzt und Chirurg Fournari in Algier heilt die Hasenlippe und ähnliche Wunden durch das von Abul Kassim erfundene Verfahren mittelst des Kopfes und des Gebisses der erwähnten Ameise", (hier wie vorhin bedient sich unser Journalist beständig des Ausdrucks Käfer) „und hat nach dem Muster des Gebisses dieses Käfers ein Instrument erfunden, jedoch ist es ihm nicht geglückt, den Gebrauch dieses Instrumentes in Algier allgemein einzuführen, wie der verstorbene Malgaigne, einer der achtbarsten französischen Schriftsteller, in seinem Buch über die chirurgischen Operationen, das in unserer Medicinalschule früher in der achten, jetzt in der siebenten Classe gelehrt wird, im siebenten Capitel S. 49 ausdrücklich bemerkt. Dem im Jahre 1856 verstorbenen Vidal de Cassis, einem der berühmtesten Chirurgen des 19. Jahrhunderts, wird diese Entdeckung zugeschrieben" (Diese Phrase ist wieder schauderhaft stylisirt und nicht einmal grammatisch correct.) „Hat der verstorbene Vidal etwa eine neue Sache entdeckt und ans Licht gebracht? Nein, nein; er hat nur die Entdeckungen Abul Kassims weiter verbreitet."

In Abul Kassims Werk wird gelehrt, wie die Hasenscharte mittelst der *Sutura circumvoluta* geheilt wird; es ist dort weder von einer Ameise, noch von einem Käfer, noch von einem ihrem Gebiss ähnlichen Instrument die Rede, und unser Fanatiker hat also den Abul Kassim gar nicht gelesen, wahrscheinlich weil er von der arabischen Sprache noch viel weniger versteht als von seiner türkischen Muttersprache. Das ganze Gewäsch ist ein unverdautes Gemisch von allen möglichen unverstandenen Notizen, z. B. Insectennadeln, d. h. Nadeln zum Aufspiessen der Insecten, hält er für Nadeln, die in ihrer Form die Gestalt eines Insectenkiefers darstellen, und die zur Heilung der Hasenlippe verwendet werden, weil man nicht überall den Käfer oder die Ameise des Abul Kassim finde. In einer schauderhaften Periode von 1½ Spalten Länge hallucinirt er in Fieberträumen über Laenuec, Bukrat (Hippokrates), Auscultation und Stethoskop ins Gelag hinein, ohne dass man weiss, was er damit beabsichtigt. Dann folgt ein schwunghafter Dithyrambus auf den unübertroffenen Glanz wissenschaftlicher Höhe unter „unsern Vorfahren", d. h. den Arabern, von deren Almosen die europäischen Akademien noch jetzt leben, und wobei man sich unwillkürlich fragt: was die Araber mit allen diesen Schätzen gemacht haben?

Nachdem er sich auf diese Weise förmlich in Wuth gepeitscht hat, macht er seinem Grimm gegen die Europäer mit folgendem Zornausbruch Luft:

„Wie können die Europäer, die das Erbtheil der muhammedanischen Universitäten gefressen haben, die Entdeckungen, die wir im Mittelalter gemacht, die unzähligen grossen ärztlichen und hygienischen Entdeckungen, irgendeinem beliebigen Monsieur zuschreiben?"

In Europa möchte man geneigt sein, solche Ergüsse als einfache harmlose Narrheiten anzusehen — dem ist jedoch nicht so; indem eine ärztliche Behörde diesen Elucubrationen in ihrem officiellen Organ den ersten Platz anweist, schöpft die türkische Journalistik daraus ihre Leitartikel und fanatisirt auf diese Weise die grossen Volksmassen, so dass bei irgendeinem unbedeutenden Anlass eine schauerliche Katastrophe recht wohl denkbar ist.

Dass dies keine Hallucination ist, denke ich im Laufe dieses Artikels zu beweisen. Zuvor aber noch einige Auszüge.

Es folgt eine Jeremiade über die Verdrehungen der Namen jener grossen Weltweisen in den Schriften der Europäer, z. B. Avicenna statt Ibn Sina, Averroes statt Ibn ul Roschd, Rhazes statt Razi u. s. w. Die Bemerkung ist an sich nicht unrichtig, aber wenn man dagegen polemisirt, so darf man auch nicht Bukrat statt Hippokrates, Tschalinus statt Galenus, Sels statt Celsus, Aristalis statt Aristoteles schreiben. Und haben denn die Araber und Türken mit den europäischen Namen es besser gemacht? Unserm Autor aber widerfährt dabei das Unglück, dass einzelne Namen ganz richtig sind, und dass nur seine unvergleichliche Unwissenheit ihm einen bösen Possen gespielt hat; so z. B. citirt er den Mesue als eine Verunstaltung von Judha; letzteres ist ein ganz unerhörter Name, und er thäte sehr wohl den Mesue, trotz der nicht ganz richtigen Vocalisirung des Namens, dankbar anzunehmen und dessen Werke andächtig zu studiren, der junge Mann könnte sehr viel daraus lernen. Ebenso ereifert er sich über den Serapion Damascenus, es müsste Schamlü Serafiun heissen; der junge Mann weiss noch nicht, dass die Stadt, welche man gewöhnlich Scham nennt, eigentlich Damaskus heisst, und dass dieser Name seinen lieben Arabern sehr wohl bekannt ist. Das ärgerlichste an diesem ganzen Excurs ist, dass mehr als die Hälfte dieser Namen griechischen, syrischen und persischen Christen und Juden angehören. Hätte er aber auch nur einen einzigen der muhammedanischen Aerzte jener Zeit, z. B Razi, Ossaiba u. s. w. gelesen, so würde er wissen dass diese Christen und Juden bei den höchsten Ständen, ja selbst an den Höfen der Chalifen und Monarchen des

Islam im grössten Ansehen standen, und dass die Werke der muhammedanischen Aerzte von Verehrung und Hochachtung gegen ihre griechischen, syrischen und jüdischen Lehrer überströmen. Statt dessen beschimpft er geradezu das Andenken dieser Leute, macht seiner eigenen Nation Schande, ärgert sich über die 20 oder 30,000 Pfd. Sterl., welche das englische Parlament dem Dr. Jenner zuerkannte, und bildet sich ein, dass die Ordensdecorationen, welche ausgezeichneten Gelehrten in Europa ertheilt werden, von den Akademien herrühren. Dann folgt ein Passus, den ich mir nicht versagen kann, hier wörtlich zu übersetzen.

„Wie jedermann weiss, ist der wahre Entdecker des grossen Welttheils, welcher Jeni Dunia (Amerika) heisst, der berühmte Genuese Christoph Colombo, ein geschickter Capitän, der alle damals bekannten Meere durchschifft hatte, und daraus schloss, dass noch eine neue Welt vorhanden sein müsse, oder dass man wenigstens auf einem kürzeren Wege nach Indien kommen könne. Er legte die Sache dem König von Portugal vor, der auf dem Meere den höchsten Ruhm erlangt hatte, wurde aber als ein Wahnsinniger von demselben abgewiesen. Ohne sich dadurch abschrecken zu lassen, wandte er sich an den König von Spanien, Ferdinand, und dessen Gemahlin Isabella, und bettelte bei ihnen acht Jahre lang, und erreichte es endlich, dass er sie überzeugte und seine Fahrt antrat. Während der Reise verloren seine Seeleute die Geduld, da sie es nicht ertragen konnten, so lange von ihrer Heimat entfernt zu sein, und empörten sich gegen ihn und stürmten auf ihn ein; er aber beruhigte sie täglich mit allerlei Listen und rettete sich dadurch von der Gefahr, von ihnen in den Ocean geworfen zu werden, und so gelang es ihm nach unendlichen Beschwerden im Jahre

1494" (*sic!* kein Druckfehler, wie wir sogleich sehen werden) „die neue Welt", d. h. Amerika zu entdecken. Statt aber jetzt diesen neuen Erdtheil Christoph zu nennen, kam ein Kaufmann Namens Amerigo, der im Jahre 1426 in Florenz (geboren) wurde, im J. 1490 des Handels wegen nach Spanien, diente auf der spanischen Flotte als Vollmatrose, und besuchte in solcher Eigenschaft im J. 1499, d. h. fünf Jahre nach der Entdeckung der neuen Welt, einige nördliche und südliche Küsten dieses Erdtheils, und nachdem er einige Zeit das Seefahrergeschäft erlernt hatte, gerieth er zufällig an den König Emanuel von Portugal, fuhr längs den Küsten von Brasilien und kehrte 1501 nach Europa zurück und veröffentlichte im J. 1514 in den europäischen Zeitungen die Beschreibung der Reisen, welche er in 24 Jahren ausgeführt hatte. Er wurde deshalb von allen damaligen europäischen Gelehrten als der geschickteste Capitain angesehen, und bis auf den heutigen Tag heisst der erwähnte Erdtheil nach seinem Namen Amerika, während leider der wahre Entdecker von Amerika, der arme Colombo, um den Ruhm seiner Entdeckung gebracht worden ist."

Unser Freund scheint sich einzubilden, dass wir in Europa gar nicht wissen, wer Amerika entdeckt hat, und er hielt sich wohl demnach berufen, uns darüber aufzuklären, weshalb er uns vorstehende Hallucinationen über Amerigo Vespucci zum Besten gab.

Der Aufsatz ist unterzeichnet: Schakir Jbrahim, Zögling der neunten Classe der Militair-Arzneischule — nach hiesiger Zählung entspricht das ungefähr einem *Studiosus Medicinae* im letzten Semester. Die im Vorstehenden gedruckten Auszüge geben dem Leser einen hinreichenden Begriff von der kläglichen Unwissenheit, so wie von dem widerwärtigen Hochmuth dieses Individuums, das nach dem Comment deutscher Universitäten ohne weiteres für einen d— J— würde erklärt werden. Hier, wie man sieht, gestaltet sich die Sache anders; die Insulten, welche dieses Subject gegen die europäische Wissenschaft schleudert, werden von einer Behörde in ihrem officiellen Organ an hervorragender Stelle abgedruckt, ohne auch nur mit einer Sylbe zu erwähnen, dass sie diese Ansichten nicht theilt.

Beim Lesen solcher Artikel in einem amtlichen Blatte schwillt hier den Leuten der Kamm; Karnickel wird übermüthig und möchte Krakehl anfangen; in seiner erbarmungswürdigen Unwissenheit passirt ihm dabei das Unglück, dass er seine Herausforderung seinem aufrichtigsten Freund ins Gesicht schleudert. Das *Bassiret* schreibt in seiner Nr. 920 vom 24. April/6. Mai 1873 wie folgt:

„Die Insel Perim wurde von einem arabischen Scheich, Scheich Said, einem Usurpator, vor 40 oder 50 Jahren, als die Türkei anderweitig beschäftigt war, für eine Summe Geldes an die Engländer verkauft. Indessen die Türkei ist ihr Besitzer; der Verkäufer ist ein Räuber und Rebelle; sein Verkauf ist nicht zulässig; ein solcher Kauf ist ordnungs- und gesetzwidrig. Mit Aden verhält es sich ebenso; die Engländer haben auch diese Stadt ebenso gekauft und verharren bis jetzt in ihrem Besitze, da doch der Kauf an sich unrechtmässig ist, also auch der Besitz nicht rechtmässig sein kann; unsere Regierung hat auch bis jetzt ihre Rechte nicht aufgegeben. Wenn wir Gesetz und Recht befragen, so müssen es die Engländer dem rechtmässigen und eigentlichen Herrn, dem osmanischen Reich, abtreten, und wir glauben, dass auch die hohe Pforte, auf Völkerrecht, auf Recht und Gesetz sich stützend, diese Insel von den Engländern zurückfordert. Diese Insel und die Stadt Aden wurden in der siegreichen Zeit des Sultans Selim I. erobert; das osmanische Reich ist ihr Herr. Die Engländer aber, ohne sich um das Gesetz zu bekümmern, haben sie von einem Räuber gekauft; ihr Besitz ist nicht gesetzmässig und ist auch bis jetzt nicht anerkannt; Gesetz und Recht verlangen, dass sie ihrem wahren Herrn wieder abgetreten werden."

Um dem Leser zu beweisen, dass mein Ausdruck „erbarmungswürdige Unwissenheit" keine Uebertreibung ist, brauche ich nicht weit zu suchen. In derselben Nummer desselben Blattes erzählt der Journalist mit aller Gravität eines Professors: dass bis jetzt die Christen in Schweden kein Grundeigenthum kaufen durften, dass bis jetzt die Christen in Russland nicht Officiere werden konnten. In derselben Nummer desselben Blattes spricht er mit der Weisheit eines Propheten von dem Kaspischen Meer; da der Mann aber in der Kenntniss seiner Muttersprache es nicht weiter als bis zu den Anfangsgründen der Fibel gebracht hat, so kann er den türkischen Namen dieses Meers nicht recht lesen, und nennt es Bahr-i-Hazez statt Bahr-i-Chazar, d. h. Chazaren-Meer; dass dies kein Druckfehler ist, also dem Setzer nicht in die Schuhe gegossen werden kann, beweist fast jede andere Nummer des Blattes.

Das Jahr 1875 brachte den Aufstand der Herzegowina und Bosniens, die abermalige Ernennung Mahmud Nedim Pascha's zum Grossvezir, und die Proclamirung des Staatsbankerotts: solche Ereignisse waren nicht darnach angethan in chauvinistischen Ergüssen zu schwelgen; es wurde also Pause damit gemacht. Als aber das Jahr 1876 die Demonstration der Softas, den Sturz Mahmud Nedim Pascha's, die Absetzung des Sultans Abdul Aziz brachte, und das klägliche Fiasko der von der europäischen Diplomatie unternommenen kopflosen Campagne selbst dem blödesten Auge deutlich war, erhob auch der Chauvinismus wieder sein Haupt. Ein türkisches Blatt, der „Sabah", „der Morgen", droht mit dem Massenaufgebot von 300 Millionen Muhammedanern, welche zunächst England und Russland, dann Frankreich und Oesterreich erobern und in eben so viele Wüsteneien verwandeln, während ausnahmsweise Deutschland verschont werden soll, unter der Bedingung, dass es sich streng neutral verhalte; von Italien, als zu unbedeutend, ist dabei keine Rede.

Bisher habe ich nichts über die Stellung der beiden Parteien, der Alttürken und der Jungtürken, zu den beiden Thronwechseln des vorigen Jahres gesagt, und im Grunde ist es auch schwer darüber etwas Positives mitzutheilen, da in der Regel solche Dinge sich in den Schleier des Geheimnisses hüllen. Die Hauptpersonen, welche bei der Absetzung des Sultans Abdul Aziz und der Erhebung des Sultans Murad V. betheiligt waren, sind Midhat Pascha, Hüssein Avni Pascha, Müterdschim Mehemed Rüschdi Pascha, Zia Bey, von denen der erste und der letzte Jungtürken, die andern beiden Alttürken sind. Ausser den gegenannten Personen aber ist es sicher, dass vornehmlich die Mitglieder der Jungen Türkei auf Murad Effendi ihre Hoffnung setzten und von ihm die Ertheilung einer Constitution erwarteten; derselbe verkündigte auch wirklich am 15. Juli 1876 seine Absicht eine Verfassung zu ertheilen, aber leider! war schon damals sein Geist umnachtet, und das Geschick wollte es nicht, dass die Erfüllung dieses Versprechens durch ihn stattfand. Midhat Pascha verwendete vorzugsweise Kemal Bey und Zia Bey in seinem Privatcabinet.

Die Hof-Camarilla, welche den Sultan Abdul Hamid umgiebt, hat nun bereits die vornehmsten Anhänger des constitutionellen Prinzips von hier entfernt; Midhat Pascha ist exilirt; Kemal Bey im Gefängniss, Zia Pascha Statthalter von Syrien; Mehemed Rüschdi Pascha von allen Geschäften entfernt. —

Ende des ersten Theils.